刑事疑难案例研习教程

XINGSHI YINAN ANLI YANXI JIAOCHENG

李佩遥　著

法律出版社
LAW PRESS · CHINA
北京

图书在版编目(CIP)数据

刑事疑难案例研习教程 / 李佩遥著. -- 北京 : 法律出版社, 2024
ISBN 978-7-5197-9101-8

Ⅰ. ①刑… Ⅱ. ①李… Ⅲ. ①刑事犯罪-案例-中国
Ⅳ. ①D924.305

中国国家版本馆 CIP 数据核字(2024)第 088724 号

刑事疑难案例研习教程
XINGSHI YINAN ANLI YANXI JIAOCHENG

李佩遥 著

策划编辑 李沂蔚
责任编辑 李沂蔚
装帧设计 鲍龙卉

出版发行 法律出版社
编辑统筹 法律应用出版分社
责任校对 王 丰 郭艳萍
责任印制 刘晓伟
经 销 新华书店

开本 710 毫米×1000 毫米 1/16
印张 22.25 字数 273 千
版本 2024 年 5 月第 1 版
印次 2024 年 5 月第 1 次印刷
印刷 唐山玺诚印务有限公司

地址:北京市丰台区莲花池西里 7 号(100073)
网址:www.lawpress.com.cn
投稿邮箱:info@lawpress.com.cn
举报盗版邮箱:jbwq@lawpress.com.cn

销售电话:010-83938349
客服电话:010-83938350
咨询电话:010-63939796

书号:ISBN 978-7-5197-9101-8
定价:89.00 元

凡购买本社图书,如有印装错误,我社负责退换。电话:010-83938349

前 言

我国是成文法国家，虽然成文法作为我国法律体系的重中之重，但并不意味着成文法国家不需要案例指导制度作为补充。案例指导制度具备成文法所不具备的很多功能与价值。比如，案例指导制度可以对社会中所涌现出的新问题及时、高效、灵活地作出应对与解决，有效地弥补了成文法具有一定滞后性的局限。此外，案例指导制度还可以为类似案件的司法裁判工作制定相对统一的标准，约束法官的自由裁量权，最大限度地保护被告人的诉讼权利。

案例研究是在法学授课过程中，提供典型司法疑难案例并引导学生对典型司法疑难案例进行梳理、分析，并从中找到案件的争议焦点，以此为切入点对典型司法疑难案例进行全面且深入的论证，以期加深学生对相关刑法理论知识的理解程度，培养其独立思考问题的能力，搭建完整的法律思维框架，真正做到学以致用，解决现实生活中复杂疑难的法律问题。因此，在未来的法学教育中，应当加大对案例指导制度的发展力度，加强对典型司法疑难案例的理论研究，丰富拓展指导性案例的数量与类型，构建完善的案例法学体系。

本书主要是以刑法分论为编写对象,同时也兼顾选取刑法总论中极具争议的若干疑难问题,最终筛选出14个具有典型代表性的刑事疑难案例进行探讨剖析,希望本书的出版能够为法科生更加深刻地理解掌握刑法理论知识,培养刑事法律思维提供良好契机。

CONTENTS **目 录**

第一章　借用他人摩托车后编造谎言不归还行为的定性

基本案情

犯罪嫌疑人丁某在路上偶遇原来的高中同学钟某。在交谈中，丁某以“试开一圈”为由，将钟某当日所骑的一辆吉利牌轻便摩托车（鉴定价值3600元）开走，并将该车骑回自家住处。后丁某发现车座下有一只包，内有人民币1000元。丁某遂联系同为原高中同学的犯罪嫌疑人赵某、魏某二人，共同商议如何将钟某的轻便摩托车和1000元据为己有。三人经过商议认为，钟某的该辆轻便摩托车极有可能是其从非正规途径买来的“黑车”，如果能让钟某相信该车因故被警方查扣，其肯定不会再来追讨该车。最后，赵某和魏某按照商定的计划，出面告知钟某，谎称丁某在驾车过程中，摩托车及车内物品被警察查扣。嗣后，三人将现金人民币1000元共同消费，轻便摩托车则归丁某个人使用。

争议焦点

关于本案的定性及相关行为人应当承担的刑事责任,有4种意见。

第一种意见认为,丁某以非法占有为目的,秘密窃取钟某的摩托车及车内现金,其行为构成了盗窃罪。

第二种意见认为,丁某趁被害人钟某不备,公然夺取其财物,依法应当以抢夺罪追究其刑事责任。

第三种意见认为,丁某借骑钟某摩托车在先,其对财物的控制是合法取得的。之后,其为了将原本合法保管的摩托车非法占为己有而与赵某、魏某商议并编造了谎言,因而该行为属于一般侵占行为。

第四种意见认为,丁某虚构事实,隐瞒真相,骗取钟某财物,构成诈骗罪。赵某和魏某帮助实施了相应的诈骗行为,应当一并以诈骗罪追究这二人的刑事责任。

本案涉及3个重要的问题:一是占有有无和占有归属的判断问题,二是故意的判断,三是包装物、封缄物的占有归属问题。

相关法条

1.《中华人民共和国刑法》第14条　【故意犯罪】明知自己的行为会发生危害社会的结果,并且希望或者放任这种结果发生,因而构成犯罪的,是故意犯罪。

故意犯罪,应当负刑事责任。

2.《中华人民共和国刑法》第264条　【盗窃罪】盗窃公私财物,数额较大的,或者多次盗窃、入户盗窃、携带凶器盗窃、扒窃的,处三年以下有期徒刑、拘役或者管制，并处或者单处罚金；数额巨大或者有其他严重情节的，处三年以上十年以下有期徒刑，并处罚金；数额特别巨大或者有其他特别严重情节的，处十年以上有期徒刑或者无期徒刑，并处罚金或者没收财产。

3.《中华人民共和国刑法》第266条 【诈骗罪】诈骗公私财物，数额较大的，处三年以下有期徒刑、拘役或者管制，并处或者单处罚金；数额巨大或者有其他严重情节的，处三年以上十年以下有期徒刑，并处罚金；数额特别巨大或者有其他特别严重情节的，处十年以上有期徒刑或者无期徒刑，并处罚金或者没收财产。本法另有规定的，依照规定。

4.《中华人民共和国刑法》第270条 【侵占罪】将代为保管的他人财物非法占为己有，数额较大，拒不退还的，处二年以下有期徒刑、拘役或者罚金；数额巨大或者有其他严重情节的，处二年以上五年以下有期徒刑，并处罚金。

将他人的遗忘物或者埋藏物非法占为己有，数额较大，拒不交出的，依照前款的规定处罚。

本条罪，告诉的才处理。

5.《中华人民共和国刑法》第312条 【掩饰、隐瞒犯罪所得、犯罪所得收益罪】明知是犯罪所得及其产生的收益而予以窝藏、转移、收购、代为销售或者以其他方法掩饰、隐瞒的，处三年以下有期徒刑、拘役或者管制，并处或者单处罚金；情节严重的，处三年以上七年以下有期徒刑，并处罚金。

单位犯前款罪的，对单位判处罚金，并对其直接负责的主管人员和其他直接责任人员，依照前款的规定处罚。

6.《最高人民法院关于审理掩饰、隐瞒犯罪所得、犯罪所得收益刑事案件适用法律若干问题的解释》第1条 明知是犯罪所得及其产生的收益而予以窝藏、转移、收购、代为销售或者以其他方法掩饰、隐瞒，具有下列情形之一的，应当依照刑法第三百一十二条第一款的规定，

以掩饰、隐瞒犯罪所得、犯罪所得收益罪定罪处罚:

(一)一年内曾因掩饰、隐瞒犯罪所得及其产生的收益行为受过行政处罚,又实施掩饰、隐瞒犯罪所得及其产生的收益行为的;

(二)掩饰、隐瞒的犯罪所得系电力设备、交通设施、广播电视设施、公用电信设施、军事设施或者救灾、抢险、防汛、优抚、扶贫、移民、救济款物的;

(三)掩饰、隐瞒行为致使上游犯罪无法及时查处,并造成公私财物损失无法挽回的;

(四)实施其他掩饰、隐瞒犯罪所得及其产生的收益行为,妨害司法机关对上游犯罪进行追究的。

人民法院审理掩饰、隐瞒犯罪所得、犯罪所得收益刑事案件,应综合考虑上游犯罪的性质、掩饰、隐瞒犯罪所得及其收益的情节、后果及社会危害程度等,依法定罪处罚。

司法解释对掩饰、隐瞒涉及计算机信息系统数据、计算机信息系统控制权的犯罪所得及其产生的收益行为构成犯罪已有规定的,审理此类案件依照该规定。

依照全国人民代表大会常务委员会《关于〈中华人民共和国刑法〉第三百四十一条、第三百一十二条的解释》,明知是非法狩猎的野生动物而收购,数量达到五十只以上的,以掩饰、隐瞒犯罪所得罪定罪处罚。

7.《最高人民法院关于审理掩饰、隐瞒犯罪所得、犯罪所得收益刑事案件适用法律若干问题的解释》第5条 事前与盗窃、抢劫、诈骗、抢夺等犯罪分子通谋,掩饰、隐瞒犯罪所得及其产生的收益的,以盗窃、抢劫、诈骗、抢夺等犯罪的共犯论处。

学理分析

一、占有有无与占有归属的判断

1. 钟某将摩托车交给丁某"试开一圈"后,钟某是否还对摩托车存在"占有"?

占有是法律上的重要概念。在刑法中,财物有无人占有、归属于谁占有,对于确定财产犯罪是否成立以及构成何种财产犯罪具有重要意义。

刑法上财产犯罪中的占有,就是人对财物事实上的控制、支配状态,具有一定的规范性特征。正因为如此,占有在认定上具有一定的难度。德国学者威尔泽尔认为,占有的概念由3个要素组成:(1)物理的现实要素,即事实上的支配;(2)规范的、社会的要素,即应根据社会生活的原则判断事实的支配;(3)精神的要素,即占有的意思。前两种要素被称为客观要素,后一种要素被称为主观要素。[①] 在我国,民法学者们也认为,构成占有必须具备占有人事实上控制或者管领了某物的客观要素和意识到自己正在占有某物的主观要素两个方面的内容。[②] 可见,尽管在如何对占有进行定义这一点上可能存在各种困难,但是,在认定占有有无的时候必须从客观要素和主观要素两个方面加以考虑这一点上,中外学者达成了一致。

(1)占有的客观要素:事实性支配或者控制

刑法上的占有是指人对财物的事实上的支配关系,其支配的状态根据财物的形状以及具体情况的不同而不尽相同,占有并不限于对财

① 参见童伟华:《论日本刑法中的占有》,载《太平洋学报》2007年第1期。

② 参见王利明:《物权法研究》(修订版)(下卷),中国人民大学出版社2007年版,第701页。

物的持有或监视,如果财物在占有者支配力所能及的范围内,就应认定该财物归占有者所有。财物是否在占有者的支配力所能及的范围内,应以社会一般人的观念为基准进行判断。也就是说,判断占有关系是否存在,需要结合一系列主、客观事实,如支配的手段、方法、形态,作为被支配对象的财物被放置的场所以及所处的状态,财物的种类、性质、形状,社会上一般人认同的占有观念等进行综合判断。[①] 具体来说有以下几个方面。

首先,处于他人实际支配、控制范围之内的财物属于他人占有。所谓处于他人实际支配、控制范围之内,就是处于他人的物理支配力量所涉及的排他性场所之内。具体表现为:①财物主人随身携带或者在场监控财物的场合。将财物随身穿着、佩戴或者拎在手中的场合就不用说了,即便是不将财物随身携带,而是放在自己视线所及范围之内的场合,也属于此类情形。如此说来,近年来常见的以借打手机为名,将他人手机拿到手之后逃之夭夭的场合,或者以到试衣间试穿衣服为名,趁售货员不注意从试衣间偷偷溜走的场合,由于手机或者衣服就在主人的视线范围之内(一般来说,试衣间距离售货员不会太远),其占有仍然属于财物主人,而没有转移给对方,上述行为均构成盗窃罪,而不是诈骗罪。②财物主人通过器械、工具等对财物加以控制、支配的场合。如将停放在外的汽车、自行车上锁,对家养的牲畜设立围栏,给养殖的水产品设立网箱,在种植水果、蔬菜的大棚旁树立严禁盗窃的标志等场合,或者将财物隐藏在难以被别人发现或者埋藏在只有自己才知道的场所的场合,都属于这种情形。③财物主人将财物放在自家住宅或者办公场所等自己能够支配的场所之内的场合。此时,即便物主家里没有人,或者物主忘记了该物所放的具体位置,也能

① 参见周光权:《侵占罪认定中的关键问题》,载赵炳寿、向朝阳主编:《刑事法问题研究》,法律出版社 2005 年版。

够认可其对财物的占有。因为,从一般人对他人支配场所的尊重心理来看,住宅的排他性很强,他人未经住宅主人允许,是不得擅自进入其中的。因此,对于放在他人住宅之内的财物,主人具有事实上的控制或者支配。同理,邮寄到自己家门口的包裹或者邮件,即便主人不在家,也视为在自己支配领域范围之内的财物。[①] 但在个别特殊情况下,财物即使处在主人支配范围之内,其占有也要被否定。如到他人家里做客的人发现女主人将一枚戒指忘在了卫生间,于是将其藏在下水管道的缝隙里,准备伺机拿走的场合,可以说,客人排除了主人对戒指的占有而将其转为自己的实际支配之下。

其次,处于他人支配、控制范围之外的财物,一定条件下属于他人占有。这种场合下的占有不是物理或事实上的占有,实际上是一种推定的占有。在进行这种推定的时候,应当考虑以下因素:财物自身的特性;财物所处的位置;财物和被害人之间的距离等。具体来说:①根据自然属性可以预料到它会回到自己支配的范围内的财物,如饲养的家畜;②从财物的性质、放置的区域等能够推定所有者,如放在离自家住宅很近的公用道上的自行车;③财物放在难以被他人发现而自己知道的场所,如行为人刻意埋藏在野外的财物;④从财物的性质判断不是被遗弃之物;⑤财物短时间与所有者分离,所在位置离所有者很近,所有者对此有明确认识;⑥由于特殊事由,财物的占有形态发生变更;⑦有占有的习惯,如海中养殖的珍珠贝根据习惯属于养殖者所有。[②]

综上所述,根据财物的形状、性质以及财物与占有人的关系等情况,事实性支配的状态会有所不同。

(2)占有的主观要素:占有意思

所谓占有意思,就是占有人意识到自己正在占有某物,但不要求

---

① 参见[日]大谷实:《刑法讲义各论》(新版第2版),黎宏译,中国人民大学出版社2008年版,第187页。

② 参见童伟华:《论日本刑法中的占有》,载《太平洋学报》2007年第1期。

达到正在将物据为己有的程度。成立占有是否要求行为人具有占有的意思,历来具有争议,但是,现在肯定说成为主导学说。因为无意识的占有在法律上没有任何意义。如果某人正在控制某物自己却完全没有意识到,如将一件体积较小的物踩在脚下,过了很久却浑然不知,则很难说这种将物踩在自己脚下的实际控制成了某人的利益。这种情况下,即便其他人采用欺骗手段让其暂时离开,然后趁机将该物拿走,也不能说这种行为对某人实际控制财物的利益造成了侵害。因此,成立占有,占有人必须具有实际上正排他性地控制该物的意思。[①]

对于占有意思的理解,需要注意的是:首先,占有意思的存在并不需要占有人作特别的声明。主观上的支配意思是概括的、抽象的意思,而不一定是对财物个别的、具体的支配意思。对一定空间长期以来有控制权和事实上的支配力,则“推定”其对该范围内的财物都有占有意思。例如,对自己住宅内的一切财物,原则上都具有支配意识而不论主人是否在家或者是否对该财物的存在知情;外出者对塞入其门内的邮递物具有占有意思;商场送货人员将顾客订购的家电放在其门外提前离去,该顾客虽然不在家,但不妨碍其对财产享有占有权;继承祖上遗留的房屋,虽然对墙体内藏有金条一事完全不知情,但如果装修工偶然发现后取得,也只能构成盗窃罪而非侵占罪;将有故障的汽车敞开门置于路旁,去5公里外的远处寻找修理人员的,其占有的意思非常明显。其次,主观上的意思支配并不要求行为人有连续不断的占有意识,只要行为人对财物没有积极的放弃意思就应当肯定其对财物的占有。占有一般来说是人与财物之间有较为接近的空间关系,但是也并不尽然,因为占有不是握有而是“所持”。占有状态与财物的形状、性质密切相关,但并不以直接把持、坚守为必要,而以将财物置于其长期以来控制的空间或者支配力所及的场合为已足。同时,基于一般的

---

① 参见黎宏:《论财产犯中的占有》,载《中国法学》2009年第1期。

社会观念可以推知占有者的情况下，虽然在一定时期内占有的意思有所削弱，支配统领关系有所松弛，但也应承认他人对财物的占有。例如，对于夜间置放于门口但未上锁的自行车，应当认定为该主人占有的财物；在发生地震或洪灾时，为了一时的避难而设有明显标志置放于马路上的财物应当由放置人占有；虽然是放养但有按时返归习性的动物（比如牛、羊、鸽子等）也是有人占有之物；外出旅游者、长期在外者对其家中财物的占有也不因时间的经过而丧失；财产占有人进行特别处置的财物，即使与占有人有相当远的空间距离，也应当承认其占有权的保留。[①]

明确以上道理，对于我们分析本案的性质具有重要的意义。

回到本案，从钟某的角度分析，我们首先判断钟某将摩托车交给丁某“试开一圈”后，钟某客观上是否还实际支配或控制该摩托车。事实上，钟某同意将摩托车交给丁某“试开一圈”，丁某开车出发，这时摩托车已经脱离钟某物理力量所及的排他场所范围，即摩托车已处于钟某的实际支配领域之外。但是，如前所述，某些情况下财物即使处于排他的支配领域之外，也不能否定行为人对财物的事实性支配。本案中，丁某借车时声称“试开一圈”，“试开一圈”意味着时间短、距离近，所以钟某将摩托车交给丁某的行为只是一种“有限的交付”，即虽然已经将摩托车交到丁某的手中，但钟某凭借“试开一圈”所带来的视线或者具体的场所等条件，仍继续对摩托车施以控制。因此，从社会一般人的观念出发，钟某虽然对摩托车的占有明显松弛，但在客观上仍实际控制着该辆摩托车。另外，丁某声称只是“试开一圈”，钟某就在借车的地点等待丁某，丁某很快就会回到借车的地点还车。因此，在丁某“试开一圈”这一较短的时间内，尽管钟某对摩托车的占有意思有所削弱，但从一般的社会观念出发，主观上钟某对摩托车仍具有明显的占有意思。

---

① 参见周光权：《侵占罪认定中的关键问题》，载赵炳寿、向朝阳主编：《刑事法问题研究》，法律出版社2005年版。

从丁某的角度分析，尽管丁某事实上驾驶着摩托车，但丁某对摩托车的支配隶属于钟某，即按照钟某的占有意思及指令行事，在钟某的监督之下使用该辆摩托车，丁某对摩托车没有处分权。在这种场合，丁某对摩托车只是物理的、机械的支配，只不过是钟某占有摩托车的手段，即只是辅助占有者，不是刑法上的占有者。

综上分析，钟某同意丁某“试开一圈”的要求，将摩托车交给丁某后，丁某虽然事实上驾驶着摩托车，但摩托车的“占有”仍归属于钟某。

2. 占有归属于谁，对确定构成何种财产犯罪具有重要意义

本案中，在摩托车借出之后仍归属于钟某占有的情况下，我们可以排除第三种意见和第四种意见，即排除丁某触犯侵占罪和诈骗罪的可能。理由显而易见，具体如下。

(1)侵占罪的否定

侵占罪的成立，是行为人将业已占有即已经形成“占有事实”的财物擅自转归为自己所有。易言之，侵占罪的成立，要求原财物的所有人、占有人已经失去对该财物的占有控制权。如果在财物原所有人尚未对原财物失去占有权时，试图以不法手段非法占有该财物，则构成盗窃罪；反之，只能成立侵占罪。也就是说，将自己占有的财物变为自己不法所有，是侵占罪的本质特征。[①] 本案中，尽管丁某事实上驾驶着摩托车，但钟某并没有因此而失去对摩托车的占有控制权，丁某只是摩托车的辅助占有者，并不是刑法上的占有者。因此，丁某不能实现摩托车由自己合法占有变为自己不法所有，也即丁某不能构成侵占罪。

(2)诈骗罪的否定

有分析者在本案的分析中指出“确定行为人非法占有故意产生的时间，对于本案的定性具有举足轻重的影响”。“丁某以‘试开一圈’为名，利用了钟某这位老同学对自己的信任，‘借得’钟某的摩托车后，

① 参见郑泽善：《刑法争议问题探索》，人民出版社2009年版，第360～361页。

没有丝毫犹豫便驾车扬长而去,直接将车开回自己家中,显然是一种隐瞒真相的欺骗手段;而后其与赵某、魏某商议,向钟某编造谎言,自以为能够消灭钟某向其主张财产权利的可能,其实施的是虚构真相的行为;加之赵某、魏某到案后供述,丁某在案发前多次向他们提及要'弄辆车开开',这一系列的行为充分证明了丁某自始就具有非法占有的主观故意"[①],因此丁某构成诈骗罪。我们认为该分析没有把握住诈骗罪的构造本质,有主观归罪之嫌。诈骗罪(既遂)的基本构造为:行为人实施欺骗行为—对方(受骗者)产生(或继续维持)错误认识—对方基于错误认识处分财产—行为人或第三者取得财产—被害人遭受财产损害。[②] 该构造的第三个环节表明:被害人基于自己的认识错误将自己占有的财物转移给行为人或者第三人占有。本案中,尽管钟某将摩托车交给了丁某,但从一般的社会观念出发,该摩托车仍归钟某占有。在钟某仍占有摩托车的前提下,分析"丁某是否具有非法占有的故意以及非法占有故意产生的时间"对认定丁某的行为没有任何意义。事实上,钟某根本没有将摩托车转移给丁某占有,更谈不上基于自己的认识错误将摩托车转移给丁某占有,并不符合诈骗罪的基本构造,因此丁某不可能构成诈骗罪。

3. 丁某非法取得占有归属于钟某的摩托车的行为方式

基于前述"钟某将摩托车借给丁某时,摩托车仍归钟某占有"这一论断,我们认为丁某取得钟某占有的摩托车的行为方式符合盗窃罪的规定。具体理由如下。

(1)抢夺罪的否定

抢夺罪是指以非法占有为目的,当场直接夺取他人紧密占有的数额较大的公私财物的行为。例如,乘人不备而突然夺取,在他人

① 徐燕平主编:《刑事疑难案例研究》,上海交通大学出版社 2010 年版,第 199 ~200 页。

② 参见张明楷:《刑法学》(第 4 版),法律出版社 2011 年版,第 889 页。

来不及夺回时(不问是否乘人不备)而夺取,制造他人不能夺回的机会而夺取。[①] 抢夺的主要特点是对他人紧密占有的财物行使有形力(对物暴力,也不排除行为人使用轻微地对人暴力抢夺财物),被害人虽然当场可以得知财物被夺取,但往往来不及抗拒。刑法理论上通常所说的"公然"夺取即是此意。抢夺也不一定要乘人不备,即使在被害人高度防备时抢夺,也不影响抢夺罪的成立。[②]

本案中,钟某对摩托车的占有方式比较特殊,是一种由丁某辅助占有的非物理支配、控制的占有,也即钟某对摩托车的占有非"紧密占有"。因此,丁某取得摩托车的行为不可能是直接夺取他人"紧密占有"的公私财物的行为。综上所述,丁某的行为不构成抢夺罪。

(2)盗窃罪的肯定

盗窃,是指以非法占有为目的,违反被害人的意志,将他人占有的财物转移给自己或者第三者占有的行为。所有类型的盗窃对象,都必须是他人占有的财物。盗窃罪的行为类型可以分为普通类型与特殊类型。但是,不管什么类型的盗窃,都必须具备盗窃罪的基本特征。从客观上说,盗窃罪必须具备以下几个特征:第一,行为对象必须是他人占有的财物,对自己已经占有的财物不可能成立盗窃罪。第二,排除他人对财物的占有,建立新的占有关系。倘若只是单纯排除他人对财物的占有,如将他人喂养的鱼放走,便不是盗窃行为。第三,转移占有的行为违反了被害人的意志。盗窃罪是对个别财产的犯罪,是指对被害人的个别财产进行侵害的犯罪。其特点是,只要行为使被害人丧失了个别财产,即使同时使被害人获得了相应的利益,也成立犯罪。例如,即使甲在进入乙的办公室盗窃乙价值 2000 元的手机时,安放 2000 元现金(乃至更多)在乙的办公桌上,其也对手机成立盗窃罪。

---

① 参见周光权:《刑法各论》,中国人民大学出版社 2008 年版,第 122 页。

② 参见张明楷:《刑法学》(第 4 版),法律出版社 2011 年版,第 865 页。

不能以甲自愿给乙 2000 元现金为由,否认乙的财产损失。因为盗窃手机的行为违反了乙的意志,乙对手机的占有是值得刑法保护的。甲自愿给乙 2000 元现金的行为,不能阻却其违反被害人意志的窃取行为的违法性。①

本案中,如前所述,丁某以“试开一圈”为由取得摩托车后,丁某只是摩托车的辅助占有者,该摩托车仍归钟某占有;钟某也没有将摩托车转移给丁某占有的意思,钟某之所以将摩托车交给丁某“试开一圈”,是钟某深信丁某在短时间内、在自己的监控之下,会很快将摩托车返还给自己;而事实是,丁某在辅助占有摩托车期间,违背钟某的意志,通过“谎称摩托车被警方查扣”的手段,将钟某占有的摩托车违法转移给自己占有,这完全符合盗窃罪的特点。因此,丁某取得摩托车的行为构成盗窃罪。

二、故意的判断

1. 犯罪故意的概念

犯罪故意是罪过形式之一,是故意犯罪的主观心理态度。我国《刑法》第 14 条第 1 款规定:“明知自己的行为会发生危害社会的结果,并且希望或者放任这种结果发生,因而构成犯罪的,是故意犯罪。”这是关于故意犯罪的概念。故意犯罪与犯罪故意密切相关,无后者就无前者,但两者并非等同概念,后者是一种罪过心理,前者是这种罪过心理支配下构成的犯罪行为。根据我国《刑法》第 14 条关于故意犯罪的规定,所谓犯罪故意,就是指行为人明知自己的行为会发生危害社会的结果而希望或者放任这种结果发生的一种主观心理态度。

2. 犯罪故意的构成要素

从内涵上分析,犯罪故意包含两项内容或称两个要素:一是行为

① 参见张明楷:《盗窃罪的新课题》,载《政治与法律》2011 年第 8 期。

人明知自己的行为会发生危害社会的结果,这种“明知”的心理属于心理学上所讲的认识方面的因素,亦称意识方面的因素;二是行为人希望或者放任这种危害结果的发生,这种“希望”或“放任”的心理属于心理学上意志方面的因素。实施危害行为的行为人在主观方面必须同时具备这两个方面的因素,才能认定他具有犯罪的故意而构成故意犯罪。

关于故意的学说,或关于如何区别故意与过失的学说,刑法理论上起初有希望主义与认识主义之争:前者认为,只有当行为人意欲实现构成要件的内容时或希望发生危害结果时,才成立故意;后者认为,只要行为人对构成要件事实有认识或认识到可能发生危害结果,就成立故意。这两种学说被认为均是从一个方面去区分故意与过失的,而且缩小或扩大了故意的范围。后来又出现了立足于希望主义的容忍说与立足于认识主义的盖然性说:前者认为,行为人只有在有实现构成要件的意思时,才成立故意,而这里的故意,并不以意欲、目的、希望为必要,只要行为人容忍或放任危害结果的发生,就成立故意。后者主张,对于故意只能依据行为人对构成要件事实的认识来确定,即行为人认识到危害结果的发生具有盖然性(可能性很大),还实施该行为,就足以表明行为人是容忍或放任危害结果发生的;行为人认识到危害结果发生的可能性,就表明行为人没有容忍或放任危害结果的发生。显然,盖然性说是想通过认识因素解决意志因素问题。

我国《刑法》第 14 条第 1 款规定,我国刑法采取的容忍说,即行为人认识到危害行为与危害结果,并希望或者放任危害结果发生的,成立故意。这是科学合理的。首先,行为人在认识到危害行为与危害结果时,还放任危害结果的发生,就表明行为人不只是消极地不保护社会关系,而是对社会关系持一种积极的否定态度,故与希望结果发生没有本质区别。其次,容忍说将主观恶性明显小于间接故意的过于自信的过失,排除在故意之外,又将间接故意归入故意之中,因而做到了宽窄适度。再次,盖然性说存在缺陷。认识因素的有无可以左右意志因素的有无,这表现在没有前者就没有后者。但是,认识因素的内容并不能决定意志因素的内容,行为人认识到结果发生的可能性的大小,并不能直接说明他是希望或者放任结果发生还是希望结果不发生。况且,也难以判断行为人所认识的是结果发生的盖然性还是可能性。① 总之,犯罪故意是认识因素与意志因素的有机统一。“有机统一”有两个意思:一是任何犯罪的故意都必须同时存在认识因素与意志因素;二是认识因素与意志因素之间具有内在联系,突出地表现在行为人所认识到的结果与所希望或者放任发生的结果必须具有法定的同一性(刑法规范意义上的同一性,而不是具体的同一性),而且意志因素以认识因素为前提。②

3. 犯罪故意的认识内容

综上所述,我国《刑法》第 14 条第 1 款规定“明知自己的行为会发生危害社会的结果”,这是构成故意的认识因素,是一切故意犯罪在主观方面必须具备的特征。如果一个人的行为虽然在客观上会发生甚至已经发生了危害社会的结果,但他本人在行为时并不知道自己的行为会发生这种结果,那就不构成犯罪的故意。由此可见,科学、合理地界定故意的认识内容对正确判断故意的成立具有重要的意义。

根据犯罪主观要件与犯罪的客观、客体要件的联系,认识的内容应当包括法律所规定的构成某种故意犯罪所不可缺少的危害事实,亦即作为犯罪构成要件的客观事实。具体说来包括 3 项内容:(1)明知自己行为的内容与危害性质。认识到行为的危害性质却仍然实施该行为,就说明行为人具有可谴责性。(2)明知自己的行为会发生某种危害结果。对危害结果的明知表明行为人认识到自己的行为与危害结果之间的因果关系,但只要求行为人认识到因果关系的基

---

① 参见高铭暄、马克昌主编:《刑法学》(第 3 版),北京大学出版社、高等教育出版社 2007 年版,第 116 ~ 117 页。

② 参见张明楷:《刑法学》(第 4 版),法律出版社 2011 年版,第 233 页。

本部分,不要求对因果关系发展的具体样态有认识。(3)认识到刑法规定的特定事实,如特定的时间、地点、方法、对象、身份等。例如,行为人本来患有严重性病,但误认为自己没有患性病,因而实施卖淫或者嫖娼行为。在这种情况下,虽然客观行为符合犯罪构成的客观要件,但由于行为人没有认识到自己的特殊身份,没有认识到行为的危害性质与危害结果,不具有犯罪故意,不成立犯罪。再如,成立故意杀人罪,要求行为人认识到对方是人。同样,成立奸淫幼女型的强奸罪,要求行为人认识到对方为幼女。因为,没有认识到对方是幼女,就不可能明知自己的行为发生"损害幼女身心健康的结果",因而不可能成立故意犯罪。显然,就具体犯罪而言,哪些事实属于故意的认识内容,需要根据具体犯罪的构成要件得出结论。①

明确以上理论,对于我们正确分析丁某对摩托车车座下放物箱存放的1000元人民币是否具有盗窃的故意具有重要的意义。盗窃罪故意的成立需要行为人对盗窃对象有认识,即如果丁某对摩托车车座下放物箱存放的1000元人民币有认识,那么丁某对这1000元人民币才可能有盗窃的故意。反之,如果丁某没有认识到这1000元人民币的存在,那么丁某对这1000元人民币就不可能有盗窃的故意。本案中,丁某以"试开一圈"为名,目的是盗窃钟某的摩托车。由于摩托车车座下的放物箱是摩托车的一部分,摩托车车座下的放物箱存放的物品也必然会随摩托车被丁某盗窃而转移到丁某的控制之下。从摩托车的制造理念出发,摩托车车座下的放物箱是为了方便开车人放置不方便随身携带的物品而设计的,而1000元人民币并不属于不好随身携带的物品。另外,从社会一般人的观念出发,普通人对钱的管理都是一种慎之又慎的态度,通常都会采用紧密占有的方式(如装在衣服口袋里)保管。因此可以说,丁某在盗窃钟某摩托车的过程中,能够认识到

① 参见张明楷:《论盗窃故意的认识内容》,载《法学》2004年第11期。

摩托车车座下的放物箱可能会存放一些价值较小的物品或数额较小的钱,但其无论如何都不可能认识到摩托车车座下的放物箱会存放数额较大的1000元人民币,这也是符合社会一般人的通常理念的。由于丁某对摩托车车座下放物箱存放的1000元人民币没有认识,丁某只有盗窃摩托车的故意,对该1000元人民币不具有盗窃的故意。

三、包装物、封缄物的占有归属问题

1. 对包装物、封缄物的界定

何为包装物,哪些财物属于包装物,学者理解不一。有学者认为,包装物是指"加封上锁的容器内的财物"①。有学者认为,所谓"包装物",是指装入容器之中并加锁封闭以防失落的财物。② 有学者表述为,"封缄物"是指加封条或上锁之物,如将财物放进箱子里上锁后,箱子里的财物就属于封缄物。③ 还有学者表述为,封缄物是指装入容器或加以特别包装的财物,并加锁或封固。④ 对比上述几种观点,有两个问题值得追问:一是封缄物的对象是什么;二是对财物的封缄是否要求达到一定的效果。

我们认为,对封缄物的界定,应采取严格的解释,必须符合封缄物的本质特征。当前司法实践中,在封缄物的认定上比较泛化,认为凡是带包装的财物都是封缄物的观点值得商榷。我们认为,封缄物具有3层含义:(1)从对象上讲,封缄物是指被封缄的财物中的内容物。因此,说到封缄物的占有,是指对封缄物里的内容物的占有,而不是对封缄物、包装物整体的占有;(2)从外观上讲,封缄物是指财物被密封或上锁,这是封缄物的外部特征;(3)从封缄效果上讲,封缄要达到防止

---

① 林山田:《刑法特论》,台北,三民书局1978年版,第214页。
② 参见黄祥青:《论刑法上财物控制关系的认定》,载《人民司法》2006年第12期。
③ 参见于世忠:《侵占罪与盗窃罪的界定》,载《法制与社会发展》2002年第3期。
④ 参见陈立主编:《财产、经济犯罪专论》,厦门大学出版社2004年版,第558页。

他人控制财物的程度,这是封缄物的内在特征。并非财物包装后就属于封缄物,如有些财物在运输过程中,用纸箱或袋子包装,但其包装目的是防止财物散落,便于运输,这样的货物不能称为封缄物。只有包装后的财物不是为了防止散落,而是具有防止他人控制作用时,才能称为封缄物,这是封缄物的本质特征所要求的。因此,财物被包装后,如果是为防脱落则不能称为封缄物,只有具有为防止他人控制(盗窃)作用的才能认定为封缄物。因此,所谓封缄物,是指财物被密封或上锁,以防止他人控制支配的财物的整体及其内容物。[①]

2. 包装物、封缄物的占有归属问题

大陆法系对于包装物、封缄物的占有归属问题,大致有以下几种主张。

(1)受托人占有说。这种学说认为,整个包装物以及其内容物均由受托人占有,受托人侵占包装物整体或抽取内容物,均只构成侵占罪。因为整个包装或加锁的财物既已交付受托人保管或运输,其能支配物之全体,自然就能支配包装物内的内容物,这是合乎情理的。持有包装物之人,随时可能破坏包装或门锁取出内容物,处于可以自由支配其持有物内部物品的状态中。[②]

(2)委托人占有说。该说强调财物被包装封印、被锁住,注重规范的一面,认为这种被加了封印或被锁住的包装物,虽然已交给受托者保管、搬运,但受托者并不能拆封或开锁,更不能对里面所装的财物加以处分,实质上对财物没有支配权,交给受托者保管、搬运只不过是委托者支配财物的一种手段,所以,受托者虽然现实地掌握或看守着财物,但作为刑法上的占有,不管是被包装物的整体还是其内容物,都应该归属于委托者。受托者无论是取得被包装物的整体,还是抽取其内

---

① 参见沈志民:《从封缄物占有归属看非法获取封缄物行为的定性》,载《河北法学》2011 年第 7 期。

② 参见赵秉志:《侵犯财产罪》,中国人民公安大学出版社 1999 年版,第 273 页。

容物，都构成盗窃罪。①

（3）分别占有说。这种学说认为，整个包装物归受托人占有，但包装物内的物体归委托人所有。因为委托人对内容物特别加锁或包装后，对物体的支配可能性之手段犹存，支配可能性就存在，自然其具有现实支配力；基于成立占有关系的事实上的支配说，一般社会观念认为在事实上能够支配者，都不失为占有，并不以事实上的管理、占有为必要。受托人在保管、运送包装物的途中，对于整个封装物因运送业务本身而占有，但封装物内的财物仍为委托人占有，并不能由受托人自由支配，如果其将包装物打开，窃取包装物内的财物，就与侵占整个包装物有所不同，因此，应当构成盗窃罪。②

（4）修正区别说。该说基本上立足于区别说，认为被包装物的整体是由受托者占有，其内容物则不仅由委托者占有。因为被包装物的整体是由受托者掌握，从物理的侧面考虑，受托者也同时占有内容物，即由双方共同占有。如果受托者抽取被包装的内容物，当然也就侵害了共同占有者的另一方对财物的占有，构成盗窃罪；假如取得了全体被包装物，则意味着被包装的内容物也遭受了侵害，相对于被包装物的整体而言，构成侵占罪，而相对于其内容物来说，则构成盗窃罪，两者之间是观念的竞合。按处理观念竞合的原则，就要以法定刑更重的盗窃罪定罪处罚。这样一来，结论就与委托者占有说完全相同了。

另外，还有一种修正说认为，被包装物的整体是受托者占有，内容物则是受托者与委托者共同占有。受托者拆封或开锁取得内容物，无疑是侵害了共同占有，但这属于侵占罪与盗窃罪之间的法条竞合问题，按处理法条竞合的原则，应定为侵占罪。另外，取得（或处分）被包

---

① 参见刘明祥：《论刑法中的占有》，载《法商研究（中南政法学院学报）》2000 年第 3 期。

② 参见郑泽善：《刑法争议问题探索》，人民出版社 2009 年版，第 366 ~ 367 页。

装物的整体,也构成侵占罪。这样的结论与前述受托者占有说完全一致。①

在上述几种学说中,委托人占有说的缺陷在于过于强调包装物在法律上的特殊性,而忽视了受托人实际控制包装物的一面。如前所述,刑法上的占有具有事实性,即必须是事实上支配着财物。既然包装物已交给受托人保管、搬运,财物已与委托人分离开来,委托人还怎么能排除受托人而成为独立的占有者呢?例如,邮递员受委托为顾客投递包裹,在其离开邮局后行进在投递途中时,还认为包裹不在邮递员的占有之下,而是在委托者的独立占有之下,这显然与常理不符。

分别占有说的缺陷在于可能导致罪刑关系的失衡,受托人取得整个包装物,构成性质较轻的侵占罪,只抽取其中一部分财物,反而构成法定刑更重的盗窃罪。另外,按照分别占有说,包装物的整体与内容完全被割裂,该说认为包装物的整体由受托人占有,而其内容物则由委托人占有。但是,整体是由部分组成的,如果把组成整体的所有部分都抽掉了,那么,整体就成了虚幻的东西。就包装物而言,如果内容物属委托人占有,剩下的就只是作为外壳的包装箱等属于受托人占有,那么这种占有就失去了实质的意义。

但是,也有持分别占有说的论者辩解说,刑罚的不均衡问题不会发生。以邮递员把自己所要投递的里面装有现金的包裹据为己有为例,表面上看这是取得被包装物的整体的业务侵占行为,但是,从行为人的目的来看,他是想取得其中的现金,其实质是取得属于委托人占有的内容物,所以,应该定为盗窃罪。这同从包裹之中抽取部分现金在定罪上并没有差别,不会导致不合理的结论。可是,在现实生活中,受托者取得被包装物的整体,绝非想得到一个没有多少金钱价值的包

① 参见刘明祥:《论刑法中的占有》,载《法商研究(中南政法学院学报)》2000年第3期。

装箱等外壳，而总是想要取得其中的内容物，如果把这种行为也定为盗窃罪，那么受托者取得被包装物的整体与抽取其中的内容物就没有区别了，实际的结论也就与前述委托者占有说相同了。还有持区别说的论者解释说，取得被包装物的整体与拆封之后抽取其中的内容物，在行为方式上有差别，后者的罪状更重，所以，对后者比前者处罚重一点也是合理的。但是，如果说加进了拆封这种手段就使罪状加重，甚至使行为的性质也发生改变，这是很难令人信服的。况且，受托者将被包装物完整地拿回去之后，必定也会拆封取出其中的内容物，如果认为在单位内拆封抽取内容物罪状就重，拿回家拆封取出内容物罪状就轻，这也不合情理。只不过在保管、搬运过程中开封抽取部分内容物，尔后又恢复其外貌，比那种侵吞整体被包装物的行为，更具有隐蔽性，更容易逃避法律责任而已。两种修正区别说由于都是以区别说为理论基础，也存在与区别说相类似的弊病。与区别说有所不同的是，修正区别说认为被包装的内容物不只是由委托者一方占有，而是由委托者与受托者双方共同占有。但是，如果被包装物的整体已由受托者单独占有，那么，其内容物也就没有另由委托者占有的余地。既然对被包装物的整体与其内容物不能分割开来区别对待，也就不存在修正区别说所提出的观念竞合、法条竞合问题。[①]

我国刑法理论界关于包装物、封缄物占有归属问题的观点如下。

(1)大多数学者坚持受托人占有说，这也是理论界的通说。如周光权教授认为，在中国刑法中，应当承认受托者的占有，即无论是包装物还是内容物，都由受托者占有；进而，无论是取得包装物还是取得内容物，都是侵占罪。[②] 刘明祥教授也认为，委托者将被包装物交给受托者保管搬运之后，受托者就在事实上成为财物的支配者。正因为受托

---

① 参见刘明祥：《论刑法中的占有》，载《法商研究（中南政法学院学报）》2000 年第 3 期。

② 参见周光权：《刑法各论讲义》，清华大学出版社 2003 年版，第 112 页。

者事实上支配着被包装物,委托者只在观念上法律上支配,事实上失去了控制,所以,只有受托者才是刑法上的占有者。不管受托者是取得被包装物的整体,还是抽取其中的内容物,都应该定为侵占罪。①

(2)张明楷教授主张区别说,认为区别说表面上看有自相矛盾之嫌,即不法取得内容物的成立较重的盗窃罪,而不法取得封缄物整体的反而成立较轻的侵占罪,但事实上并非绝对如此。因为认定封缄物整体由受托人占有,内容物由委托人占有,完全符合客观事实。据此,受托人将内容物转移给自己占有的,当然成立盗窃罪。至于受托人将封缄物整体据为己有的行为成立何罪,则取决于该行为是否不法占有了内容物。如果受托人不法取得了封缄物整体,但只要不能认定受托人已经不法占有了其中的内容物(如行为人一直将封缄物整体置于自己住宅内),被害人对内容物的占有就没有受到侵害,难以认定为盗窃;如果受托人不法取得封缄物的整体,并能够认定受托人因为打开封缄、出卖封缄物整体等行为而不法占有了内容物,当然应认定为盗窃罪。②

(3)黎宏教授则主张修正的区别说,认为既然重视对包装物上锁封口的事实,就应当说对包装之内的内容即财物实际上的支配仍然保留在委托人手中,而受托人仅仅是一种手段;但物极必反,如果说整个包装物的实际支配都仍然保留在委托人手中,则会将占有概念抽象化观念化。从此意义上讲,区别说还是有一定道理的,问题是其所存在的刑法不平衡的问题。对此,可以这样考虑,即包装物之内的内容即财物为委托人占有,而包装物本身则为受托人单独占有,因此,在受托人侵吞整个包装物整体的时候,就是对作为内容的财物的盗窃和对包装物的侵占,后者为前者所吸收,二者之间成立想象竞合的关系。这

① 参见刘明祥:《财产罪比较研究》,中国政法大学出版社2001年版,第51~54页。

② 参见张明楷:《刑法学》(第4版),法律出版社2011年版,第877页。

样,就既可以继承区别说的基本宗旨,又可以避免所引起的处罚不平衡的弊端。①

我们认为,对整个加封或者上锁的容器整体来讲,显然其只受受托人占有控制,而对于封存在容器内的财物,实际上是在委托人与受托人共同占有控制之下。之所以说委托者占有控制封存的财物,是委托人在容器上加封或上锁的行为意味着委托人仍控制着封存的财物,特别是相对于受托人,这种加封限制着受托人控制封存财物的自由,因此,委托人把容器整体交付受托人后,并没有失去对封存财物的占有控制,特别是相对于受托者与委托者之外的第三者来讲,委托者对封存财物的占有控制就更明显。虽然委托者和受托者共同占有控制封存的财物,但两者控制的具体情况不大相同,受托者对封存财物的控制是一种不完全、不自由的控制状态,要受到委托者控制封存财物的方式限制,也就是受托者必须以封存的方式对财物进行控制,如果受托人超越了这种控制程度,其自然也就失去了对封存财物的控制权。因此,受托者如果取得封存物的内容物,由于共同占有控制者的一方侵犯了另一方的占有控制应构成盗窃罪;而取得封存物整体则构成侵占罪。②

3. 包装物、封缄物理论在本案中的运用

本案中,钟某违反社会一般人的做法,将通常应当随身携带的1000元人民币存放在摩托车车座下的放物箱里,表面上看钟某对1000元人民币的保管不够谨慎,不符合常情。其实,钟某之所以放心大胆地将车座下存放1000元人民币的摩托车交给丁某“试开一圈”,是钟某对车座下的放物箱作了安全处理,即对车座下的放物箱加了锁,车座下放物箱中的1000元人民币完全符合封缄物的特征。从外

---

① 参见黎宏:《论财产犯中的占有》,载《中国法学》2009年第1期。

② 参见郑泽善:《刑法争议问题探索》,人民出版社2009年版,第368~369页。

部特征来看,1000 元人民币是被钟某上锁保护的,从封缄效果来看,1000 元人民币存放在被上锁的放物箱里,可以达到防止他人控制的程度。因此,车座下放物箱中的 1000 元人民币从性质上来看可以认定为包装物,或者说是封缄物。

本案的结论

一、丁某取得摩托车行为的认定

如前所述,本案中,丁某以"试开一圈"为名取得摩托车(经鉴定价值 3600 元人民币)后,丁某只是摩托车的辅助占有者,该摩托车仍归钟某占有;钟某也没有将摩托车转移给丁某占有的意思,钟某之所以将摩托车交给丁某"试开一圈",是钟某深信丁某在短时间内、在自己的监控之下,会很快将摩托车返还给自己;而事实是,丁某在辅助占有摩托车期间,违背钟某的意志,通过"谎称摩托车被警方查扣"的手段,将钟某占有的摩托车违法转移给自己占有,这完全符合盗窃罪的特点。因此,丁某取得摩托车的行为构成盗窃罪。

二、丁某取得摩托车车座下放物箱中的 1000 元行为的认定

由于丁某在盗窃摩托车时,对存放在摩托车车座下放物箱中的 1000 元人民币并没有认识可能性,丁某在盗窃摩托车时,对这 1000 元人民币不存在盗窃故意,丁某盗窃摩托车时对作为封缄物内容物的 1000 元人民币并不构成盗窃罪。丁某占有封缄物之后,根据上述分析,取出作为封缄物内容物的 1000 元人民币的行为构成盗窃罪。

三、丁某、赵某和魏某掩饰赃物行为的认定

丁某在实施完成两个盗窃行为之后,和原高中同学赵某、魏某二

人联系,共同商议将钟某的轻便摩托车和 1000 元人民币据为己有,遂由赵某、魏某二人出面告知钟某,谎称摩托车及车内物品被警察查扣。三人共同实施的上述行为只是对丁某盗窃行为所获赃物利益的巩固,并没有对钟某的摩托车和 1000 元人民币造成新的侵害。由于“嗣后,三人将现金 1000 元人民币共同消费,轻便摩托车则归丁某个人使用”,三人的行为也不符合掩饰、隐瞒犯罪所得及其收益罪的客观要件。因此,三人的共同行为不构成任何犯罪。

综上所述,本案中,从丁某的行为特征来看,其产生非法占有目的之后,向被害人借骑摩托车,在摩托车仍归钟某占有的情况下,违背钟某的意志,将摩托车转为自己占有,应当构成盗窃罪。之后,在占有封缄物的情况下,违背钟某的意志,打开封缄物,取出 1000 元人民币,构成另一盗窃罪。此外,三人共同实施的行为只是对盗窃罪犯罪所得的巩固,并没有侵害任何法益,三人对该行为不承担刑事责任,因而,赵某和魏某不构成任何犯罪。

第二章 在 ATM 上用假币调换真币行为的认定

基本案情

2009 年 4 月 13 日、14 日，犯罪嫌疑人姚某某持从他人处得到的假币，至某银行支行，使用其本人的银行卡前后共计 4 次在 ATM 上取款，在 ATM 吐出钱款后，将其中的部分真币调换为相同数量的假币，然后待取款超时让 ATM 自动将钱吞回，共调换人民币 2500 元。后因银行工作人员清理 ATM 废钞箱时发现假币而案发。公安机关根据银行卡的信息抓获犯罪嫌疑人姚某某。

姚某某到案后交代从他人处听说在银行的 ATM 上可以将假币换成真币，遂使用上述方法调换假币。其以为让 ATM 超时吞回钱款后银行会视为未交易成功，不会扣除银行卡的余额，但事后发现其 4 次取款都被银行视为取款成功，从其银行卡中扣除了 8500 元。姚某某后得知须向银行反面申请才能将自动回退的钱款打回银行卡，虽然其准备向银行方面提出申请,但在未提出时即被抓获。

后姚某某供述其并不知晓该钱回退后会进入废钞箱,而银行卡上会扣除相应的钱款,并称:“没有人告诉我会被扣除交易数额这一情况,要是知道,不会这样做。”

争议焦点

意见1:姚某某的行为属于诈骗未遂,诈骗数额尚未达到诈骗罪的起刑点,不构成犯罪。

意见2:姚某某的行为构成盗窃罪。其行为构成盗窃手段与诈骗目的的牵连犯,择重罪处罚。

意见3:姚某某的行为应定为盗窃未遂,基于此意见下的起刑标准需盗窃“数额巨大”,故因盗窃数额不足而不构成犯罪。

意见4:姚某某的行为属于不能犯,故依照现代刑法的理论,不能犯并不受处罚。

意见5:姚某某的行为构成使用假币罪,因使用数额并不构成该罪名中“数额较大”的起刑要求,不构成犯罪。

意见6:姚某某的行为可能构成持有假币罪。

相关法条

1.《中华人民共和国刑法》第172条　【持有、使用假币罪】明知是伪造的货币而持有、使用,数额较大的,处三年以下有期徒刑或者拘役,并处或者单处一万元以上十万元以下罚金;数额巨大的,处三年以上十年以下有期徒刑,并处二万元以上二十万元以下罚金;数额特别巨大的，处十年以上有期徒刑，并处五万元以上五十万元以下罚金或者没收财产。

2.《中华人民共和国刑法》第264条　【盗窃罪】盗窃公私财物，数额较大的，或者多次盗窃、入户盗窃、携带凶器盗窃、扒窃的，处三年以下有期徒刑、拘役或者管制，并处或者单处罚金；数额巨大或者有其他严重情节的，处三年以上十年以下有期徒刑，并处罚金；数额特别巨大或者有其他特别严重情节的，处十年以上有期徒刑或者无期徒刑，并处罚金或者没收财产。

3.《中华人民共和国刑法》第266条　【诈骗罪】诈骗公私财物，数额较大的，处三年以下有期徒刑、拘役或者管制，并处或者单处罚金；数额巨大或者有其他严重情节的，处三年以上十年以下有期徒刑，并处罚金；数额特别巨大或者有其他特别严重情节的，处十年以上有期徒刑或者无期徒刑，并处罚金或者没收财产。本法另有规定的，依照规定。

学理分析

一、针对意见1的分析

1. 诈骗罪与盗窃罪的核心区别

针对诈骗罪和盗窃罪的学理构成区别与实务操作的不同学界已经作了多番论述，[①]笔者此处只简单提及两者的核心构成区别。目前

① 相关问题的研究可以参见刘明祥：《许霆案的定性：盗窃还是信用卡诈骗》，载《中外法学》2009年第1期；徐光华：《刑法解释视域下的"自愿处分"——以常见疑难盗窃与诈骗案件的区分为视角》，载《政治与法律》2010年第8期；贾凤英：《盗窃与诈骗行为交织的财产性犯罪定性研究　由几则案例引发的思考》，载《法律适用》2006年第11期；雷建斌：《盗窃抑或诈骗——侵入金融机构计算机系统虚增存款获取资金行为定性之探析》，载《人民司法》2007年第4期；董爱军：《诈骗？盗窃？抢夺？——辨析两起争议案件》，载《人民公安》2007年第4期。

在我国刑法学界，在讨论盗窃罪与诈骗罪的区别时，主要是根据两个罪行的手段不同来做论据基点。有学者称，盗窃罪与诈骗罪尽管客观上都是采用了平和手段取得了公私财物所有权，但在取得财物所采用的具体方式上存在显著的不同，盗窃罪是以秘密窃取的手段非法取得了公私财物，而诈骗罪则是以虚构事实或者隐瞒真相的手段，致使公私财物的所有人或持有人心理上产生认识错误，“自愿”“主动”地将财物交付给犯罪行为人。[①] 亦有学者称，盗窃罪与诈骗罪最明显的区别就在于盗窃是采取秘密窃取的手段获得财物，而诈骗采用虚构事实，或者隐瞒真相的方式，使受害人产生了错误认识，基于该错误认识，被害人自愿处分财产。[②] 不难看出，理论界目前的侧重点都是在两罪犯罪实行行为手段的区别上。

笔者认为，如果换个分析视角其实也能较为轻松地体现出诈骗罪和盗窃罪的区别。比如从犯罪实行行为的对象来看，诈骗罪的行为对象必须具有处分其财物的独立意思，而盗窃罪对行为对象是否具有处分财物的独立意思不做要求。换句话说，就是盗窃罪的行为对象并不一定需要具备辨识能力，而诈骗罪的成立则需要行为对象具有该要素。因为不具备辨识能力，则无法具备处分财物的独立意思，更不可能陷入认识的错误，或者产生“自愿”“主动”交付财物的心理状态，从而无法满足我国《刑法》第 266 条中对犯罪人“骗取”行为的构成要件要求。随着案件的复杂程度的变化，目前的司法实践中，很多犯罪行为同时有秘密窃取与诈骗的多重手段，如果只是一味从犯罪手段上对两罪进行区分，会略显不易。目前，在日本学界有人对实行行为在认定犯罪中的具体作用产生疑问，有学者认为，“将实行行为本身化为‘黑匣子’，隐藏了其背后的实质性问题，在并未明确地进行实质性

① 参见周清水、薛云：《盗窃罪与诈骗罪的区分问题——从诈骗罪“处分行为”的视角着手》，载《中国检察官》2013 年第 2 期。

② 参见关苏晴：《论诈骗罪与盗窃罪的界限》，载《法制与社会》2013 年第 5 期。

价值判断的情形下,就推导出了结论”[①],甚至有学者指出,“实行行为概念现在正处于崩溃过程之中”[②]。与本书涉及的盗窃罪与诈骗罪的区分类似,笔者相信实行行为以前是并且依旧会是犯罪定型的核心标准,但是这个标准的内质部分能否进行多元化改造并且在更大程度上除了实体法的考虑之外纳入程序法内的评价标准以使司法实践得到更流畅的进行,将会是传统学理面临的挑战。

2. ATM 的定性问题

自“许霆案”以来,涉及 ATM、银行金融机构的犯罪问题成为学界的争鸣重点。其中的核心问题之一,便是对 ATM 的定性问题。美国马萨诸塞州上诉法院曾经也针对类似的问题进行讨论,有趣的是,该案的争议源自一起民事纠纷案件。[③] 在这一案件中,该庭作出如下判决:“ATM 亭只是交易装置而非建筑结构,因此它的建造并不需要得到屋主的同意。”在这一判决中值得我们注意的是,该庭仅仅将 ATM 作为一种附着于交易过程中的装置(fixture)。

对 ATM 定性问题的探索,在刑法学上的一个重要意义在于认定其是否可以成为具有辨识能力的客体,并在此基础上确认其是否可以成为诈骗犯罪的行为对象。针对这个问题,目前的通说是,机器不能被骗,不属于诈骗犯罪的行为对象。[④] 首先,笔者认为,ATM 是银行金融机构的非生命延伸体,并不具备辨识能力,故不可能陷入认识的错误,当然不能成为诈骗行为对象。其次,将 ATM 视作银行而认为其具有处分财物的意思可能,这种推论在逻辑上并不严密。ATM,即 automatic teller machine,字面直译是“自动出纳机”,其设计初衷,按照

① [日]山口厚:《刑法总论》,有斐阁 2007 年版,第 51 页。转引自[日]奥村正雄:《论实行行为的概念》,王昭武译,载《法律科学》2013 年第 2 期。

② [日]高桥则夫:《刑法总论》,成文堂 2010 年版,第 102 页。转引自[日]奥村正雄:《论实行行为的概念》,王昭武译,载《法律科学》2013 年第 2 期。

③ See Chapman v. Katz,844 N. E. 2d 270,2006 WL 771912 (Mass. App. Ct.).

④ 参见吕雁华:《浅析 ATM 机的法律性质》,载《中外企业家》2010 年第 2 期。

其发明人约翰·阿德里安·谢泼德·巴伦(John Shepherd-Baron)的说法,只是为了使客户有更便捷和无时限的取款体验。ATM 的本质性特征,并不含有成为"银行"所具有的必要属性。银行亦从未也无法授予某种机器权利,去有意识地在操作规程之外,给予客户特殊意义上的"融资"。再次,某些学者提出按照"表见代理制度"对 ATM 与银行的关系进行理解。[①] 笔者认为其不成熟的地方有二:一方面,表见代理制度自身在我国民事法律体系中尚有争议和问题。另一方面,即使承认这种表见代理的关系,如何让机器成为民事法律关系的主体?又如何让 ATM 在这种表见代理关系下,行使属于其"代理人的抗辩权"?并且,应该如何解决 ATM 本身即是所属银行的财产的问题?最后,银行也没有陷入认识错误,因为只可能是法人组织中的自然人陷入认识错误,法人本身不能陷入认识错误,法人只是受害者,而不是受骗者。ATM 的设计工程师也没有陷入认识错误,因为工程师不能保证机器元件绝不失灵,不能保证程序没有漏洞,软件公司不定期发布补丁程序就说明了这点。[②]

综合上述分析,笔者认为,以 ATM 为诈骗对象的说法,在学理上存在过多争议。现在,让我们设身处地地去思考一下此类案件犯罪者的真实思维。就如本案中的姚某某或者曾经的许霆,犯罪者在实施其行为的时候,真的是抱着比如"我要诈骗某某银行"这样的动机或者心理状态去进行的吗?相信在更多时候,他们只是一种投机取巧的获利期待。将上述心理过程回归理论,就是采用某种欺骗的模式,并以此为手段,达到秘密窃取不属于自己的财物之目的。当下的此类犯罪行

① 有关表见代理制度的相关研究,可参见杨代雄:《表见代理的特别构成要件》,载《法学》2013 年第 2 期;王建文、李磊:《表见代理判断标准重构:民商区分模式及其制度构造》,载《法学评论》2011 年第 5 期。

② 参见夏伟、周禅:《在 ATM 机上存假币取真币行为之定性》,载《人民法院报》2010 年 1 月 14 日,第 7 版。

为,相信定性为盗窃更为合适一些。

3. 本案分析

在本案中,犯罪嫌疑人姚某某声称其想用假币调换真币,故期待银行承担2500元假币的损失,姚某某主观上具有非法占有银行资金的目的。若以诈骗罪论处,基于前述分析,诈骗行为的对象只可能是涉案银行,更严谨地说,是涉案银行中的自然人主管,那么很明显,姚某某并不存在这样一种使某自然人陷入认识错误的行为或主观意图。如果说调换是一个骗取行为,即姚某某的实行行为是以"骗取"为核心犯意做出的,那么在本案中,ATM并未因此骗取行为产生任何操作规程上的偏差而处分任何属于银行的财产;即使ATM做出了划账或兑换等类似犯罪中犯罪人期待的交付行为,亦不是基于认识的错误,而是基于机器本身设计时的技术漏洞或者某种个别情况下的机械故障。所以本案成立诈骗罪的理由,并不充足,更遑论诈骗未遂。另外,如果将意见1中的诈骗行为理解为姚某某向银行申请要求将自己银行卡中扣除的钱款补回的行为,那么有可能成立诈骗未遂。但这个行为只是本案审理过程中的一种事后揣测,证据与证人均表明姚某某从未提出申请补款,相关讨论的意义不大。意见1即被排除。

二、针对意见2的分析

1. 牵连犯的概念分歧

关于牵连犯的概念表达,我国刑法学界的观点目前并不一致。笔者选取部分摘录如下:第一种,牵连犯是指以实施某一犯罪为目的,而其犯罪的方法行为或者结果行为又触犯了其他罪名的情形。[①] 第二种,牵连犯是指为了一个最终的犯罪目的,而其方法行为又触犯其他

---

① 参见陈兴良:《刑法适用总论》(上卷),法律出版社1999年版,第696页;吴振兴:《罪数形态论》,中国检察出版社1996年版,第274页。转引自高铭暄、叶良芳:《再论牵连犯》,载《现代法学》2005年第2期。

罪名的情况。[1] 第三种,牵连犯是指行为人实施某种犯罪(本罪),而方法行为或结果行为又触犯其他罪名(他罪)的犯罪形态。[2] 第四种,牵连犯是指犯一罪而其手段或结果的行为又触犯了其他罪名的情况。[3] 第五种,牵连犯是指犯罪的手段行为或结果行为,与目的行为或原因行为和结果行为之间具有牵连关系。[4]

粗略来看,上述定义中有些十分相似,但仔细区分,不同的定义在侧重点上又存在差异。有的强调牵连关系,有的在具有牵连关系的行为选取上有所不同。但总体来看,这些定义都含有的核心元素是一致的,即牵连关系与复数行为组。

2. 牵连犯的特征

要把握牵连犯的内涵,应明确牵连犯的特征有哪些。目前,我国学界普遍同意的特征有 3 个:一是实施数个犯罪行为,即犯罪行为的复数性;二是数个行为触犯不同罪名,也称数个行为触犯罪名的异质性;三是数个行为之间具有牵连关系,即数个行为的牵连性。[5]

所谓犯罪行为的复数性,是指:一方面,牵连犯是由数个行为构成的,并且实施的数个行为都是构成犯罪的行为。要特别指出的是,实施数个行为,而不是一个行为,这是牵连犯与想象竞合犯的重要区别所在。后者是指实施一个行为而同时触犯数个罪名的情况。另一方面,判断行为个数,应以犯罪构成要件为标准。所谓数个行为触犯罪名的异质性,是指:行为人客观上实施的数个社会危害行为性质不同,且既相对独立又相互依附,故而形成牵连关系;并且,这些足以形成牵

① 参见赵俊新、黄洪波:《论牵连犯》,载《江汉论坛》2003 年第 1 期。

② 参见高铭暄主编:《刑法学原理》(第 1 卷),中国人民大学出版社 1993 年版,第 600 页。转引自高铭暄、叶良芳:《再论牵连犯》,载《现代法学》2005 年第 2 期。

③ 参见顾肖荣:《刑法中的一罪与数罪问题》,学林出版社 1986 年版,第 88 页。转引自高铭暄、叶良芳:《再论牵连犯》,载《现代法学》2005 年第 2 期。

④ 参见张明楷:《刑法学》(第 2 版),法律出版社 2003 年版,第 373 页。

⑤ 参见冯野光、闫莉:《论牵连犯的内涵、特征及处罚原则》,载《法学杂志》2012 年第 3 期。

连关系的社会危害行为都各自构成犯罪的事实。所谓数个行为的牵连性,是指:牵连犯的本质特征,是数个行为之间具有牵连关系。所谓牵连关系,是指行为人所实施的数个犯罪行为之间,具有方法与目的或者原因与结果的密切关系,即数个犯罪行为表现为目的行为、方法行为或者结果行为,以目的行为为轴心,方法行为是为实现目的行为服务的,结果行为是由目的行为派生引起的。高铭暄教授曾给出了时间上的排序,即按时间顺序来说,方法行为在前,目的行为在次,结果行为在后。但牵连犯的数个行为并不必须发生在同一时空条件下。[①]

3. 牵连关系的认定

如何认定数个犯罪行为之间是否具有牵连关系,基于视角和标准的不同,在看待同一犯罪现象时,或许会得出不同的结论。目前,在刑法理论上,对于牵连关系的判断标准存在主观说、客观说和折中说。

所谓主观说,其认为数个行为之间有无牵连关系应以行为人的主观意思为标准,即行为人在主观上有以手段或者结果之关系使其与本罪发生牵连的意思,为有牵连关系;在主观上没有使数罪作为手段或结果而发生牵连的意思的,为无牵连关系。

所谓客观说,其认为数个行为之间有无牵连关系应以客观事实为标准,即行为人所实施的目的行为与手段行为或者结果行为在客观上存在牵连关系的,即认为有牵连关系,而无须考虑行为人在主观上有无使某一行为成为手段行为或者结果行为的意思。客观说分为 4 种不同的主张,分别是包容为一说、不可分离说、通常性质说和形成一部说。笔者分析,包容为一说与形成一部说类似,均强调其方法行为与目的行为或原因行为与结果行为均应涵摄在一个行为的前提下进行判断;只是包容为一说认为,数个行为应当涵摄在一个犯罪构成事实之中,而形成一部说认为,数个行为应该涵摄在一个法律行为

① 参见高铭暄、叶良芳:《再论牵连犯》,载《现代法学》2005 年第 2 期。

中。不可分离说认为，数个行为之间有无牵连关系应当以客观的事实而不能以犯罪构成事实上的包含关系为限来考察。至于通常性质说，则在考察限度上更加放松，只强调在通常情形之下，一行为是某种犯罪之普通方法或者一行为是某种犯罪之当然结果，即为有牵连关系。

所谓折中说，顾名思义，即在认定牵连关系的有无时，需要同时考虑主观上犯罪意图的连续性和客观上数个行为之间是否属于手段或结果的关系。

4. 本案分析

从行为主观犯意的角度出发，本案盗窃和诈骗两行为间不具有牵连关系。准确地说，姚某某在 ATM 上调换钱款时，并不知道该钱回退后会进入废钞箱，而银行卡上会扣除相应的钱，犯罪嫌疑人只是错误地以为未取款银行卡上不会扣除钱款。因此，其主观的犯罪意图并不具有连续性，并且其调换钱款时不存在一个为后续的诈骗行为创造条件、提供手段的故意。从客观行为的角度出发，本案的诈骗行为尚未着手实施，故不存在实质的数罪或数个行为间的手段或结果之关系。无论从学理上的主观说、客观说还是折中说来看，均无法成立牵连犯。意见 2 即被排除。

三、针对意见 3、意见 4 的分析

1. 未遂犯与不能犯的含义和各自形态

所谓未遂犯，是指已经着手实行犯罪而未达既遂的犯罪。依照张明楷教授的论述，在德日刑法理论中，未遂有广义和狭义的区分。广义的未遂包括障碍未遂和中止未遂，狭义的未遂仅指障碍未遂。无论是障碍未遂还是中止未遂，均可以分为着手未遂和实行未遂。[①] 行为

① 参见张明楷编著：《外国刑法纲要》（第 2 版），清华大学出版社 2007 年版，第 250 页。

人行为未遂的理由是不是基于行为人自我的意志,是障碍未遂和中止未遂的区别理由。其中,由自我的意志而未遂者,属中止未遂;非由自我的意志而未遂者,属障碍未遂。行为人行为未遂的产生是不是基于行为人实行行为的完成,是着手未遂和实行未遂的区别理由。其中,在实行行为完成后产生的未遂,是实行未遂;在着手实行犯罪后、实行行为完成前产生的未遂,是着手未遂。

所谓不能犯(准确讲是狭义的不能犯),是指行为人认识到结果的发生,但其实施的行为并不具有致使结果发生的危险性。[①] 不能犯在近代刑罚理论中,属于不可罚行为。广义的不能犯,除上述行为类型之外,还包括事实的欠缺与幻觉犯。其中,事实的欠缺是指,本来欠缺构成要件要素中的犯罪的主体、客体、手段等要素,但行为人误认为这些要素存在。幻觉犯是指,行为人所为行为不违法,而行为人认为违法。值得注意的是,对不能犯的相关理论在刑法学说中的定位问题,基于评价阶段不同而产生了学说分立。一种观点认为,不能犯应属于讨论构成要件符合性阶段的问题,即实行行为的定性问题。由于不能犯从一开始就不符合构成要件,是着手实行前的问题。持此观点者,一般在构成要件中讨论不能犯。另一种观点则认为,不能犯应属于实行行为着手阶段,结果发生的危险性之有无的问题。而不能犯是缺乏这种危险性的实行行为类型。持此观点者,一般在未遂犯中讨论不能犯。

2. 区分不能犯与未遂犯的学理

不能犯与未遂犯的区分是刑法主观主义与客观主义之争的主战场,亦可以说是刑法理论走向的晴雨表,问题虽小却意义重大。[②] 不能

---

① 参见张明楷编著:《外国刑法纲要》(第 2 版),清华大学出版社 2007 年版,第 267 ~ 268 页。

② 参见陈兴良:《不能犯与未遂犯——一个比较法的分析》,载《清华法学》2011 年第 4 期。

犯与未遂犯的学理争论的原因是:德日刑法理论认为,如果行为人的行为,具有导致结果发生的危险性,即使客观上不可能造成结果发生,也是未遂犯,而不是不能犯。[①] 是故,“结果发生的危险性”即成为判断某行为类型是否可以区分不能犯与未遂犯的学理。学术演进史上,亦以此标准为核心产生了诸种学说主张,就是德日刑法理论中,对这个问题的讨论也有自己不一致的理念。在德国,不能犯理论有一个从纯粹客观说向较为主观的印象说过渡的过程;在日本的司法实务上较为通行的是具体危险说,理论上的有力学说则是客观危险说。

学理上目前存在两大分立:主观说,即以行为人主观上的危险性为判断基础;客观说,即以行为人客观上的危险性为判断基础。继续细化分类,在主观说中,存在纯粹的主观说与主观的危险说之区别;在客观说中,又存在具体的危险说、客观的危险说与定型说之区别。

所谓主观说中“纯粹的主观说”,是指未遂的本质是行为人意思的危险性,故只要存在危险意思的表示,就是可罚的未遂,而不是不能犯。另外,这一学说以行为人认识到的事实为基础,以行为人本人为标准来判断危险性,即除却迷信犯(迷信犯是属于不可罚的不能犯),只要行为人实施自认为可以导致结果发生的行为,不论客观是否发生,都是未遂犯而不是不能犯。

所谓主观说中“主观的危险说”,是指以行为人主观上的危险性为判断基础,这一点与纯粹的主观说无异,只是这一学说以一般人的认识作为判断危险性的标准。在行为人依照其危险的意思去行为时,如果一般人的标准认为此等行为会产生结果发生的危险性,则属于未遂犯;如果一般人的标准不认为此等行为会产生结果发生的危险性,则属于不能犯。

根据张明楷教授的观点,在德国的裁判实践中一直采用“纯粹的

① 参见赵秉志:《论不能犯与不能犯未遂问题》,载《北方法学》2008 年第 1 期。

主观说”,这亦是该国学理上的有力观点;而在日本的刑法理论界,无论是“纯粹的主观说”还是“主观的危险说”,均没有地位。客观说中“具体的危险说”则是日本刑法理论中的通说。[①]

所谓客观说中“具体的危险说”,是指以行为时一般人可能认识到的事实以及行为人特别认识到的事实为基础,再以一般人为标准,判断有无具体的危险性。有危险性是未遂,无危险性是不能。

所谓客观说中“客观的危险说”,在德国被称为“旧客观说”而在日本亦被称为“绝对不能·相对不能说”,它是指,以行为时的所有事实为基础,事后对行为进行观察,从客体与手段的性质上看,如果在任何场合都绝对不能发生危险性结果,就是不能犯;反之,如果危险性结果的发生是相对的,就是未遂犯。

客观说中的“定型说”认为,由于刑法中的构成要件行为必须具有发生构成要件结果的一般危险,若某行为不具此危险,即不能完成犯罪的行为,就不是实行行为,属于不能犯。按照小野清一郎、团藤重光的理解,如果行为不具有构成要件的定型性,就是不能犯;反之,则是未遂犯。[②] 在判断“定型性”即行为能否达成“结果发生的危险性”时,其标准与“具体的危险说”一致。

3. 能犯未遂与不能犯未遂

犯罪未遂类型中的能犯未遂与不能犯未遂,是以行为实际上能否达到犯罪既遂为标准而对犯罪未遂所作的划分。所谓能犯未遂(又称未遂犯),是指犯罪行为有实际可能达到既遂,但出于行为人意志以外的原因未能达到既遂的情况;所谓不能犯未遂(又称不能犯),是指因犯罪人对

---

① 参见张明楷编著:《外国刑法纲要》(第2版),清华大学出版社2007年版,第268～274页。

② 参见[日]山口厚:《刑法各论》(第2版),王昭武译,中国人民大学出版社2011年版,第277～299页。

有关犯罪事实认识错误而使犯罪行为不可能达到既遂的情形。[①] 在国外当今刑法理论中,存在把不能犯未遂又区分为客体不能犯与手段不能犯(也称"方法不能犯")的主张。我国论及不能犯未遂具体分类的较早期论著,都把"手段不能犯"改称为"工具不能犯";对于"客体不能犯",不少论著则承袭了这一名称。

由于我国刑法理论上一直将不能犯视为未遂犯的一种,不能犯未遂与能犯未遂是未遂犯内部对应的概念,这与德国刑法理论上对不能犯的界定相似,而与日本刑法理论上将不能犯视为与未遂犯相对之概念的做法有所不同。值得注意的是,刑法理论界对这两个概念的内涵与其自身的这种区别是否有必要,仍然存在争论,笔者此处只是作为启发性的介绍。

4. 本案分析

在本案中,姚某某的行为到底属于盗窃未遂还是不能犯,我们可以通过上文介绍的理论知识来尝试作出解答。

按照"纯粹的主观说"来分析,尽管从客观现实上来看,银行权益没有受到任何损坏,但从行为人自身来看,姚某某主观上认识到其行为会对银行的权益产生侵害,即按照行为人标准,其行为会产生结果发生的危险性,故其行为成立盗窃未遂。

按照"主观的危险说"来分析,一般人无法认识到姚某某的行为会不成功。或者说,银行并未给予客户明确的 ATM 使用守则,已告知客户在取款超时的情况下,取款行为依旧成功,并会在该客户户头上进行划账行为,即按照一般人的判断标准,姚某某的行为具有结果发生的危险性,所以其行为成立盗窃未遂,而非不能犯。

按照"具体的危险说"和"定型说"来分析,基于 ATM 操作规程的

① 参见黎宏:《刑法中的危险及其判断——从未遂犯和不能犯的区别出发》,载《法商研究》2004 年第 4 期。

保密性,无论是一般人还是行为人姚某某,均无法认识到在 ATM 上调换钱款时,若超时不取,该钱款会回退后进入废钞箱,而银行卡上亦会成功扣除等额钱款。故尽管在略有偏差的事实认识之基础上,但以一般人标准去判断,这都具有危险性。所以姚某某的行为成立盗窃未遂,而非不能犯。

值得注意的是,按照“客观的危险说”来分析,姚某某的行为在任何场合都绝对地不能发生危险性结果,所以应是不能犯,而不是盗窃未遂。

但笔者认为,“客观的危险说”在区分绝对的不能和相对的不能时,标准不甚清晰,且在操作上给予法官的裁量权过大。而且,按照张明楷教授的观点,所有的未遂在客观上都是不能导致结果发生的,所以,几乎所有的未遂都可以说是绝对的不能,因而都是不能犯。这样容易造成司法混乱。综合上述的分析意见,笔者支持意见 3 的裁判,并认为意见 4 可以被排除。在此基础上,基于 2013 年的司法解释,盗窃未遂的起刑条件需要满足“数额巨大”的要件,即“三万元至十万元以上”,姚某某因盗窃数额不足而不构成犯罪。

四、针对意见 5、意见 6 的分析

1. 持有假币与使用假币的认定

关于持有假币行为的认定,学理认为其是对伪造的货币加以事实上的支配的行为。① 至于伪造的货币所有权属谁,对持有行为的定性没有影响。本罪中的持有,是一种广义上的持有。可以是随身携带、藏匿家中或其他某处,也可以是委托他人保管等。行为人与假币的空间距离不影响持有行为的构成。本罪意义上的持有伪造的货币行为必须是非法持有,即持有伪造的货币行为必须是违反了国家货币管理

① 参见张玉珍:《试论持有、使用假币罪》,载《法学杂志》2001 年第 3 期。

法规与有关管理制度的，对伪造的货币加以事实上支配的行为。

关于使用假币行为的认定，学理上也存在不同的理解。有的认为其是将假币投入市场，作为一种支付手段并运用的行为。有的认为其是把假币直接投入流通领域的行为。有的认为其是以假币冒充真币，以通用货币的通常用法加以利用的行为。有的认为其是明知是假币而使其进入流通领域，破坏货币流通之安全可靠信用的行为。有的认为其是按照真实货币的通用用途，以假币冒充真实货币而加以利用，破坏货币的公共信用，扰乱正常经济秩序，危害经济交往安全的行为。①

2.“持有”行为的学理分析

关于“持有”的行为样态，理论上一直存在争议。在英美刑法理论中，通常将其视为与作为和不作为并列的一种占有事态，持有型犯罪被称为事态犯罪。在大陆法系国家或地区的刑法理论中，则没有争议地认为持有属于作为。在我国刑法理论界，关于持有则存有作为行为方式说、不作为行为方式说和独立行为方式说 3 种观点。②

具体到持有假币罪，若将持有假币视为作为，则与作为的身体活动的积极性和动态性相悖；若将其视为不作为，则与不作为的作为义务来源不能形成有效对接，因为刑法规定持有假币罪，旨在禁止人们持有假币，而不是命令人们上缴假币，即使是现行《中国人民银行法》也未出于保障人民币法定货币地位的目的而规定这种作为的义务来源。视“持有”为不作为就会得出对于误收较大数额假币之后不上缴而是予以销毁或者不再继续控制假币的犯罪嫌疑人也应以本罪论处的结论，而这明显是违背常规理性的结论；若将“持有”视为独立行为方式，则意味着提高司法证明难度、降低司法效率。

① 参见王松丽：《持有、使用假币罪的法律问题研究》，载《长春理工大学学报（社会科学版）》2011 年第 8 期。

② 参见梁根林：《责任主义刑法视野中的持有型犯罪》，载《法学评论》2003 年第 4 期。

3. 本罪中“使用”与“流通”的学理分析

所谓使用假币，是指行为人把假币当作真实的货币加以流通的行为。使用假币必须以将假币置于流通领域为必要条件，这是由货币的职能决定的。使用货币就是指将货币作为流通手段，使用假币是指将假币冒充真实货币作为流通手段。

关于使用假币是否必须以将假币置于流通领域为必要条件，学界存在不同认识。日本学者牧野英一认为，使用假币，“无置之于流通之必要”。他举例说，“对于检察官，示以伪造货币者，行使也”。我国刑法学界也有学者认为，凡是按照真实货币的通用作法，以伪造的货币冒充真实货币而加以利用的，均应视为本罪意义上的使用假币行为，而不能将使用行为仅限于伪造的货币进入实际流通的各种方式。对此分析，笔者并不认同。货币除流通、交付职能之外还具有价值贮藏、价值尺度的作用。若按照上述观点，行为人出示假币以证明自我所拥有的资本总额，亦会被认定为使用假币罪，这与司法实践不符。

笔者认为，使用假币罪的成立需要“将假币置于流通领域”这一必要条件。在本案中，姚某某唯一的实行行为是将部分假币置于 ATM 中，并兑换了等量的真实货币。那么，姚某某的这种行为是否算作将货币置于“流通领域”呢？目前刑法学理论中仍存在争议。

张明楷教授认为，行为人通过 ATM 存入假币的行为构成使用假币罪，其后从 ATM 上取出真币的行为构成盗窃罪。[①] 张教授的具体理由如下：其一，ATM 是供不特定人存款取款的机器，此时由此人存入的现金，在彼时即被他人取走或者被银行利用。所以，将假币存入 ATM 完全属于将假币作为真币置于流通领域的使用行为。其二，行为人在存入假币时，旨在使自己的银行债权增加。在此意义上说，行为人是将假币作为手段使自己获得银行债权。但是，即使行为人完全

① 参见张明楷：《使用假币罪与相关犯罪的关系》，载《政治与法律》2012 年第 6 期。

放弃债权,其将假币置于流通领域的行为,也侵害了货币的公共信用,具有应该科处刑罚的违法性。退一步说,即使行为人通过某种方法将假币置于 ATM,而并不使自己增加债权,该行为也因为侵害了货币的公共信用,而应该科处刑罚。其三,通过存入假币而获取银行债权的行为,与后面的从 ATM 中取出真币的行为,所指向的对象不同(前者为财产性利益,后者为货币),所以,不能因为行为人之前非法获取了银行债权,就否认后面从 ATM 取款的行为成立盗窃罪。其四,存入假币行为侵害的是货币的公共信用,从 ATM 中取出真币的行为侵害的是银行财产,行为人明显实施了两个行为,具有两个故意,而且二者之间并不存在所谓类型性的牵连关系,也不属于其他应当以一罪论处的情形,故应数罪并罚。

与张明楷教授的观点相左,陈兴良教授认为姚某某将假币拿到银行存款的行为,类似于委托银行保管的行为。根据西田典之教授的观点,委托保管的行为,因其款项并未进入流通,因而并不构成使用假币罪。值得注意的是,陈兴良教授还论述道:"用假币到自动柜员机存款,其存入行为不是使用假币,而是利用假币而使被告人账户内记载存款,这是一种秘密窃取。只要在账户上记载了存款,盗窃罪即告既遂。此后的取真币行为,也是一种不可罚的事后行为。而那种认为存假币是使用假币,取真币是盗窃真币的见解,并没有注意到取真币是从本人的账户内取款,这一取款行为是具有依据的,对此不该评价为盗窃罪。这种取款的依据本身是存假币的结果,存入假币就完成了以假变真的行为,因而已经构成盗窃罪的既遂。否则,就会出现对行为的重复评价。"

4. 本案分析

本案的意见 6 认为,姚某某的行为可能构成持有假币罪,但因犯罪证据并未给出姚某某实际从他人处获得的假币数量,故需另作考虑。

而本案的意见5中提到的使用假币罪,笔者认为,姚某某的行为是否成立该罪的核心问题是将假币置于ATM是否应当看作将其置于流通领域。在这一问题上,笔者更倾向于陈兴良教授的观点。首先,姚某某兑换的假币从客观上看,流入了废钞箱,并由银行工作人员挑拣出来,所以说,不存在被他人取走或被银行再次利用的可能。其次,投入假币使自己债权增加的犯罪意图,姚某某并不具备。而即使认定其具有这种意图,笔者亦认为,客户的普通储蓄业务行为,通常的目的不是使自己的债权增加。而银行负于客户的储蓄户头上的债权,也直接算作利息的部分。那么,若定要认为其使用假币以获得额外债权,在认定涉案数额上,应当是使用假币兑换的等额真币可能获得的利息。是故,笔者不认为姚某某的行为有成立使用假币罪的可能。意见5被排除。

第三章 盗窃与抢夺的界分

基本案情

2008年7月某日凌晨1时许,犯罪嫌疑人胡某驾驶出租车将乘客朱某送至某地,在和坐前排的朱某结账时,储某携带装有1台手提电脑的手提包上车坐在车后排右侧座,将手提包放于后排左侧座。在行车途中,胡某与储某因朱某遗忘的一箱红酒的归属发生争执。车子行至某宾馆门口时,储某下车问路,未关车门,手提包留于车上。胡某下车,从车尾绕至车后侧,关闭车门,然后驾车逃离现场。后胡某将红酒及手提包藏匿于朋友处。

胡某到案后,交代了驾车逃离的过程,但辩称其主观上出于占有红酒的意图,并不知道储某的包放置于车上。①

① 参见徐燕平主编:《刑事疑难案例研究》,上海交通大学出版社2010年版,第233页。

争议焦点

本案中,胡某的行为可以分成两个部分分别进行认定。第一个部分是胡某将合法占有的朱某的红酒非法据为己有的行为。第二个部分是胡某非法占有储某电脑包的行为。

胡某行为的第一个部分符合我国《刑法》对于侵占罪的规定。我国《刑法》第 270 条规定:"将代为保管的他人财物非法占为已有,数额较大,拒不退还的,处二年以下有期徒刑、拘役或者罚金;数额巨大或者有其他严重情节的,处二年以上五年以下有期徒刑,并处罚金。将他人的遗忘物或者埋藏物非法占为已有,数额较大,拒不交出的,依照前款的规定处罚。本条罪,告诉的才处理。"根据学理分析,侵占罪的成立,是行为人将业已占有即已经形成"占有事实"的财物擅自转归为自己所有。易言之,本罪的成立,要求原财物的所有人,占有人已经失去对该财物的占有控制权。[①] 与法律规定相结合,财物所有人对占有的失去包括两种情况:第一种情况是通过委托他人对财物代为保管而交付财物的占有,第二种情况是财物属于遗忘物或者埋藏物。本案中,乘客朱某遗忘在出租车上的红酒,应当属于刑法意义上的遗忘物,[②]因此,

---

① 参见郑泽善:《刑法争议问题探索》,人民出版社 2009 年版,第 360 页。

② 关于红酒性质的认定,需要考虑到对于"遗忘物"概念的界定。对于"遗忘物"与"遗失物"之间的关系,我国刑法理论界一共有 3 种观点:第一种观点认为,所谓遗忘物,通常是指财物的所有人或持有人有意识地将自己持有的财物放置在某处,因一时疏忽忘记拿走,而暂时失去控制的财物。理论上一般认为,遗忘物与遗失物是不同的概念,遗失物是指所有人或者持有人因为疏忽,偶然将其持有的财物失落在某处,以致脱离了自己的控制。其与遗忘物不同,遗忘物的物主一经回忆较容易找回遗忘物,而遗失物的物主则很难知道遗失物在什么地方,故难以找回。参见高铭暄、马克昌主编:《刑法学》(第 8 版),北京大学出版社、高等教育出版社 2007 年版,第 512 页。第二种观点认为,遗忘物,又称遗失物,是指非出于放弃占有的意思偶然丧失占有之动产,且在拾得之际该动产并不为任何人实际占有。这种观点认为,第一,遗忘物与遗失物的区分无法律上的根据。我国民事立法并未区分遗忘物与遗

胡某的行为属于对于遗忘物的非法所有,应当构成侵占罪。

难点在于如何认定胡某行为的第二个部分。对此存在 3 种对立的观点:第一种观点认为,胡某构成抢夺罪。理由是,胡某以非法占有为目的,趁储某下车问路之机,快速驾车逃离,属于乘人不备公然夺取财物,因此其行为构成抢夺罪。第二种观点认为,胡某构成盗窃罪。理由是,胡某的行为属于"公然盗窃"的情况,由于胡某违背储某的意志,以和平的手段转移了财物的占有,其行为可以构成盗窃罪。第三种观点认为,胡某构成侵占罪。理由是,胡某驾车离去之时,对于电脑包的占有属于合法占有,即胡某没有认识到储某的电脑包还在车上,因此其行为只能构成侵占罪。根据上文关于案件事实的分析,胡某完全可以认识到储某的电脑包遗忘在车上,因此,第三种观点难以成立。那么,区分盗窃罪与抢夺罪,就成为认定胡某行为的关键。

相关法条

1.《中华人民共和国刑法》第 264 条 【盗窃罪】盗窃公私财物,数额较大的,或者多次盗窃、入户盗窃、携带凶器盗窃、扒窃的,处三年

失物,而是一概以"遗失物"概括之。第二,遗忘物与遗失物之间并无本质的区别,无区分之必要。第三,遗忘物与遗失物的区分标准主观色彩浓厚,难以把握,且易造成司法上的混乱。参见邓斌:《侵占罪几个问题的探讨》,载《法制与社会发展》1999 年第 4 期;王钧柏:《侵占罪主要争议问题研究》,载《人民检察》1999 年第 4 期。第三种观点认为,侵占罪中的"遗忘物",就是遗失物,是指非基于合法占有人抛弃的意思偶然丧失占有,现又无人占有之物。它具有以下特征:一是他人之物;二是须为动产;三是遗失人占有之丧失须出于偶然原因,并且非出于本意;四是非隐藏之物。我国《刑法》只规定了侵占遗忘物,而对误取(占)物、漂流物、走散之家畜、盗贼遗失之赃物等未作规定。在民法上,一般将这些财物视作遗忘物。有的观点认为,在刑法上也完全可以这样认为,凡非本人抛弃所有之意而离其持有之物皆可纳入侵占罪的范畴,即将此类财物视同有主而无人占有之遗失物。此种观点不仅认为遗失物与遗忘物等同,而且认为应当在罪刑法定的原则下对遗忘物进行扩大解释。参见周光权:《侵占罪疑难问题研究》,载《法学研究》2002 年第 3 期。本案中,无论采取哪一种学说,朱某的红酒都可以构成《刑法》第 270 条第 2 款中规定的"遗忘物",这一认定应当不存在任何问题。

以下有期徒刑、拘役或者管制,并处或者单处罚金;数额巨大或者有其他严重情节的,处三年以上十年以下有期徒刑,并处罚金;数额特别巨大或者有其他特别严重情节的,处十年以上有期徒刑或者无期徒刑,并处罚金或者没收财产。

2.《中华人民共和国刑法》第 267 条　【抢夺罪】抢夺公私财物,数额较大的,或者多次抢夺的,处三年以下有期徒刑、拘役或者管制,并处或者单处罚金;数额巨大或者有其他严重情节的,处三年以上十年以下有期徒刑,并处罚金;数额特别巨大或者有其他特别严重情节的,处十年以上有期徒刑或者无期徒刑,并处罚金或者没收财产。

【抢劫罪】携带凶器抢夺的,依照本法第二百六十三条的规定定罪处罚。

3.《中华人民共和国刑法》第 270 条　【侵占罪】将代为保管的他人财物非法占为己有,数额较大,拒不退还的,处二年以下有期徒刑、拘役或者罚金;数额巨大或者有其他严重情节的,处二年以上五年以下有期徒刑,并处罚金。

将他人的遗忘物或者埋藏物非法占为己有,数额较大,拒不交出的,依照前款的规定处罚。

本条罪,告诉的才处理。

4.《最高人民法院、最高人民检察院关于办理盗窃刑事案件适用法律若干问题的解释》第 1 条　盗窃公私财物价值一千元至三千元以上、三万元至十万元以上、三十万元至五十万元以上的,应当分别认定为刑法第二百六十四条规定的"数额较大"、"数额巨大"、"数额特别巨大"。

各省、自治区、直辖市高级人民法院、人民检察院可以根据本地区经济发展状况,并考虑社会治安状况,在前款规定的数额幅度内,确定本地区执行的具体数额标准,报最高人民法院、最高人民检察院批准。

在跨地区运行的公共交通工具上盗窃,盗窃地点无法查证的,盗窃数额是否达到“数额较大”、“数额巨大”、“数额特别巨大”，应当根据受理案件所在地省、自治区、直辖市高级人民法院、人民检察院确定的有关数额标准认定。

盗窃毒品等违禁品，应当按照盗窃罪处理的，根据情节轻重量刑。

学理分析

本案中存在两个行为：第一个行为是犯罪嫌疑人胡某合法占有乘客朱某遗忘在出租车上的一箱红酒后，将红酒藏匿于朋友处的行为，即变合法占有为非法所有的行为。第二个行为是胡某趁乘客储某下车问路，未关车门之机，下车关闭车门，驾车逃离现场的行为。在第二个行为中，胡某是否明知储某的电脑还在车上是本案的关键问题。在事实层面有如下经验性材料对该问题作出证明：(1)案发于凌晨时分，夜深人静；(2)在胡某和朱某结账时，朱某与储某有过交谈，朱某问储某干什么去，储某回答，“给朋友送电脑去”；(3)宾馆门口保安和在宾馆门口候车的其他出租车司机目睹胡某驾车逃离，储某在车后大叫，“包在车上”；(4)在整个过程中，胡某车内车窗始终开着，收音机始终关闭。结合上述情况，我们认为，犯罪嫌疑人胡某对储某的电脑包在自己车上的情况应当具有认识。理由如下：首先，储某上车时曾经向朱某表示，自己要给朋友送电脑，即使胡某当时正在收款，也应该听到了二人的谈话；其次，宾馆门口有其他出租车司机等待业务，可以推断宾馆门口应当有灯光，因而胡某在下车绕到右后侧车门的过程中，能够看到左后侧座位上的物品；最后，胡某驾车逃离的过程中，车窗始终开着，且收音机始终关闭，此时储某在车后大叫“包在车上”，作为司机的胡某完全能够听到。综合上述情况，对胡某称自己不知道储某的包放置于车上的辩解，不应采纳。

盗窃罪与抢夺罪的区别问题,产生于各国立法对盗窃罪规定的范围存在不同。最广义的盗窃罪是一个涵盖偷窃、盗用、诈骗等多种侵犯财产的犯罪行为的概念,如英国 1968 年《盗窃罪法》、美国 1962 年《模范刑法典》就采用这种所谓的大盗窃罪概念。广义的盗窃罪是包含盗窃、抢夺、抢劫行为在内的概念,如 1994 年生效的《法国刑法典》第三卷第一编第一章中的“盗窃罪”就属于此种类型。狭义的盗窃罪则仅指窃取他人财物的行为,如德国、日本等国刑法中的盗窃罪就采取这种狭义的概念。不过,由于德国、日本刑法没有单独规定抢夺罪,绝大多数抢夺行为被包含在盗窃罪中,这种包含抢夺行为的盗窃罪还不是最狭义的。而在俄罗斯、中国等国刑法中,盗窃罪、抢劫罪之外还有一种以公然夺取为特征的抢夺罪,只有这种不包含抢夺行为的盗窃罪才是最狭义的。[①] 我国立法采取了最狭义的盗窃的概念,因此,盗窃与抢夺之间的区别就成为一个重要的问题。在我国,传统观点认为,抢夺罪的客观行为是采取公然夺取的方式。所谓公然夺取,是指行为人当着财物管理人的面公开夺走其财物,并且这种公然夺取没有采取暴力或者暴力威胁,否则将构成抢劫罪。盗窃罪的客观方面是秘密窃取,即行为人以自认为不会被财物控制者发觉的手段窃走财物。[②] 本书拟对区别盗窃罪与抢夺罪的学说进行梳理,以期探讨出更为合理的区别标准。

一、以质为标准的区分方法

所谓以质为标准的区分方法,是指认为盗窃罪与抢夺罪存在本质的不同,因此,要区分二者,只要清楚地描绘出二者的边界即可的观点。根据划界方式的不同,此类观点可以分为旧界分说与新界

① 参见刘明祥:《财产罪比较研究》,中国政法大学出版社 2001 年版,第 181 页。
② 参见董玉庭:《盗窃罪研究》,中国检察出版社 2002 年版,第 123 页。

分说。

1. 旧界分说的观点

在确定盗窃罪边界的问题上，旧界分说采取“秘密窃取说”，认为“盗窃罪的行为是窃取(或盗取)他人财物。窃取是指违反占有人的意思，排除其对财物的占有，将财物转移给自己或者第三者占有。窃取的本意应该是秘密取走财物”①。将盗窃的实行行为描述为“秘密窃取”，符合绝大多数司法实践中认定盗窃罪的需要，但是在行为人在公交车上，当着众多乘客的面，扒窃财物的场合，其行为是否具有“秘密性”便存在疑问。因此，旧界分说认为，综合现行法之规定以及实务界与学界之见解，窃取之“秘密”仅限于行为人之“主观秘密”，此“主观秘密”系指行为人取走他人动产时，在主观上有不为人知的意思或认为自己的行为不为人知，至于在客观上系隐秘的、被害人知情或第三者共见共闻之下为之，则在所不问。② 有学者对“秘密性”作出了更为具体的解释，认为盗窃罪在客观上是以秘密方式实施的，因而属于秘行犯。对于秘密应当从以下 3 个方面加以理解：(1)特定性，盗窃罪之所谓秘密，是相对于财物的所有人或占有人来说的，是一种隐藏性的行为。(2)主观性，这是指行为人自以为采取了一种背着财物的所有人或占有人的行为。这种秘密具有主观性。(3)相对性，秘密与公然之间的区别是相对的，秘密窃取之秘密，仅仅意味着行为人意图在财物所有人未觉察的情况下将财物据为己有。③ 另有学者认为，盗窃罪和其他侵犯财产犯罪的主要区别就在于其犯罪手段，即取财行为具有秘密性。取财行为之“秘密性”的含义至少应包括以下 3 方面：(1)秘密是指行为人自认为没有被所有者、保管者发觉。(2)秘密具有针对

---

① 刘明祥：《财产罪比较研究》，中国政法大学出版社 2001 年版，第 182 页。

② 参见黄惠婷：《窃盗或抢夺？》，载《月旦法学教室》2004 年第 22 期。

③ 参见陈兴良、周光权：《刑法学的现代展开》，中国人民大学出版社 2006 年版，第 608 ~ 609 页。

性，即相对于财物的所有者、保管者而言，而并非对所有其他非同伙人员而言。(3)秘密性必须贯穿于行为人整个行为之始终。如果在窃取财物的过程中，行为人改变了主观上秘密窃取的意图，采取了以暴力、胁迫或者欺骗的手段取得财物，那么，犯罪的性质就发生转化，应该以抢劫罪或诈骗罪论处。[①] 在认定盗窃罪的行为的方面，旧界分说认为秘密性应当被解释为主观的秘密性。这也是盗窃罪与抢夺罪区别的关键。

在确定抢夺罪的边界的问题上，旧界分说内部存在 3 种矛盾的观点。

第一种观点认为，抢夺罪是以非法占有为目的，公然夺取公私财物数额较大的行为。抢夺罪在客观上表现为行为人实行了公然夺取他人数额较大的财物的行为。首先，行为人必须实行了公然夺取他人财物的行为。所谓公然，是指在财物的所有人或者保管人在场的情况下，公开、强行将其财物取走。其次，行为人夺取的他人财物必须达到数额较大的程度。[②] 为了与抢劫相区别，这种观点往往强调抢夺罪的实行行为没有使用暴力或暴力威胁等侵犯人身权利的方法。如有学者认为，我国刑法中的抢夺罪，在客观上表现为公然夺取他人财物的行为。这种非法占有公私财物的行为具有两个特征：其一，夺取财物的行为是公开进行的。其二，行为人公然夺取财物时并不使用暴力或暴力威胁等侵犯被害人人身权利的手段行为。这是抢夺罪与抢劫罪在客观上的显著区别。[③] 有学者对抢夺罪"非暴力性"的特点进一步展开，认为，抢夺行为只要公然实施就足够了吗？不能这样认为。公

---

① 参见王作富主编：《刑法分则实务研究》(中)(第 3 版)，中国方正出版社 2007 年版，第 1090 页。

② 参见李希慧主编：《刑法各论》，中国人民大学出版社 2007 年版，第 317 页。

③ 参见赵秉志主编：《中国刑法案例与学理研究》(第 1 卷)，法律出版社 2004 年版，第 518 页。

然实施夺取行为,是抢夺行为与盗窃行为的根本区别,但与抢劫罪比较,就难以进行区分。抢劫行为也可以公然实施,但其行为必须采取暴力、胁迫或者其他方法压制被害人,使其难以反抗并不得不交出财物。这是抢劫行为的根本特征,也是抢劫行为区别于抢夺行为的界限。因此,对于抢夺行为来说,行为人除公然实施外,还不得使用暴力、胁迫或其他对身体实施强制以排除其抵抗的方法。① 另有支持该观点的学者,将公然与被害人的发觉可能性相联系,认为,抢夺罪的客观方面表现为,公然夺取公私财物,数额较大的行为。公然夺取,是指采用可以使被害人立即发觉的方式,公开夺取其持有或者管理的财物。

第二种观点认为,抢夺罪的定义应当是,乘人不备或者不及抗拒的时候,公然掠取他人的财物。第二种观点与第一种观点相比,除了公然和不使用暴力或胁迫的手段之外,还要求"乘人不备"。我国刑法理论的通说采取的也是这种观点。持此种观点的学者认为,抢夺罪客观方面表现为公然夺取公私财物的行为。所谓"公然夺取"有两个特点:一是当着财物所有人、保管人的面或者在其可以立即发现的情况下夺取财物;二是行为人夺取财物时并不使用暴力和以暴力相威胁手段。抢夺行为一般是乘人不备,突然把财物夺走,但也有在被害人察觉而防护能力丧失的情况下(如患病,轻、中度醉酒)夺走财物的情形。② 我国司法实践中,基本采取了通说的观点,将"乘人不备"作为构成抢夺罪的基本要素,如在屠某敏等抢劫案的判决书中,主审法官认为:盗窃罪和抢夺罪分别表现为秘密窃取和乘人不备公然夺取公私

① 参见郭立新、黄明儒主编:《刑法分则典型疑难问题适用与指导》,中国法制出版社2011年版,第337~338页。

② 参见陈忠林主编:《刑法分论》,高等教育出版社2007年版,第196页。

财物的故意行为，但并不涉及对被害人人身权利的侵犯。[①]

第三种观点以对通说中"乘人不备"要件的批判作为出发点，认为"乘人不备"不应被绝对化为抢夺罪客观方面的必备条件之一。[②] 这种观点认为，首先应当承认的是，"乘人不备"实施抢夺的情形在司法实践中最为寻常，或者可以说，在绝大多数情况下，抢夺罪是以"乘人不备"的形式实施的。但是，如果将"乘人不备"视为抢夺罪客观要件的一个要素，则可能造成刑法规范适用的不完整性。司法实践中有这样一些情况：财物的所有人或保管者对行为人抢夺财物的意图已有所察觉、有所防备，行为人甚至也明确知道这一点。但是行为人利用了当时的客观条件，如在偏僻无人的地方，在治安秩序不好、无人敢出面干涉的具体情况下，在财物的所有人或保管者出于年老、患病、轻中度醉酒等原因而丧失或基本丧失防护财物能力但神志清醒等情况下，还是公然用强力夺走或者拿走了被害人的财物，但并未对被害人的人身使用暴力或者以暴力相威胁。这类情况下的夺取财物行为当然不是"乘人不备"，但行为人主观上有抢夺财物的故意和非法占有他人财物的目的，客观上实施的是公然夺取财物但并未侵犯他人人身权利的行为，完全符合抢夺罪的构成要件，故应以抢夺罪论处。[③] 因此，抢夺的具体方式大致有 3 种：一是乘人不备的抢夺，例如利用被害人注意力不集中的瞬间直接从财物所有人或保管人手中、身上用力夺走财物，如用力夺走被害人手中的提包，拿起被害人放在身边的财物（如柜台上、座椅旁的财物）逃跑。二是创造他人不注意的机会，例如欺骗他人

① 参见国家法官学院、中国人民大学法学院编：《中国审判案例要览（2006 年刑事审判案例卷）》，人民法院出版社、中国人民大学出版社 2007 年版，第 517 页。

② 参见王作富主编：《刑法分则实务研究》（中）（第 3 版），中国方正出版社 2007 年版，第 1130 页。

③ 参见最高人民法院中国应用法学研究所编：《人民法院案例选》2010 年第 2 辑（总第 72 辑），人民法院出版社 2011 年版，第 78 ~ 79 页。

使之转移注意力，然后将财物取走；以自行车、摩托车撞击他人，趁机取得被害人财物。三是明知他人密切关注某一事项或财物，仍然在他人的注目下将财物突然取走，例如选购金银首饰时，接过售货员递过的财物即转身逃走；又如，出租车司机见乘客下车时，还未来得及取走车上财物，即迅速将车驶离。总之，抢夺罪中的“夺”决定了行为必须要使用不法有形力，而不可能以平和方式实施，这是区分抢夺罪和盗窃罪的关键。①

尽管上述 3 种观点存在一定的差异，但是，在抢夺罪必须是公开进行，从而与盗窃相区别的观点上，3 种观点具有高度的一致性。因此，可以概括地说，在旧界分说的内部，盗窃罪的核心要素是“秘密窃取”，而抢夺罪的核心是“公然夺取”。表面上看，这样的区分给盗窃与抢夺的界分提供了一个明确的标准，而事实上，无论是以“秘密性”为核心的盗窃罪概念，还是以“公开性”为核心的抢夺概念，都不能完全涵摄所有的经验性的行为类型，从而，难以在实践中彻底描述出盗窃罪与抢夺罪的边界线。

在盗窃罪方面，有学者对传统的主观的秘密窃取说展开了批判。首先，通说混淆了主观要素与客观要素的区别。因为通说都是在犯罪客观要件中论述盗窃罪必须表现为秘密窃取，但同时认为，只要行为人主观上自认为没有被所有人、占有人发觉即可不必客观上具有秘密性。既然如此，就应当在盗窃罪的主观要件中要求行为人认识到自己在秘密窃取。但许多教科书混淆了主观要素和客观要素。其次，根据通说，同样都是在客观上公开取得他人财物的行为，当行为人自认为所有人、占有人没有发觉时就成立盗窃罪，这种观点颠倒了认定犯罪的顺序，会导致盗窃罪与抢夺罪的客观构成要件没有任何区别，也不

① 参见周光权：《刑法各论讲义》，清华大学出版社 2003 年版，第 119 页。

符合主观要件与客观要件的关系,形成了“客观行为类型完全相同,主观故意认识内容不同”的不合理局面。再次,行为人在以平和方式取得他人财物时,根本不考虑自己的行为是否被他人发觉的情况,根据通说,便无法确定该行为的性质。最后,仅凭行为人“自认为”秘密或公开决定犯罪性质,必然导致盗窃罪与抢夺罪的区分不具有客观标准;在绝大多数情况下仅取决于被告人的口供,从而造成盗窃罪与抢夺罪区分的随意性。①

在抢夺罪方面,根据通说,盗窃罪与抢夺罪的区别在于是否具有“秘密性”,这样二者的关系就是A与非A的关系,抢夺罪成为盗窃罪的备胎。有学者指出,这样的抢夺概念,不能描述出抢夺罪的本质特征,在公开和平取走财物的场合,难以认定行为的性质。例如,当着财物所有人或管理人的面,和平地取走财物的行为,无非两种做法:要么将“秘密窃取”的含义扩大理解为包含以和平的手段“公然地”取走财物,要么将“抢夺”解释为包含不使用强力和平取走财物。从两者的现行法定刑配置来看,前三个罪行阶梯是一致的,只是盗窃罪还存在第四个阶梯,似乎可以说两者的社会危害性是基本一致的,但是,立法者显然已对携带凶器抢夺潜在的具有抢劫的暴力的可能性有所考虑,因此,关注“抢夺”的强力的一面更符合立法者的原意,与之相适应,不宜将利用和平手段公然地取走他人财物的行为解释在“抢夺罪”的外延之中。② 因此,抢夺罪与暴力之间千丝万缕的联系,成为新界分说的基本出发点。

2. 新界分说的观点

新界分说建立在对旧界分说进行批判的基础上,否认将“秘密性”作为区分盗窃罪与抢夺罪标准的做法,主张盗窃罪与抢夺罪之间并非

---

① 参见张明楷:《盗窃与抢夺的界限》,载《法学家》2006年第2期。

② 参见刘树德:《实践刑法学·个罪Ⅱ》,中国法制出版社2009年版,第76~77页。

A 与非 A 的关系,新界分说将“以和平手段”还是“使用不法腕力”从而具有致人伤害可能性作为区别盗窃罪与抢夺罪的关键。

在盗窃罪方面,新界分说主张盗窃是违背财物所有人或占有人的意志,以和平的手段转移占有的行为。这种观点来源于日本。《日本刑法典》第 235 条规定:“窃取他人的财物的,是盗窃罪,处十年以下惩役。”[①]学理上认为,所谓窃取,是指违反占有人的意思,将他人所占有的财物转至自己占有的行为。窃取,本来是指秘密取得,但即便公然实施也可构成本罪。[②]《日本刑法典》中没有抢夺罪的规定,相反,在第二编第三十六章的“盗窃和抢劫的犯罪”中,在同一章下规定了盗窃罪和抢劫罪。这是因为,二者在同为违反财物的占有者的意思而取得财物的犯罪这一点上是相通的,但在一方是窃取,另一方是以暴力、胁迫为手段抑制对方意志而“强取”这一点上,二者具有行为形态上的差别。[③] 新界分说参考日本刑法学中的观点,突破了盗窃罪“秘密性”的特点,将所有以和平手段转移财务占有的行为,无论秘密与否都认定为盗窃罪。问题是,在我国存在抢夺罪的规定,如果认为盗窃罪采取的是和平的手段,而抢夺罪采取的是暴力的手段,虽然可以为盗窃与抢夺划清界限,但是抢夺与抢劫之间的界限就成为棘手的问题。因此,新界分说需要提出一个认定抢夺罪的新标准。

我国学者对抢夺罪的认定提出了更为精致的标准。这种标准认为,从立法沿革上看,对抢夺罪都规定了致人伤亡的结果加重犯,而没有对盗窃罪规定致人伤亡的结果加重犯,这显然是因为,抢夺行为通

---

① 《日本刑法典》(第 2 版),张明楷译,法律出版社 2006 年版,第 89 页。

② 参见[日]西田典之:《日本刑法各论》,刘明祥、王昭武译,武汉大学出版社 2005 年版,第 102 页。

③ 参见[日]大谷实:《刑法各论》(新版第 2 版),黎宏译,中国人民大学出版社 2008 年版,第 185 页。

常可能致人伤亡。我国现行《刑法》虽然没有对抢夺罪规定致人伤亡的结果加重犯,但规定了情节严重与情节特别严重的情形。如前所述,其中包含了致人重伤、死亡的情节。因此,依然可以认为,抢夺行为是具有伤亡可能性的行为。当然,由于抢夺行为并不直接对人使用严重暴力,只要抢夺行为具有致人伤亡的一般危险性即可,而不要求抢夺行为具有致人伤亡的较大危险性。换言之,只要夺取他人财物的行为有可能致人伤亡,即使可能性较小,也不妨碍抢夺罪的成立。① 那么,何种抢夺行为具有致人伤亡的可能性呢?显然,必须同时具备两个条件:其一,行为人所夺取的财物必须是被害人紧密占有的财物。其二,行为人必须对财物使用了非平和的手段,即可以评价为对物暴力的强夺行为。如果仅具备上述条件之一,宜认定为盗窃罪。首先,对离开被害人身体的财物实施非法取得的行为,宜认定为盗窃罪。其次,虽然对被害人紧密占有的财物实施非法取得行为,但行为本身平和、稳定,而不能评价为对物暴力,因而不可能致人伤亡的,也宜认定为盗窃罪。最后,如果行为人所取得的并非被害人紧密占有的财物,也没有使用强力夺取财物,即使被害人在场,也不能认定为抢夺罪,而宜认定为盗窃罪。② 这样,在行为人入室盗窃,被害人已经察觉,却由于害怕遭受更严重侵害而不敢吱声,行为人顺利取走财物的场合,由于缺乏致人伤害的可能性,应当认定为盗窃罪。由此,新界分说解决了旧界分说难以处理的"公然"盗窃的行为。

表面上看新界分说提出了较为明确的区分盗窃罪与抢夺罪的标准,实际上新界分说存在的疑问并不比旧界分说少。

首先,对物暴力不是抢夺罪的本质特征,盗窃罪也并非永远与暴

① 参见张明楷:《刑法学》(第4版),法律出版社2011年版,第882页。

② 参见张明楷:《盗窃与抢夺的界限》,载《法学家》2006年第2期。

力无涉。事实上,窃取也不排除可以对被害人人身或财物使用一定程度(轻微)的暴力,那么,使用暴力,便有可能成为盗窃罪与抢夺罪的共同之处,仅以此自然无法合理划分二者界限,比如甲在火车站候车室等候列车,手机紧握手中,因疲惫打盹,乙欲得到该手机,便使用木棍轻敲甲手臂,甲手臂因受到木棍敲击,手机落于地上(甲仍在打盹,对此毫不知情),乙趁机取走手机。本案无疑应当属于盗窃罪。[①] 除了对人暴力的场合,在某些对物暴力的场合下,也应当将行为认定为盗窃罪,例如,在公交车上,某甲用水果刀划破乘客乙的背包偷盗,首先,背包背在乘客乙的身上属于典型的紧密占有的财物,因而甲的行为破坏了乙对财物的紧密占有;其次,用水果刀划破背包的行为在物理形态上破坏了背包的有用性,属于典型的对物暴力。那么,按照新界分说,无疑应当将甲的行为认定为抢夺罪。但是,将典型的扒窃行为认定为抢夺罪的结论,恐怕连支持新界分说的学者也难以同意。支持新界分说的学者认识到了盗窃罪存在暴力的可能性,认为"倘若行为人以暴力方法取得财物,但又没有达到使他人不能抗拒的程度,却破坏了他人对财物的持有、支配关系,取走其持有物的,该如何定罪?持上述观点的人恐怕不得不承认,对此也只能认定为盗窃罪。既然如此,就应当认为,成立盗窃罪并不以采取和平非暴力手段为前提。换言之,刑法理论不应当将'以和平非暴力的手段'设置为盗窃罪的构成要件要素"[②]。退一步讲,即使假定刑法明文规定只有采取"和平非暴力手段"才能构成盗窃罪,也应当认为"和平非暴力手段"只是表面的构成要件要素。[③] 这样既否认和平手段在定罪过程中的实质意义,又坚

① 参见何荣功:《也论盗窃与抢夺的界限——兼与张明楷教授商榷》,载《当代法学》2012 年第 4 期。

② 参见张明楷:《论表面的构成要件要素》,载《中国法学》2009 年第 2 期。

③ 参见张明楷:《犯罪构成体系与构成要件要素》,北京大学出版社 2010 年版,第 265 页。

持和平窃取是盗窃罪的“表面的构成要件要素”①的做法明显欠缺诚意。

其次,由财物所有人或者管理人“紧密占有”的财物既可能成为抢夺罪的犯罪对象又可能成为盗窃罪的犯罪对象。2011 年 2 月 25 日,第十一届全国人民代表大会常务委员会第十九次会议通过《刑法修正案(八)》。其中第 39 条规定,将《刑法》第 264 条修改为:“盗窃公私财物,数额较大的,或者多次盗窃、入户盗窃、携带凶器盗窃、扒窃的,处三年以下有期徒刑、拘役或者管制,并处或者单处罚金;数额巨大或者有其他严重情节的,处三年以上十年以下有期徒刑,并处罚金;数额特别巨大或者有其他特别严重情节的,处十年以上有期徒刑或者无期徒刑,并处罚金或者没收财产。”其中,扒窃作为一种全新的行为类型,是指行为人以非法占有为目的,在公共场所秘密窃取他人随身携带财物的行为。一般是从被害人身上或者携带的包(袋)中直接窃取财物。将扒窃视为盗窃罪的严重情节的一个重要原因在于,扒窃行为往往是直接针对被害人人身或者其随身携带的包(袋)实施的盗窃行为,可能造成对被害人人身的伤害。② 这样,在扒窃的场合,紧密占有就成为构成扒窃行为的基本要件。2013 年 4 月 2 日公布,4 月 4 日实施的《最高人民法院、最高人民检察院关于办理盗窃刑事案件适用法律若干问题的解释》认可了这样的观点,其中第 3 条第 4 款规定:在公共场所或者公共交通工具上盗窃他人随

---

① 所谓“表面的构成要件要素”,是指刑法明文规定的某些要素并不是为了给违法性、有责性提供根据,只是为了区分相关犯罪(包括同一犯罪的不同处罚标准)的界限。这种构成要件要素被称为“表面的构成要件要素”或“虚假的构成要件要素”,也可以被称为分解要素。从实体法的角度而言,表面的构成要件要素不是成立犯罪必须具备的要素;从诉讼法的角度而言,表面的构成要件要素不是需要证明的要素。参见张明楷:《犯罪构成体系与构成要件要素》,北京大学出版社 2010 年版,第 255 ~ 256 页。

② 参见郭立新、黄明儒主编:《刑法分则典型疑难问题适用与指导》,中国法制出版社 2011 年版,第 345 页。

身携带的财物的,应当认定为“扒窃”。显然,司法解释对扒窃行为的认定,是一种在规范意义上的对新界分说的否定。上述在公交车上,用水果刀划破被害人背包的场合,按照最新司法解释的观点,行为人的行为显然应当被认定为扒窃,而不是存在对物暴力的,破坏紧密占有的抢夺行为。

这样看来,新界分说的两个标准“紧密占有”与“对物暴力”,均存在疑问,因此单纯地采取新界分说,同样难以清晰地区别盗窃罪与抢夺罪。因而,有支持旧界分说的学者认为,在刑法没有取消抢夺罪的情况下,通说用秘密与公然区分盗窃罪与抢夺罪的行为类型是比较合理的选择。虽然两种行为在侵害法益的结果上没有多大区别,但是秘密和公然取财在行为类型上毕竟有所不同,用此特征区别极其相似的两种行为类型仍然是有可能的,更何况秘密与公然取财的社会影响也会有诸多不同。通说正是基于此种考虑才如此界定盗窃与抢夺的边界,此界定也基本符合人们的语言习惯。新界分说其实质已经完全淡化了盗窃与抢夺的类型差别,用致人伤亡的可能性势必无法将两罪完全分开。因为任何一种取财行为都可能被评价为有致人伤亡的可能性,也可能被评价为没有致人伤亡的可能性。新界分说导致的最终结果就是认定盗窃和抢夺均可,均无错误可言。所以笔者认为,在立法没有取消抢夺罪的情况下,应尽可能在盗窃罪与抢夺罪行为类型的差异上界定两者边界,以便使两罪的行为类型不至于混同。①

另外,为了回应新界分说对“主观秘密性”概念的批判,支持旧界分说的学者对“秘密性”进行了重新界定,认为“从主客观相统一原则出发,秘密性作为盗窃罪的构成要件,必然既是主观要素又是客观要

① 参见董玉庭:《盗窃与抢夺的新界分说质疑——兼与张明楷教授商榷》,载《人民检察》2010 年第 15 期。

素。虽然客观秘密性和主观秘密性都属于基本犯罪构成要件，但是只有主观秘密性才属于修正犯罪构成要件，是盗窃罪成立的必要条件。缺乏客观的秘密性，行为不能达致基本犯罪构成要件齐备，构不成既遂，但可以构成未遂、预备、中止；而缺乏主观秘密性，行为根本不可能成立盗窃，更不用说盗窃既遂了”①。在修正秘密性概念的同时，支持旧界分说的学者，尝试重新对盗窃和抢夺进行定义，认为所谓秘密，并非指窃取行为完全无人知晓，而仅指被害人不知晓。之所以对盗窃罪与抢夺罪进行区分，其本质就在于，在被害人知晓的情况下，公然夺取被害人财物不仅是对被害人财产的损害，也是对其安全感的重大侵犯，其社会危害性的公众感知度也不同。所谓抢夺，并非指暴力夺取，而是公然取得。所谓公然，即在被害人知晓的情况下，非法取得被害人的财物。抢夺的对象，不必要求是被害人紧密占有的财物。只要是被害人占有的财物，哪怕是松懈占有的财物，也能成为抢夺的对象。行为人对取财是否具有“秘密性”的主观认识与客观实际不一致时，应当按照抽象事实认识错误来处理。②

表面上看，这种主客观相统一的秘密性概念可以解决公然窃取的问题，但是这样的标准存在的疑问同样很多。首先，这个标准将盗窃罪与抢夺罪的区别归于“非秘密”的行为会对被害人的安全感造成损害，对这种安全感的损害是抢夺罪的本质特征。但是，其一，在刑法中盗窃罪与抢夺罪相比多出一个量刑幅度，为何没有侵犯安全感的行为反而比侵犯安全感的行为处罚重？如果根据主客观相统一的秘密性学说，被害人的安全感被侵犯反而成为某种意义上的“责任减轻事由”，这显然是不合理的。其二，“安全感”属于一种因人而异的社会

---

① 吴林生：《平和窃取说之批判——兼与张明楷教授商榷》，载《法学》2010年第1期。

② 参见何显兵：《再论盗窃与抢夺的界限——对公然盗窃论的质疑》，载《中国刑事法杂志》2012年第5期。

心理事实,被害人自身的条件不同,对于公然取财的心理感受也可能不同,将具有随意性的“安全感”作为区分盗窃与抢夺的标准显然是不合适的。其次,在行为人的主观认识与客观情况不一致的时候,例如,甲某自认为被害人乙某没有发现自己的盗窃行为,但是乙某已经发现只是默不作声,或者,甲某自认为被害人乙某知道自己的行为,其实,戴着深色墨镜的乙某正在打盹而没有发现甲某行为,在这些场合,这种主客观相统一的秘密性说主张用错误论的原理来解决问题,这样的解决方法不仅不能清楚地为盗窃罪与抢夺罪划定界限,反而会火上浇油,导致更大的理论混乱。刑法理论上一般认为,错误论和故意论是一个问题的两个方面。所谓故意论,是在行为时,行为人是否具有值得进行故意谴责的认识的问题,而错误论,是在发生了和行为时的认识所不一致的结果的场合,是否能够将现实发生的结果归责于行为人的问题。二者尽管在讨论问题的范围上存在细微的不一致,但终究是探讨对行为人是否可以追究故意责任的问题,这是毫无疑问的。[①] 用错误论来解决故意论的问题,只是从不同的侧面观察同一个问题,在方法论上就存在疑问。另外,无论是故意论还是错误论都存在广泛的争议,在故意论方面存在构成要件要素说,构成要件要素、责任要素说,责任要素说之间的争论。[②] 在错误论方面,刑法理论中,某一种错误是事实错误还是法律错误常常引发争论,在大陆法系的刑法理论界,有一种传统的学说主张应将这两种错误分为构成要件性错误和禁止错误,[③]在解决错误的问题上又存在具体符合说与法定符合说之争。在错误论存在如此之多悬而未决的争论的

① 参见黎宏:《刑法总论问题思考》,中国人民大学出版社 2007 年版,第 320 ~ 321 页。

② 参见郑泽善:《刑法总论争议问题研究》,北京大学出版社 2013 年版,第 182 ~ 189 页。

③ 参见郑泽善:《刑法总论争议问题比较研究 Ⅰ》,人民出版社 2008 年版,第 336 ~ 338 页。

情况下，试图用错误论来解决盗窃罪与抢夺罪的区别问题，理论成本有过高的嫌疑。

其实，以质为标准区分盗窃与抢夺的做法，难以达到预设的理论目标，原因在于只要划出边界，就存在中间的模糊地带，要解决模糊地带行为的定性问题，就需要改变预设的标准。因此，无论是新界分说还是旧界分说，都很难在本质上彻底对盗窃与抢夺两种行为进行界分。

二、以量为标准的区分方法

以量为标准的区分方法认为盗窃罪与抢夺罪之间的关系是基本犯罪与特殊犯罪，基础行为与特殊行为之间的关系，即盗窃罪是基本犯罪，抢夺罪在满足盗窃罪的犯罪构成的前提下具有一些特别要求的构成要件要素。我国台湾地区的学者多持此类观点。

这种以量为标准的区分方法认为，就所谓抢夺而言，比较可能想象的其他利益侵害是对自由或身体的侵害，因此在实证法上，既然不幸而有抢夺罪的立法，解释上只能勉强朝上述两个方向来定位，一个是窃取财物之外同时对自由法益造成危害，另一个是窃取财物之外同时对身体法益造成损害。前者由于已经另有强盗罪的规定，所剩下的可能解释就是以对身体的攻击所进行的窃取行为。[①] 因此，抢夺罪在逻辑上包含窃取他人动产与所有意图的要素，纵未规定，也不妨碍在解释上认为抢夺符合盗窃的前提。[②] 这样，盗窃罪就成为基础构成要件，通常构成要件的形式，多是以基础构成要件作为规范的基础类型，而基础构成要件的结构，在行为形式的要求上，都是以基础单型

① 参见黄荣坚：《大亨小赚》，载《月旦法学杂志》1997 年第 23 期。

② 参见许泽天：《论准强盗罪》，载《检察新论》2010 年第 7 期。

（eintyp）的行为作为类型的根本，例如财产犯罪基础类型的盗窃罪，其行为的形式，乃是以侵害财产权的不法取得行为作为基础类型的结构。当构成要件类型确认之后，再进一步对行为形式作修正，以便规范出不同的犯罪行为形态，如抢夺罪与盗窃罪的不法取得行为相比，盗窃罪的取得行为，仅属于单纯对财产的侵害行为，而抢夺罪则除行为对象为财物外，其行为的形式，更有可能作用在人的身上，而造成人的侵害危险性，故而盗窃罪的取得，可以被称为对人的平和性不法取得行为；而抢夺行为则是对人的不平和性取得行为。[①] 这样的观点与新界分说中的"对物暴力"的要求十分神似，盗窃罪中也可能存在对物暴力的质疑，要解决这一问题，以量为标准的区分说必须定义何为"平和"。所谓平和与否，实应指行为是否有作用于被害人之人身而论，当行为有作用于被害人人身时，即属于不平和的手段，而得以成立抢夺罪；唯当行为仅作用于财物，并不及被害人人身时，其行为即属于平和手段。[②] 但是，这样对"平和"作出定义，所面临的直接问题就是如何区别抢夺罪与抢劫罪，因为抢劫罪也作用于人身，并且按照这种"量"上的区分方法，抢劫罪也以盗窃罪作为基本犯罪构成。其实，无论是盗窃行为还是抢夺行为，其窃取或抢夺行为所针对的行为客体，均是以财物作为行为的直接对象。在财产犯罪中，行为目的固然在于财产的取得，但如行为的直接作用，并非以财物，而系以人作为对象，其所为财物的取得行为，仅能成立强盗罪、恐吓取财罪或是掳人勒赎罪，根本无理由成立盗窃罪或抢夺罪。[③] 在上述趁人熟睡用木棒敲击被害人手臂，使其手中持有的手机掉落的场合，由于行

---

① 参见柯耀程：《财产犯罪之构成要件形成——以强盗罪的构成要件为例》，载《月旦法学杂志》2008 年第 163 期。

② 参见柯耀程：《窃盗与抢夺概念的纠结》，载《月旦法学杂志》2011 年第 190 期。

③ 参见柯耀程：《窃盗与抢夺概念的纠结》，载《月旦法学杂志》2011 年第 190 期。

为作用的对象是人的身体,行为人的行为应该构成抢劫罪而非抢夺罪或者盗窃罪。概括地说,根据以量为标准的观点,盗窃罪是行为对物不对人,抢夺罪是对物间接连带人,而抢劫罪是直接对人。这样,盗窃、抢夺和抢劫就形成了取得型财产犯罪的处罚阶梯。抢夺罪之法定刑高于盗窃罪之法定刑而低于强盗罪之法定刑,理论上来说,其不法内涵应该高于盗窃罪而低于强盗罪。因此,其应该是采取较为激烈而尚未达到不能抗拒的手段破坏他人之动产持有支配关系。[①] 那么,是否压制反抗是抢劫罪的一个十分重要的构成要件。也就是说,抢劫罪是通过暴力、胁迫压制被害者的反抗,强取财物的行为。[②]

这样,以量为标准的区分方法,就实现了以盗窃为基本犯罪构成,通过增加暴力性的要素,而实现了盗窃、抢夺和抢劫之间的串联,即当行为直接作用于物时,即便存在一定的暴力也仍然构成盗窃罪,但是一旦这种暴力间接作用于人,且不足以压制被害人反抗,就构成抢夺罪,当这种暴力直接作用于人,并足以压制被害人反抗时,则行为应当构成抢劫罪。在我国,如上文所述,盗窃罪与抢夺罪相比属于重罪,因而用这种以"量"为标准的区分方法同样难以回答为什么抢夺罪的行为具有较大的社会危害性,反而处罚较轻的问题。

三、以"实益"为标准的区分方法

"实益",在刑法学中指罪责的有无和轻重。盗窃罪、抢夺罪的共同点是:以非法占有为目的、违背他人意志、非法取得他人占有物。如果盗窃、抢夺定罪量刑的标准相同,则二者的区分对罪责不发生影响,即没有实益。反之,如果对罪责有无轻重发生影响,则有实益。我国

---

① 参见吴耀宗:《好心没好报——诈欺罪、侵占罪、窃盗罪与抢夺罪之区辨》,载《月旦法学教室》2009 年第 84 期。

② 参见郑泽善:《抢劫罪基本构造的若干问题研究》,载《中州学刊》2012 年第 3 期。

刑法中盗窃与抢夺界分的实益情况极为复杂。将《刑法》第264条(盗窃罪)与第267条(抢夺罪)对比,在一般场合,立法定罪量刑标准相同,同时司法解释规定抢夺的数额标准参照盗窃的,可见在一般场合二者的区分没有实益。①

在我国,以"秘密"和"公然"作为区别盗窃罪与抢夺罪的标准的通说占主导地位,有学者发现盗窃、抢夺、抢劫3个罪名之间存在一种此消彼长的关系。抢夺行为无论是被规定为侵犯财产罪类罪中的独立个罪,还是被规定在抢劫罪、盗窃罪之中,均存在如何厘定抢劫罪、抢夺罪和盗窃罪三者之间的界限的问题。凡是对抢劫罪"暴力"程度要求较高的,抢夺罪的外延就会增大;相反,"暴力"程度要求越低,抢夺罪的外延越小。凡是将盗窃罪规定为"秘密窃取"的,抢夺罪的外延也就广泛;相反,凡是未将盗窃罪限定为"秘密窃取"的,抢夺罪的外延会变小。②

以实益为标准的区分方法同样认为,盗窃与抢夺的关系存在此消彼长、错综复杂的边界,因而在本质上属于以量为标准的区分方法。其理论的主旨是:根据实益,着眼于法律合理适用,梳理并约定一个统一的,不因场合、实益而异的界分标准和适用规则。倾向是:缩小抢夺罪(《刑法》第267条),扩大盗窃罪(《刑法》第264条)的认定、适用,化解立法中盗窃与抢夺实益"倒挂"形成的难题。结论是:强力夺取他人密切持有物(尚未达到抢劫暴力程度)的,是抢夺。违背他人意志非法取得他人占有物(尚未达到抢夺强力夺取程度)的,是盗窃。行为构成抢夺同时竞合盗窃,择一重适用法律。③

---

① 参见阮齐林:《论盗窃与抢夺界分的实益、倾向和标准》,载《当代法学》2013年第1期。

② 参见刘树德:《析抢夺、抢劫及盗窃之界分》,载《法律适用》2004年第7期。

③ 参见阮齐林:《论盗窃与抢夺界分的实益、倾向和标准》,载《当代法学》2013年第1期。

以实益为标准的区分方法,可以较好地解决实践中抢夺罪与盗窃罪的实益存在“倒挂”的问题。例如,在扒窃的场合,某甲在公共交通工具上,用水果刀割破乘客乙的廉价背包,窃取财物,根据新界分说应当将某甲的行为认定为抢夺罪,但是,构成抢夺罪有数额的要求,普通背包的价值远不能达到这个要求,因此不能构成抢夺罪。相反,如果将某甲的行为认定为罪责较轻的盗窃罪,由于在《刑法修正案(八)》之后,扒窃不需要满足数额较大的条件,某甲的行为反而构成盗窃罪,从而出现实益“倒挂”的情况。但是,根据以实益为标准的区分说,这种情况应该倾向于扩大盗窃罪的适用,因此,应当成立盗窃罪。但是这种标准也存在一定的疑问,首先,扩大盗窃罪的适用的依据不明,虽然在目前立法的情况下存在实益“倒挂”的问题,但是仅仅以存在实益“倒挂”为理由扩大盗窃罪的适用,有本末倒置的嫌疑;其次,这种观点中的暴力标准比较含糊,在某些情况下,盗窃罪中的暴力可能比抢夺罪中的暴力在物理表现上更为激烈。例如,为了偷盗车内财物而用钝器猛砸车窗的行为与乘人不备抢走其手中的手机的行为相比,前者的暴力程度明显高于后者,而以“实益”为标准的区分方法,无法解决这样的问题。

本案的结论

综上所述,无论是旧界分说、新界分说、以量为标准的区分方法,还是以实益为标准的区分方法都具有一定的合理性,同时也存在一定的局限性。因此,要解决盗窃罪与抢夺罪的区别问题,必须对标准问题做进一步的探讨。结合上述问题,本书认为,应当参考以量为标准的区分方法,将盗窃、抢夺与抢劫结合起来进行考虑。

首先,盗窃罪作为基本构成要件是非暴力或者轻微暴力的取财行为,抢夺罪是不足以压制被害人反抗的暴力取财行为,而抢劫罪则是足以压制被害人反抗的暴力行为。这样的区分标准,可以简化司法实践中对案例分析的思路,即当出现违背被害人意志转移财物占有的行为时,以判断行为是否构成盗窃罪为出发点,之后考察是否存在暴力及暴力的程度。

其次,综上所述,在盗窃罪中同样有存在暴力的情况,而且这种暴力的程度从外观上看,可能并不比普通抢夺行为轻微。为了解决这个问题,必须对盗窃罪中的"轻微暴力"作出界定。传统的以对人暴力还是以对物暴力的区分方法,无法合理地对盗窃罪中的暴力作出界定。本书认为,盗窃罪中的暴力与抢夺罪中的暴力的区别在于以下几个方面。

第一,在物理上极其轻微的暴力行为,应当属于盗窃罪中的暴力,而无论这种暴力是对物还是对人。例如,在公交车上,轻微碰撞乘客身体,使其失去重心,趁机取走其口袋中的财物,由于该行为在物理上的表现极为轻微,即使其直接针对人,也不属于抢夺罪中的暴力。

第二,盗窃罪中的暴力应当表现为人为造成占有松懈的状态,而抢夺罪中的暴力应当表现为直接对占有的破坏。例如,在用刀割破乘客的背包或者用钝物猛砸车窗窃取车内财物的场合,尽管暴力程度在物理上比较高,但是,其仅仅造成了占有松懈的状态,暴力本身并没有破坏被害人对财物的占有,因而也只能构成盗窃罪。

本案中,胡某趁储某下车问路之机,下车关闭车门驾车离去的行为,应当构成盗窃罪。理由是,根据本书确定的标准,秘密与公然不是区别盗窃与抢夺的标准,因而胡某的行为无论如何都可以构成盗窃罪,是否构成抢夺和抢劫则要对行为中是否存在暴力以及暴力的程度进行判断。胡某关闭车门的行为显然不应当属于暴力行为,即便肯定其关闭车门的行为在造成储某与电脑包的占有关系发生松懈的意义上存在暴力性,这种暴力性也没有直接破坏储某对财物的占有,因而不能构成抢夺罪。

综上所述,胡某非法占有乘客储某电脑包的行为应当认定为盗窃罪。

第四章　用不当手段追讨债务行为性质的认定

基本案情

委托人钟某因与山东甲印染公司董事长王某某有劳动工资纠纷，劳动仲裁未果，遂与某国际商务调查中心签订“委托代理协议”，委托该调查中心代理追讨该公司欠钟某的工资款项20余万元。2007年8月某日上午，该调查中心派犯罪嫌疑人于某某等人至乙印染有限公司上海分公司（王某某任法定代表人），向公司经理李某要求追讨钟某的工资。李某联系山东方未果，于某某等人于是谩骂、威胁李某。当天下午，犯罪嫌疑人赵某某带领犯罪嫌疑人刘某某等五人又至该分公司，威胁员工停止办公，不得使用手机或固定电话，不得随意走动及外出。之后，赵某某等人威逼李某以公司的别克商务车抵债，遭拒后即殴打李某及驾驶员，迫使驾驶员交出车钥匙，赵某某又胁迫李某抄写其写好的关于“自愿以车抵债”的字据，随后驾车离开。

争议焦点

本案中有3处案件焦点值得进行深入分析。

第一,山东甲印染公司与乙印染有限公司上海分公司的关系。

对于该案件焦点,案例中提供了如下相关的关联事实:(1)山东甲印染公司位于山东,而乙印染有限公司上海分公司位于上海,且其性质为分公司;(2)山东甲印染公司的董事长与乙印染有限公司上海分公司的法定代表人均为王某某。

第二,案例中“某国际商务调查中心”的性质。

对于该案件焦点,案例中提供了如下相关的关联事实:事件的起因系钟某与山东甲印染公司的劳动纠纷,后仲裁未果,钟某遂与某国际商务调查中心签订了“委托代理协议”。

第三,赵某某等人的行为定性。

该案件焦点亦是本案中的重点争议所在,案例中提供了如下相关的关联事实:(1)赵某某等人前往乙印染有限公司上海分公司追讨钟某与山东甲印染公司的争议工资;(2)赵某某带领犯罪嫌疑人刘某某等五人又至该分公司,威胁员工停止办公,不得使用手机或固定电话,不得随意走动及外出的行为;(3)赵某某等人威逼李某以公司的别克商务车抵债,遭拒后即殴打李某及驾驶员,迫使驾驶员交出车钥匙的行为;(4)赵某某胁迫李某抄写其写好的关于“自愿以车抵债”的字据的行为。

相关法条

1.《中华人民共和国公司法》第181条 董事、监事、高级管理人员不得有下列行为：

（一）侵占公司财产、挪用公司资金；

（二）将公司资金以其个人名义或者以其他个人名义开立账户存储；

（三）利用职权贿赂或者收受其他非法收入；

（四）接受他人与公司交易的佣金归为己有；

（五）擅自披露公司秘密；

（六）违反对公司忠实义务的其他行为。

2.《中华人民共和国宪法》第51条 中华人民共和国公民在行使自由和权利的时候，不得损害国家的、社会的、集体的利益和其他公民的合法的自由和权利。

3.《中华人民共和国刑法》第263条 **【抢劫罪】**以暴力、胁迫或者其他方法抢劫公私财物的，处三年以上十年以下有期徒刑，并处罚金；有下列情形之一的，处十年以上有期徒刑、无期徒刑或者死刑，并处罚金或者没收财产：

（一）入户抢劫的；

（二）在公共交通工具上抢劫的；

（三）抢劫银行或者其他金融机构的；

（四）多次抢劫或者抢劫数额巨大的；

（五）抢劫致人重伤、死亡的；

（六）冒充军警人员抢劫的；

（七）持枪抢劫的；

（八）抢劫军用物资或者抢险、救灾、救济物资的。

4.《中华人民共和国刑法》第290条第1款 【聚众扰乱社会秩序罪】聚众扰乱社会秩序，情节严重，致使工作、生产、营业和教学、科研、医疗无法进行，造成严重损失的，对首要分子，处三年以上七年以下有期徒刑；对其他积极参加的，处三年以下有期徒刑、拘役、管制或者剥夺政治权利。

5.《中华人民共和国刑法》第293条 【寻衅滋事罪】有下列寻衅滋事行为之一，破坏社会秩序的，处五年以下有期徒刑、拘役或者管制：

（一）随意殴打他人，情节恶劣的；

（二）追逐、拦截、辱骂、恐吓他人，情节恶劣的；

（三）强拿硬要或者任意损毁、占用公私财物，情节严重的；

（四）在公共场所起哄闹事，造成公共场所秩序严重混乱的。

纠集他人多次实施前款行为，严重破坏社会秩序的，处五年以上十年以下有期徒刑，可以并处罚金。

6.《最高人民法院关于审理抢劫案件具体应用法律若干问题的解释》第6条 刑法第二百六十七条第二款规定的"携带凶器抢夺"，是指行为人随身携带枪支、爆炸物、管制刀具等国家禁止个人携带的器械进行抢夺或者为了实施犯罪而携带其他器械进行抢夺的行为。

7.《最高人民法院、最高人民检察院关于办理寻衅滋事刑事案件适用法律若干问题的解释》第1条 行为人为寻求刺激、发泄情绪、逞强耍横等，无事生非，实施刑法第二百九十三条规定的行为的，应当认定为"寻衅滋事"。

行为人因日常生活中的偶发矛盾纠纷，借故生非，实施刑法第二百九十三条规定的行为的，应当认定为"寻衅滋事"，但矛盾系由被害人故意引发或者被害人对矛盾激化负有主要责任的除外。

行为人因婚恋、家庭、邻里、债务等纠纷，实施殴打、辱骂、恐吓他人或者损毁、占用他人财物等行为的，一般不认定为"寻衅滋事"，但经有关部门批评制止或者处理处罚后,继续实施前列行为,破坏社会秩序的除外。

8.《最高人民法院、最高人民检察院关于办理寻衅滋事刑事案件适用法律若干问题的解释》第2条 随意殴打他人,破坏社会秩序,具有下列情形之一的,应当认定为刑法第二百九十三条第一款第一项规定的"情节恶劣":

(一)致一人以上轻伤或者二人以上轻微伤的;

(二)引起他人精神失常、自杀等严重后果的;

(三)多次随意殴打他人的;

(四)持凶器随意殴打他人的;

(五)随意殴打精神病人、残疾人、流浪乞讨人员、老年人、孕妇、未成年人,造成恶劣社会影响的;

(六)在公共场所随意殴打他人,造成公共场所秩序严重混乱的;

(七)其他情节恶劣的情形。

学理分析

针对上述3处争议案件事实,笔者将逐一进行相应的法律分析。

一、山东甲印染公司与乙印染有限公司上海分公司的关系

案例中未提及山东甲印染公司与乙印染有限公司上海分公司的任何隶属关系,唯独可以归纳的两点联系包括:(1)两者均从事印染业务;(2)山东甲印染公司的董事长以及乙印染有限公司上海分公司的法定代表人为同一人,即王某某。按照《公司法》的相关规定,若经公司的股东会同意,其可以担任其他从事相同业务的公司的法定代表人,自营或者为他人经营与所任职公司同类的业务。因此,王某某的

行为在法律上并不具有必然的可责性。同时,乙印染有限公司位于上海的分公司在法律上并不具有独立的法人资格,其民事责任由总公司,即乙印染有限公司来承担。因此,甲、乙两家公司在法律上并不具有任何隶属或管理的关系。

二、案例中"某国际商务调查中心"的性质

对于债权的实现,目前我国实践中的主要方式包括:自行协商和解、调解、仲裁、诉讼以及其他方式。[①] 然而,上述方式并不能完全解决现实中"坏账""死账"的棘手问题。因此,债权人在经多次催讨无效或碍于情面无法进行及时催讨的情况下,倾向性地选择了另一种具有争议的讨债方式,即向民间讨债公司求助。

我国法规明令禁止设立讨债公司,但以"调查公司""信息咨询公司"等名目出现的公司或组织仍屡禁不止。究其缘由主要有以下几个方面。[②]

1. 市场需求的增大推动了市场供给

债权人选择讨债公司的原因有两点:第一,简单、直接地实现高效、快捷、便利的债权;第二,债权人通过现有的法律制度无法追回其债务。就此,诸多债权人宁愿放弃仲裁、诉讼等法律明确赋予的法律途径,把最后的希望寄托于专业的讨债公司。同时,运营成本的低廉、巨大的市场需求等有利条件在给讨债公司带来可观利润的同时,更为其迅速发展提供了巨大的动力及能量。

2. 现有法律制度对债权保护呈疲软之势

许多债权人通过讨债公司追债,通常是无奈之举,因为通过正当的法律途径,其债权并无法得到充分实现,同时,由于司法程序呈现出

---

① 其他方式主要包括申请支付令、申请先予执行、利用担保进行优先受偿、申办强制执行公证等。

② 参见李莉:《我国民间讨债的法律分析与思考》,安徽大学 2011 年硕士学位论文,第 13 页。

严格、规范、烦琐的特点，债权人往往不愿浪费大量的金钱与时间成本配合司法活动的进行。国家正式用来解决债务纠纷的法律制度，无论是诉讼、仲裁抑或人民调解，对债权的实现均不具有彻底性。即便债权人收到法院的判决书或仲裁委的裁决书，债权的实现也仍然依靠债务人主动采取给付行为；否则，债权人还需再次申请法院或仲裁委强制执行判决书或裁决书或人民调解书，执行难的问题长久地困扰着债权人及司法界。此外，实践中不乏债务人恶意躲避债务、隐匿财产、转移财产的情况发生，在证据不足的情况下法院亦无能为力。当自身的权益无法通过正式的法律制度获得应有的救济时，寻求权益的保障驱使着公民选择其认为有助于实现正义的方式，而讨债公司无疑成为债权人无奈的选择。

3. 讨债公司具有一定的组织性与专业性

不可否认，讨债公司之所以得以生存并发展壮大，得益于其自身在追讨债务方面的快捷性及彻底性，而这也恰恰成为吸引“势单力薄”的债权人的重要因素。债权人形单影只，在债务人故意躲避债务时债权人往往由于缺乏必要的侦查手段或闭塞的信息渠道而无能为力，但讨债公司的组织性体现在其内部有不同的人员分工，从调查信息到上门追讨，人数及信息的优势相较于债权人来说更明显，债权实现的概率也就得以提升。

4. 以和为贵的传统思想制约着公民采用法律手段维护权益

“厌讼”“耻讼”的观念在中国世代普通老百姓的思想中已是根深蒂固。古代邻里发生纠纷难以解决时，就请附近德高望重的贤者出面调解，甚至司法官员解决民事纠纷时，通常会运用道德教化的方式。所以，在古时衙门如出现冷冷清清、门可罗雀、杂草丛生的情景，就被视为官员治理有方、社会和谐稳定的象征。虽然我国正在努力建设社会主义法治社会，强调依法治国，主张“为权利而斗争”，注重以司法诉讼和对抗性裁判程序处理纠纷，但许多债权人在面临债务纠纷时，依然会想到采取自行协商讨要的方式。因为受“以和为贵”“中庸之道”等思想的影响,且具有重家族、重血缘的家庭伦理本位的价值观,债权人往往会考虑人情的因素,以共创和谐关系为原则,遇到纠纷不愿采取诉讼的方式解决。尤其是债权人和债务人关系原本亲密,或是亲戚朋友或是生意合作伙伴,为了能够依然保持以往的和睦关系,就只能依靠自行讨债或请职业讨债人帮忙追讨。在某些债权人看来,利用诉讼、仲裁等国家正式法律制度来解决债务纠纷,原告与被告就要对簿公堂,败诉一方就要接受“冰冷”的法律判决,这样一来,必定会破坏双方原来的关系,甚至有可能使双方成为“老死不相往来”的仇敌。①

本案中,所谓的“国际商务调查中心”实质就是民间讨债公司的缩影,讨债公司的本质是利用社会关系和技巧手段来快捷、高效地实现债权,而讨债公司的崛起在一定程度上也印证了其效果已经被部分债权人所认可。合法、合理的讨债手段符合私力救济的精髓,不应成为法律禁止的对象。但讨债公司发展至今,之所以受到民众的质疑,是在追讨债务的过程中,讨债公司的人员所采取的手段、运用的方式往往超出合法、合理的范围,而一旦涉及扰乱社会秩序、损害债务人及其他人人身权利和自由的行为,这种讨债行为就会成为法律规制的对象。我国《宪法》第 51 条规定:“中华人民共和国公民在行使自由和权利的时候,不得损害国家的、社会的、集体的利益和其他公民的合法的自由和权利。”在司法实践中,许多被委托的讨债者为追求债权的快速实现,往往采用威胁、恐吓,甚至故意伤害、绑架、非法拘禁、侵犯他人隐私权等非法手段实施讨债,在严重侵犯债务人人身权利的同时,也给社会秩序造成一定的危害,不利于和谐社会的构建。其成立的合法性在实践中并未取得一致性评价,学者对其法律评价亦存在否定性及

① 参见李莉:《我国民间讨债的法律分析与思考》,安徽大学 2011 年硕士学位论文,第 18 页。

肯定性两种截然不同的声音。然而,无论是透过肯定者的支持还是否定者的声讨,我们可以肯定的是,讨债公司本身并不一定是法律所禁止的对象,法律所欲规制的是讨债公司在为委托人行使债权时所采取的过激、非法的方式、方法、手段,而这也是法律规制的难点所在,既要对私力救济的方式予以承认及保护,又要同时对私力救济的程度予以限制,防止私力救济成为暴力的滋生区。简单而言,笔者认为在讨债过程中,应自行把握以下原则。

首先,杜绝实施违法犯罪行为。民间讨债的目的须合法、正当,不能以讨债为名义构成违法犯罪。此外,讨债不应采取法律所禁止实施的手段,如恐吓、骚扰、威胁、窃取、毁损等行为。

其次,追讨债务的手段、方法适当。手段、方法适当要求除法有明文规定外,行为人在实现债权的同时要尽可能避免对债务人造成不必要的损害,除了正当防卫、紧急避险、自救行为等法律允许的使用强力手段的情形外,民间讨债的手段应在社会公众能够理解和接受的情形下进行。

最后,不得损害社会秩序及公共利益。民间讨债行为作为私力救济的一种方式,行为的实施不得损害他人的合法利益,因为个人权利的自行维护或矫正不得以他人合法权益的受损为代价,公共利益要求法律及公共安全处于和平、安定的秩序之中。

退一步而言,即便是承认民间讨债公司行为合法性的学者,他们也仍坚持认为其讨债的方式、强度应当在合理、合法的限度内,即不应采用威胁、恐吓、骚扰、窃取、毁损等方式进行债务的催讨,甚至部分讨债者使用故意伤害、绑架、非法拘禁、侵犯他人隐私权等非法手段实施讨债,给社会秩序造成了严重的危害。而在本案后续的事实中,赵某某等人威胁乙印染有限公司上海分公司员工停止办公,不得使用手机或固定电话,不得随意走动及外出的行为以及威逼李某以公司的别克商务车抵债,遭拒后即殴打李某及驾驶员,迫使驾驶员交出车钥匙的行为是否仍处于合理、合法的范围内,是否构成刑事犯罪,本书将详细论述。

三、赵某某等人的行为定性

在本案中,涉案人员的行为主要包括:(1)于某某等人谩骂、威胁李某;(2)赵某某带领犯罪嫌疑人刘某某等五人又至该分公司,威胁员工停止办公,不得使用手机或固定电话,不得随意走动及外出;(3)赵某某等人威逼李某以公司的别克商务车抵债,遭拒后殴打李某及驾驶员,迫使驾驶员交出车钥匙,随后胁迫李某抄写其写好的关于"自愿以车抵债"的字据。

而就上述3项行为的定性而言,主要存在以下4种意见。

第一种意见认为,赵某某等人受委托追讨债务,且系确认债务确实存在后,对债务人公司及其员工进行正当追讨债务的行为,虽然追讨方式欠妥,但他们不具备"非法占有他人财物"的故意,因此他们的行为不构成犯罪。

第二种意见认为,赵某某等人对被害人等进行威胁及胁迫,并抢得商务车一辆,根据有关规定,以索取债务、返还财物为名,实施当场劫取他人钱财行为的,应以抢劫罪定罪处罚。

第三种意见认为,赵某某等人纠集多人至被害人单位,威胁并殴打员工,扰乱了该公司的正常经营秩序,并强行开走他人车辆,造成被害单位严重损失,应认定构成聚众扰乱社会秩序罪。

第四种意见认为,本案事发起因系确有债务纠纷存在,赵某某等人在明知上海分公司与欠债单位系两家独立公司的前提下,随意殴打债务人以外的其他人,并强行扣押该公司车辆,影响公司的正常工作秩序,应认定构成寻衅滋事罪。

对于第一种意见,笔者从两个方面进行剖析。

首先,债权债务关系的相对性决定了债权人追讨债务的对象只能是债务人及其担保人,但由本案例第一个争议问题的论述可知,山东甲印染公司与乙印染有限公司上海分公司并无任何隶属关系,系两个独立的公司,即乙印染有限公司上海分公司并非钟某的债务人,退一步而言,即便钟某与某国际商务调查中心所签订的委托代理协议有效,其追讨对象也应当是王某某所任职的山东甲印染公司,债务对象的错误使得钟某的债权关系无法合法行使,钟某与某国际商务调查中心之间的代理关系也就失去了合法的依据。

其次,赵某某等人的催债行为已经超越了合理的界限。本案中,赵某某等人以追讨债务为由,对乙印染有限公司上海分公司的员工进行威胁,妨碍其正常办公,要求其不得使用手机及固定电话,甚至对员工李某及驾驶员进行殴打,这一系列的行为并非正当追讨债务应当使用的手段,对乙印染有限公司上海分公司的员工的人身已经造成了严重的危害,应当构成刑事犯罪。

因此,第一种意见中所谓的“正当追讨债务的行为”并不合理,不构成犯罪的意见显然无法成立。

在确定了犯罪嫌疑人赵某某等人构成刑事犯罪后,后文讨论的重点在于分析赵某某等人的行为性质及罪名确定,即界定抢劫罪、聚众扰乱社会秩序罪以及寻衅滋事罪的区别。

四、关于涉案罪名的观点梳理

1. 抢劫罪与寻衅滋事罪

寻衅滋事罪,是指在公共场合,扰乱社会秩序,起哄闹事的行为或者强拿硬要、毁损公私财物的行为。寻衅滋事罪的核心内涵表现为扰乱社会公共秩序,因此,《刑法》将寻衅滋事罪放置于扰乱社会公共秩序罪这一章节中;抢劫罪是目的犯,是以非法占有他人财产为目的,采用暴力、胁迫或者其他方法,使被侵犯人处于不能反抗或者不敢反抗的状态,强行非法占有他人财产的犯罪。抢劫罪是侵犯财产权和人身权的行为,其侵犯客体具有双重性,同时包括财产权及人身权。

我国《刑法》第263条规定,抢劫是以非法占有为目的,对财物的所有人、保管人当场使用暴力、胁迫或其他方法,强行将公私财物抢走的行为。而《刑法》第293条将寻衅滋事行为界定为:(1)随意殴打他人,情节恶劣的;(2)追逐、拦截、辱骂他人,情节恶劣的;(3)强拿硬要或者任意损毁、占用公私财物,情节严重的;(4)在公共场所起哄闹事,造成公共秩序严重混乱的。

通过上述刑法条文的规定,我们可以试着厘清寻衅滋事罪与抢劫罪的差别。两罪的差别主要体现在以下几个方面。

首先,行为人的主观动机不同。最高人民法院在2005年的《关于审理抢劫、抢夺刑事案件适用法律若干问题的意见》中提出:“寻衅滋事罪是严重扰乱社会秩序的犯罪,行为人实施寻衅滋事的行为时,客观上也可能表现为强拿硬要公私财物的特征。这种强拿硬要的行为与抢劫罪的区别在于:前者行为人主观上还具有逞强好胜和通过强拿硬要来填补其精神空虚等目的,后者行为人一般只具有非法占有他人财物的目的;前者行为人客观上一般不以严重侵犯他人人身权利的方法强拿硬要财物,而后者行为人则以暴力、胁迫等方式作为劫取他人财物的手段。”寻衅滋事罪的主观方面表现为故意,其犯罪意图体现为以惹是生非来谋取精神刺激,用滋生事端来获取乐趣从而填补内心的空虚;而抢劫罪的主观方面虽也为故意,但犯罪目的表现为非法强行占有他人财物。两罪的主要不同之处在于如何理解“强拿硬要或者任意占用公私财物”这两种情形。

强拿硬要,是违背他人意志强行取得他人财物的行为,既可以表现为夺取财物,又可以表现为迫使他人交付财物。对其中的财物宜作广义解释,即包括财产性利益。例如,乘坐出租车后,迫使对方不收受出租费用的行为,也宜解释为强拿硬要行为。强拿硬要行为虽然具有一定的强制性,但不需要达到足以压制被害人反抗的程度。损毁财物,是指使公私财物的使用价值减少或者丧失的一切行为。任意与随意的意义相近,但其程度低于随意的要求,侧重于说明行为不具有合法根据与理由。就损毁财物而言,任意意味着行为违背被害人的意志。占用公私财物,是指不当、非法使用公私财物的一切行为。“任意”不仅是对损毁公私财物的限制,也是对占用公私财物的限制。占用公私财物的行为必须具有不正当性,但并不要求行为人具有非法占有目的。①

当行为人以强拿硬要的形式实施寻衅滋事的危害行为时,其行为对象亦针对一定的公私财物,且同时伴以一定的强迫性举动,与抢劫罪类似,因此,从表面上易使人感觉寻衅滋事罪与抢劫罪难以区分,但从两项罪名的构成要件上进行详细解读,会发现两者的区别所在,结合本书案例,将两者的区别主要归结如下。

第一,抢劫罪是复行为犯,即同时包含侵犯人身行为及抢取财物行为,其中侵犯人身行为的危害性较大,对受害人的人身安全构成严重威胁;而寻衅滋事罪中的行为人虽然以“强拿硬要或者任意占用公私财物”的方式实施犯罪,并实施了夺取一定财物的行为,其间,虽然也具有对受害人人身安全的侵犯,即一定的暴力行为,但程度较轻,并未达到抢劫罪中对人身安全的侵犯标准。

我国《刑法》第 293 条的规定中,涉及了寻衅滋事对他人人身安全构成威胁的两种行为,将“随意殴打他人”以及“追逐、拦截、辱骂、恐吓他人”的入罪标准界定为“情节恶劣”。那么,情节恶劣的判断标准为何？具有代表性的理论主要包括以下 3 种。

(1)以打人为乐,随意殴打群众;多次殴打、影响恶劣;携带或使用凶器殴打他人;多次向他人抛投石块、污物等;造成后果,引起公愤;等等。②

(2)情节恶劣具体包括:①持械殴打他人,尤其是使用管制的

① 参见张明楷:《刑法学》(第 4 版),法律出版社 2011 年版,第 937 页。

② 参见单长宗、梁华仁、张军、阮齐林主编:《新刑法研究与适用》,人民法院出版社 2000 年版,第 56 页。

刀、枪等凶器打人的；②殴打他人手段残忍，造成被害人轻伤等后果的；③殴打多人多次或以未成年人为殴打对象或以打人取乐引起公愤的；④殴打他人，引起被害人自杀等严重后果的；⑤多次向他人投抛石块、污物、引起公愤的；⑥殴打他人屡教不改的；⑦其他恶劣情节。[①]

(3)寻衅滋事罪在现实中的表现形式是多种多样的，以列举式的方法去界定寻衅滋事行为，表面上看有利于司法实务操作，实际上却会带来更多的困惑，因此应以行为人的随意殴打行为造成的后果来判断，即看其行为是否造成了危害公共秩序的后果。

以上3种观点虽然在内涵界定上并不完全相符，但共同的本质都是将寻衅滋事对人身的危害性界定为程度较轻，寻衅滋事罪真正的危害在于行为本身对他人安全感及社会公共秩序的破坏，而这也是之前将寻衅滋事罪囊括于流氓罪之中的意义所在。受害人的人身损害后果应当以轻伤为限，否则寻衅滋事罪的范围将与故意杀人罪、故意伤害罪以及抢劫罪等重罪行为混淆不清，难以区分。

本案中，赵某某等人实施的暴力行为集中体现在当其威逼李某以公司的别克商务车抵债并遭拒后，采取殴打李某及驾驶员的方式迫使其交出车钥匙。该暴力行为并未造成轻伤以上的后果，最为重要的是，该暴力行为的初衷在于对乙印染有限公司上海分公司的经营秩序造成破坏，使债务人王某某知晓此事后，及时对钟某支付劳动工资，借以完成该讨债组织所签订的“讨债协议”中约定的职责。因此，赵某某等人所实施的暴力行为并没有严重侵犯他人人身权利，不足以达到抢劫罪所涵摄的标准及程度。

第二，抢劫罪的主观目的在于非法强行占有财物，而这也是将抢

---

① 参见宋峰、曹红卫：《试论寻衅滋事犯罪的司法认定》，载《北京人民警察学院学报》2004年第4期。

劫罪划属为侵犯财产罪的依据之一;而寻衅滋事罪是一种扰乱公共秩序的犯罪,行为人的目的在于寻求一种精神刺激。

本案中存在一重要细节,即该调查中心派犯罪嫌疑人于某某等人到乙印染有限公司上海分公司后,其首先的行为是向公司经理李某要求追讨钟某的工资,在李某联系山东甲印染公司无果后,于某某及赵某某等人才先后实施了谩骂、威胁及轻微的暴力行为。从本案的犯罪嫌疑人的行为目的来判断,其真实的意图是履行某国际商务调查中心与委托人钟某所签订的讨债协议,即促使山东甲印染公司董事长王某某尽快支付所欠的钟某的工资,而非以占有乙印染有限公司上海分公司的别克商务车为直接目的。如果起初李某联系山东甲印染公司董事长王某某成功,那么后续的强行占有别克商务车的行为便极有可能不会发生,即商务车的抢占行为只是赵某某等人针对乙印染有限公司上海分公司无力解决债权债务纠纷的权宜之计,而并非本案犯罪嫌疑人的初衷。

其次,客观方面的不同。寻衅滋事罪的客观方面具有 4 种方式,即随意殴打他人,情节恶劣的行为;追逐、拦截、辱骂他人,情节恶劣的行为;强拿硬要或者任意损毁、占用公私财物,情节严重的行为;在公共场所起哄闹事,造成公共场所秩序严重混乱的行为等。强拿硬要型的寻衅滋事罪的当事人一般都选择在众目睽睽之下,无事生非,逞强斗恶,随意拿走他人的财物,借机引起周遭群众的注意,借以显示自己的威风,满足自己追求的精神刺激。因此,强拿硬要型的寻衅滋事行为中行为人通常不在乎拿到财物的价值多少,同时,不会以很强的暴力或者威胁方式迫使被害人不敢反抗而拿走财物。

而抢劫罪客观上表现为对财物的所有人、保管人或者其他在场人当场实施暴力、以当场实施暴力相胁迫或者采用其他当场侵犯人身的方法,迫使被害人当场交出财物或者当场夺走财物的行为。抢劫罪的重点在于采用暴力或者其他致使被害人不敢或者不能反抗的办法去占有他人的财物，绝大部分的表现是暴力取财，所以一般抢劫罪的行为人在地点上会选择偏僻、人烟稀少的地方，时间上会选择夜晚、凌晨等不易被他人发现的时间，而且抢劫罪行为人尽可能多地劫取受害人身上的财物。

总之，寻衅滋事罪主要侵犯的是社会公共秩序，同时可能会侵犯不特定人的人身权利或者财产权利，抢劫罪主要侵犯的是特定人的人身权利和财产权利。

在本案中，犯罪嫌疑人赵某某等人选择实施犯罪行为的地点是乙印染有限公司上海分公司办公场所内，且时间是上午，正值公司营业时间。赵某某等人所实施的行为也并非直接采取暴力取财，而是采用谩骂、威胁、阻止公司正常办公、禁锢员工自由走动以及通信自由等方式进行滋事。赵某某等人最终拿走的财物的价值，即乙印染公司上海分公司的别克商务用车并非乙印染有限公司上海分公司的全部财产，而是赵某某等人认为可以与钟某 20 万元工资价值相当的财物。最重要的是，根据本案所透露出的细节，赵某某等人受命于某国际商务调查中心，目的在于为钟某讨债，那么根据所签订的讨债协议，赵某某等人所强行拿走的别克商务用车是需要交由钟某处置的，而赵某某等人所获取的利益应当为在讨债协议中所约定的报酬。因此，在此种情形下，赵某某等人对别克商务用车的主观目的并非直接占有，不具有抢劫罪的非法占有他人财物的主观目的。

再次，行为的场所与方式的选择不同。寻衅滋事行为是公然、随意实施的，客观表现为不经预谋分工、很少准备作案工具，行为地点一般是就近的公共场所，实施暴力或胁迫较为轻微，想怎么打就怎么打，一般还伴有叫嚣、辱骂、示威等言语；抢劫行为人往往选择较为隐蔽的地点作为作案场所，且多进行事先踩点、预谋或准备作案工具，采用的暴力手段虽非出于伤害他人的目的，但往往可能危及他人人身安全。①

本案中,犯罪嫌疑人赵某某等人行为的场所是乙印染有限公司上海分公司的营业场所内,同时,赵某某等人也未准备作案工具,在对乙印染有限公司上海分公司的员工进行威胁、辱骂后,仅实施了较轻微的暴力行为。因此,赵某某等人的行为并不符合抢劫罪关于行为场所及方式选择的特点。

最后,索取财物的种类和数额的不同。强拿硬要行为多针对某一特定财物,如手机、游戏机或一定金额的钱款等;抢劫行为则往往是劫取被害人身上所有的财物,不限于某类特定财物。

在本案中,犯罪嫌疑人赵某某等人所占有的财物涉及乙印染有限公司上海分公司的别克商务用车一辆,并未涉及其他公私财物。而赵某某等人在明知别克商务用车为乙印染有限公司上海分公司的财产的情况下仍强行扣押的原因很明显,其认为别克商务用车的价值与王某某所欠钟某的20万元工资款项相匹配。对于乙印染有限公司上海分公司的财物以及员工的私人财物,赵某某等人并未进行非法占有,因此,犯罪嫌疑人针对的并非如抢劫罪所言的非特定财物。

除上述关于抢劫罪与寻衅滋事罪在犯罪构成方面的区分外,最高人民法院于2005年6月8日颁布并实施的《关于审理抢劫、抢夺刑事案件适用法律若干问题的意见》明确规定:"行为人为索取债务,使用暴力、暴力威胁等手段的,一般不以抢劫罪定罪处罚。"

该意见单独将索取债务时使用的暴力排除在抢劫罪的范畴之外,是因为索债时行为人的主观方面往往不是非法占有他人的财物,而是对自己的债权关系进行救济,虽然在客观方面,行为人可能使用了与抢劫罪十分类似的暴力手段或以暴力相威胁,但因主观方面的差异,

---

① 参见彭丽娜:《强拿硬要型寻衅滋事罪与抢劫罪的区分——肖某、李某、曾某抢劫案》,载《法制与经济(下旬)》2012年第9期。

不应被认定为主观恶性较大的抢劫罪。在本案中,虽然某国际商务调查中心能否作为钟某追讨债务的受托人值得争议,但犯罪嫌疑人赵某某等人的确是受雇于某国际商务调查中心,且他们在乙印染有限公司上海分公司营业场所内所实施的一系列行为均是为了完成债务追讨行为,这是毋庸置疑的。赵某某等人使用暴力或以暴力相威胁的主观方面的确是为了索取债务,因此,按照该意见的精神,以抢劫罪追究赵某某等人的行为并不恰当。

2. 聚众扰乱社会秩序罪与寻衅滋事罪

聚众扰乱社会秩序罪主要是指聚众扰乱社会秩序,情节严重,致使工作、生产、经营和教学、科研无法进行,造成严重损失的行为。在公共场所起哄闹事造成公共场所秩序严重混乱的寻衅滋事行为与聚众扰乱社会秩序罪有着很大的相似性,同时,界限亦十分明晰。

首先,二者的主观动机与目的存在差异。如前文所述,寻衅滋事罪的主观特点体现为逞强好胜、寻求刺激、填补空虚、追求一种非正当的精神乐趣等流氓动机;而聚众扰乱社会秩序罪的动机和目的通常是满足个人某种政治上或者经济上的不合理的要求,行为人旨在通过聚众的方式来扰乱机关、单位、学校等正常的社会秩序,借以给相关的机关施加压力,为社会徒增不安因素及恶劣影响。

聚众扰乱社会秩序罪中的"社会秩序"可以理解为人类生存和发展之必需的社会环境。所谓扰乱社会秩序,是指造成社会秩序的严重混乱与社会大众心理的严重不安,具体表现为使社会秩序由有序变成无序,使社会由稳定变为不稳定甚至是动乱,使社会的进程由连续变成间断。[①] 目前,关于"社会秩序"涵盖范围的理论争议主要体现为以下 3 种。

(1)狭义说。持这种观点的人认为,社会秩序应当作狭义理解,是

① 参见张明楷:《刑法学》(下),法律出版社 1997 年版,第 811 页。

特定范围内的社会秩序，即国家机关、企业、事业单位、人民团体的工作、生产、营业、教学和科研秩序。[①]

该观点严格依照刑法规范自身进行解释，将“社会秩序”限定在特定范围内，在防止法官自由裁量权的滥用及司法权的无限扩张方面颇有益处。然而，随着社会的不断进步以及案件事实的不断复杂化，各种新型、复杂的犯罪手段频繁出现，法律规范的滞后性日益凸显，严格从法律规范本身出发进行解释难以应对纷繁复杂的社会现实。因此，这种观点不利于最大限度地维护社会秩序的稳定。

(2)广义说。与狭义说的严格限定“社会秩序”的理念相反，广义说认为本罪的社会秩序涵盖广泛，用具体的列举方法无法穷尽，即使现行《刑法》第290条的规定将扰乱社会秩序中的“社会秩序”加以限定为“公司、企业、事业单位、社会团体的工作、生产、营业和教学、科研、医疗秩序”，其仍为一个整体含义概念。因此，在司法实践中处理本罪时，应注意把握扰乱社会秩序的行为对不同场所、不同社会秩序的侵害。[②]

该观点不仅将狭义说所列举的特定场合涵摄其中，同时也将更广范围内的社会秩序概念引入到规制范围中，此种方式无疑在一定程度上解决了狭义说范围狭小的不足，有利于最大限度地保护社会法益，最大限度地惩治聚众扰乱社会秩序的犯罪分子，但弊端是容易发生与立法原意和立法精神背道而驰的情形，即滋生滥用司法权、侵害公民权利的行为。

(3)广义说加扰乱党政机关的秩序。聚众冲击具有一定的暴力性，而聚众扰乱既有暴力性的，又有非暴力性的。因此，本罪仍应包括聚众扰乱党政机关的正常活动(仅限于非暴力性的)。而且，随着我国

---

① 参见陈兴良主编：《刑法疏议》，中国人民公安大学出版社1997年版，第470页。

② 参见王作富主编：《刑法分则实务研究》(第2版)，中国方正出版社2003年版，第1407页。

市场经济的建立，个体经济的蓬勃发展，个体工商户的正常活动也应纳入刑法保护的范围。①

该种观点是在广义说的基础上纳入了对聚众扰乱党政机关正常活动的非暴力行为的关注，旨在将此类行为纳入刑法规制范畴，更加明确地保护社会法益，规制范围较之广义说更胜一筹。因此，在保护社会稳定的法益免遭聚众扰乱方面的保护力度得以提升。然而，广义说的弊端仍在该种观点下凸显，防止司法权的滥用及公民权利的保护问题仍然无法得以解决。

综合本案事实，犯罪嫌疑人赵某某等人的行为无疑对乙印染有限公司上海分公司的经营秩序造成了影响，致使乙印染有限公司上海分公司的正常办公受阻。但无论是寻衅滋事罪抑或聚众扰乱社会秩序罪的犯罪构成中，均囊括了对秩序的冲击及破坏，赵某某等人在本案中的行为动机既包含了逞强好胜、显威风，又包含了破坏乙印染有限公司上海分公司的经营秩序，使钟某的债权得以顺利实现。因此，在两者关于主观动机的区分界限下，并不易明晰赵某某等人的行为定性。

其次，聚众扰乱社会秩序罪中的“聚众”形式要求参与人必须是3人以上，且参与人须在首要分子的组织策划之下，聚集在一起进行冲击社会秩序的活动；而寻衅滋事罪则没有参与人数方面的要求。关于对聚众扰乱社会秩序罪中的“聚众”的理解，主要有以下3种观点。

(1)“聚众”旨在强调首要分子和积极参与者的作用性。“聚众”的前提应当是在首要分子组织、策划、指挥下，聚集特定或不特定多数人同时参与扰乱社会秩序的违法犯罪活动。该观点重点说明聚众类的犯罪必须在首要分子的策划、指挥下进行。“聚众”的本意在于强调

---

① 参见张明楷：《刑法学》(第2版)，法律出版社2003年版，第810页；高铭暄、马克昌主编：《刑法学》，中国法制出版社1999年版，第965页。

首要分子和积极参加者的突出作用,同时,将首要分子和积极参与者在聚众犯罪中的作用明确化对认识该罪名有着重要意义。但是,此种观点对“临时聚众扰乱社会秩序”的行为,以及那些受到蒙蔽而被动加入其中的人群的评价鲜有提及,难以全面、准确地把握参与人的行为性质。

(2)“聚众”旨在强调聚集的人员数量。所谓“聚众”,是指聚集多人,即要求为3人以上,且不应包括纠集者本人在内。[①] 聚众的人员中既要囊括首要分子或积极参加者,又要包含其他不属于犯罪分子的一般参加者。该观点重点阐释了聚众人数规模的认定,同时,对参与者的具体身份加以明确化,在肯定参与者中包括首要分子和积极参加者的同时,也将那些受到煽动、蒙蔽、胁迫而不明真相的一般参加者涵摄其中,从而使该项罪名的内容更加全面且符合实际。然而,该观点对首要分子在聚众犯罪中的具体地位及所起到的性质、作用的论述不够突出,对其行为目的阐释略显单薄。

(3)“聚众”旨在强调行为目的的无理性。“聚众”的目的在于犯罪分子为满足某种无理性要求,借以纠集、煽动、蒙骗3人以上(包括犯罪本人在内)实施扰乱社会秩序的犯罪活动。[②] 该观点在对首要分子的行为目的的阐释方面较为明确,是对第二种观点不足的补充,但是在对参与者中各自身份、地位、作用的区分方面仍显力度缺乏。

综合本案案件事实,涉及的犯罪嫌疑人包括赵某某、于某某、刘某某等5人或5人以上,而通过案件事实的梳理,不难认定在该起犯罪活动中,赵某某的地位、作用明显突出:①除赵某某外的其余犯罪嫌疑人系在赵某某的带领下来到乙印染有限公司上海分公司;②赵某某全

---

① 参见赵秉志主编:《扰乱公共秩序罪》,中国人民公安大学出版社2003年版,第254~255页。

② 参见陈兴良、曲新久、顾永中:《案例刑法教程》(下卷),中国政法大学出版社1994年版,第392页。

程参与了威胁乙印染有限公司上海分公司的员工停止办公、不得使用手机或固定电话、不得随意走动或外出的犯罪活动;③赵某某参与了威胁李某交出公司的别克商务用车的活动;④赵某某实施了对李某的殴打行为;⑤赵某某单独实施了胁迫李某抄写其写好的关于"自愿以车抵债"的字据的行为。综合上述分析,赵某某在整个犯罪活动中作用明显、地位突出,但是,赵某某究竟是构成寻衅滋事罪中的主犯,还是应当被认定为聚众扰乱社会秩序罪中的首要分子,并非从涉案的人数中便能够得以准确认定。因为,在寻衅滋事罪中,既包含单独行为人实施的犯罪行为,又同时包括多人参与实施的犯罪活动,因此,从两项罪名的主体构成来分析,仍不能准确界定出赵某某等人的行为定性。

最后,两者在成立犯罪的客观情节上存在差异。聚众扰乱社会秩序罪客观表现为聚众冲击国家机关和学校等单位,并且要求必须同时具备"情节严重"和"造成严重损失",而寻衅滋事罪的客观表现形式多种多样,而且只需"情节严重或者恶劣"即可,并无损失严重的硬性要求。

关于如何理解聚众扰乱社会秩序罪中的"严重损失",目前在法律规范及理论学术中并未达成共识,而关于"情节严重"的认定问题,目前在理论界主要存在4种观点。

第一,"情节严重"是指由于行为人的聚众扰乱行为,企事业单位、社会团体的正常活动无法正常进行,秩序难以得到有序维系,并因此造成了严重的损失。值得注意的是,此处的情节严重涵盖两种情形,即或者致使工作、生产、营业和教学、科研无法正常进行与造成严重损失二者必须同时具备,或者是指行为后果严重,致使工作、生产、营业、教学和科研无法进行,使国家和社会遭受严重损失的后果。[①] 该种观

---

① 参见赵秉志主编:《扰乱公共秩序罪》,中国人民公安大学出版社2003年版,第255页;何秉松主编:《刑法教科书》中国法制出版社1995年版,第879页。

点是符合法条的原意和立法精神的,即从行为和结果的结合来判定情节严重,抑或从结果的严重性来判定。

第二,“情节严重”一般是指聚众扰乱时间较长、纠集人数较多、具有人身侵害情形、造成恶劣影响等。[①] 该观点主要从行为的构成性质本身来判定情节是否严重,如时间因素、参与的人员规模、后果的影响范围等。

第三,“情节严重”是指除了需要涉及第一种观点所涵摄的情形以外,还应考量其他与犯罪构成各个要件相联系的情形,如犯罪动机是否卑劣,聚众扰乱社会秩序时间长短,参与扰乱社会秩序的人数的多少,是否造成了恶劣的政治影响,甚至是国际影响等因素。[②] 该种观点是前两种观点的有机整合,其不仅包含了法律规范本身的立法本意,同时还考察了当事人实施犯罪行为时的心理因素。

第四,“情节严重”是指具有下列情形之一的:犯罪动机险恶、目的卑劣的;聚集人数较多或扰乱时间较长的;经有关部门批评教育、劝阻,拒不散去的;多次聚众扰乱社会秩序的;社会影响极其恶劣的;聚众扰乱重要单位正常活动的;造成损失特别严重的;等等。该观点可以说是综合以上各种因素的结果,综合考虑当事人的心理动机,犯罪起因,人员数量和规模,聚众时间长短,固执程度,影响范围,情节因素,结果因素等。[③]

综合本案案件事实,犯罪嫌疑人赵某某等人的行为并不能构成聚众扰乱社会秩序罪中的“情节严重”。

首先,赵某某等人聚众扰乱乙印染有限公司上海分公司的时间并

---

① 参见高铭暄:《新中国刑法学》(下册),中国人民大学出版社 1998 年版,第 829 页。

② 参见王作富主编:《刑法分则实务研究》(第 2 版),中国方正出版社 2003 年版,第 1409 页。

③ 参见王作富主编:《刑法分则实务研究》(第 2 版),中国方正出版社 2003 年版,第 1409 页。

不长。本案中,某国际商务调查中心先后两次派人前往乙印染有限公司上海分公司进行追讨债务。首次,于某某等人在到达乙印染有限公司上海分公司后,向李某追讨钟某的工资,而在李某联系山东方无果后,对其进行谩骂、威胁,而后便离开;随后,当天下午赵某某等人再次来到乙印染有限公司上海分公司,在获取李某抄写的关于“自愿以车抵债”的字据后,又驾车离开。通过案件事实的细节,我们不难分析得出,前后两次的扰乱行为持续的时间并不长。

其次,赵某某等人聚众扰乱乙印染有限公司上海分公司的动机并不十分危险、目的并不十分卑劣。就本案而言,钟某与山东甲印染公司的工资纠纷的确存在,而钟某也的确与某国际商务调查中心签订了实现债权的“委托代理协议”,虽然乙印染有限公司上海分公司与钟某之间并不存在债权债务关系,但由于山东甲印染公司的董事长王某某同时担任乙印染有限公司上海分公司的法定代表人,于某某等人来到乙印染有限公司上海分公司后,首先实施的行为是让李某联系山东方的王某某进行沟通,后续的一系列行为是在联系无果的情形下所实施的违法犯罪行为。而后,赵某某等人在获取与所追讨债权比例相当的别克商务用车后,随即驾车离开,再没有实施任何恶劣行为,从此点亦可看出,赵某某等人的主观目的是追讨债务、实现债权,主观目的并不十分恶劣。

最后,赵某某等人所实施的行为并未造成十分严重、恶劣的社会影响或国际影响。

犯罪嫌疑人赵某某等人实施犯罪活动的场所系乙印染有限公司上海分公司经营场所内,并非人流密集的公共场所,同时,本案犯罪嫌疑人仅有 5 人左右,实施的行为也并不包括严重危及人身安全的暴力行为,逗留时间较短,并未造成十分严重的危害后果。因此,赵某某等人所实施的行为并未造成十分恶劣的影响。

如前所述,构成聚众扰乱社会秩序罪需要同时构成“情节严重”及

“严重损失”,在目前理论及实践中对何为“严重损失”未明确界定的前提下,仅从“情节严重”方面考量,赵某某等人的行为并未达到构罪标准。因此,赵某某等人的行为并不构成聚众扰乱社会秩序罪。

本案的结论

寻衅滋事罪是由 1979 年《刑法》规定中的流氓罪演化而来,其具体行为表现为对他人进行追逐、对他人进行拦截、辱骂或者恐吓等具有轻微暴力的行为,在侵犯财产方面具有强拿硬要的行为或者任意损毁、占用公私财物的行为。根据我国《刑法》第 293 条的规定,有下列行为之一的,构成寻衅滋事罪:

(1)随意殴打他人,情节恶劣的;

(2)追逐、拦截、辱骂、恐吓他人,情节恶劣的;

(3)强拿硬要或者任意损毁、占用公私财物,情节严重的。

根据本案事实,赵某某等人以追讨债务为名,在乙印染有限公司上海分公司经营场所内滋事挑衅,对员工李某进行谩骂、威胁,且使用了轻微的暴力行为。同时,为显示某国际商务调查中心的讨债决心及力度,赵某某等人还对乙印染有限公司上海分公司员工的人身自由予以限制,妨碍其正常经营秩序的维系,滋事动机明显。此外,赵某某等人在明知索债对象不符的情形下,仍强拿硬要乙印染有限公司上海分公司的别克商务用车一辆,其价值远远超出 1000 元,达到了《最高人民法院、最高人民检察院关于办理寻衅滋事刑事案件适用法律若干问题的解释》中的“情节严重”标准,其行为构成寻衅滋事罪。

第五章　共犯中途脱离的行为定性

基本案情

林某和梁某合谋绑架某镇一个个体户之子唐某（10岁），向其家人勒索赎金30万元。2001年3月1日，二人将唐某骗出，然后强行带往邻县一事先租好的民房内。在路上，唐某吵闹不止，林某心生怜悯，同时也担心案发受惩，提出放唐某回家，但是梁某不同意，二人发生争吵。林某遂离梁某而去，到外地一朋友处居住。而梁某则单独将唐某带到邻县，为防止其逃跑，将其捆绑于事先租好的民房内，自己则向唐某家人勒索赎金。唐某家人报案，梁某在接收赎金时被抓获，唐某获救。

争议焦点

本案中，林某和梁某合谋绑架唐某，勒索赎金，共同构成绑架罪。[①] 梁某构成绑架罪既遂，但对林某的行为如何定性则有不同意见：一种意见认为，林某构成绑架罪，但在犯罪过程中自动放弃了犯罪，是犯罪中止；另一种意见则认为，林某自己虽然停止了犯罪行为，但他与梁某共同实施犯罪，由于他没有有效地阻止梁某的犯罪行为，未能防止犯罪结果的发生，仍构成绑架罪的既遂。[②]

相关法条

1.《中华人民共和国刑法》第 24 条 【犯罪中止】在犯罪过程中，自动放弃犯罪或者自动有效地防止犯罪结果发生的，是犯罪中止。

对于中止犯，没有造成损害的，应当免除处罚；造成损害的，应当减轻处罚。

2.《中华人民共和国刑法》第 25 条 【共同犯罪的概念】共同犯罪是指二人以上共同故意犯罪。

二人以上共同过失犯罪，不以共同犯罪论处；应当负刑事责任的，按照他们所犯的罪分别处罚。

3.《中华人民共和国刑法》第 239 条 【绑架罪】以勒索财物为目的绑架他人的，或者绑架他人作为人质的，处十年以上有期徒刑或者无期徒刑，并处罚金或者没收财产；情节较轻的，处五年以上十年以下

---

① 学界关于绑架罪的实行行为存在单一行为说和复合行为说的争论，相应地，绑架罪的既遂标准也有“控制人质说”和“勒索结果发生说”的区分。前者学说认为绑架行为达到控制人质的程度就是既遂，因为接下来的勒索行为比较容易完成；后者学说认为除了实际控制人质之外，还需要完成勒索财物的行为才是既遂，至于最终是否获得财物则不予考虑。本书认为后者学说比较合理，因为单纯地控制人质如果不附带勒索财物的行为则很难与非法拘禁等行为相区分。也有学者认为应该将是否取得财物作为绑架罪既遂、未遂的判断标准。参见赵秉志主编：《刑法学各论研究述评（1978—2008）》，北京师范大学出版社 2009 年版，第 316 页。

② 参见陈兴良主编：《刑法案例教程》，中国法制出版社 2003 年版，第 138 页。

有期徒刑,并处罚金。

犯前款罪,杀害被绑架人的,或者故意伤害被绑架人,致人重伤、死亡的,处无期徒刑或者死刑,并处没收财产。

以勒索财物为目的偷盗婴幼儿的,依照前两款的规定处罚。

学理分析

从法条规定来看,案例中林某、梁某二人属于共同犯罪,[①]确定无疑,分歧在于林某的中途退出行为该怎样定性?

在分析林某退出行为性质之前,我们来看一个发生在日本的类似案例:被告人甲、乙经过共谋闯入丙家,命令丙把所有的钱都交出来,甲当时也持刀威胁。丙的妻子说:“我们是教师家庭,没钱。只有学校的公款7000日元左右。”对此,甲说,“那种钱我们不要”,并且,对于丙的妻子从衣柜拿出的900日元,甲继续说,“这种钱我们也不要!我们就是因为没钱才来的,如果你们家也没钱的话,我们就不要了,你就只当我们拿走了,去给孩子买点衣服什么的”,然后又对乙说:“走吧!”说完便自己先出去了。3分钟后乙从丙家出来,对甲说:“你这种菩萨心肠要不得!900日元我拿来了,你这样可搞不到钱。”最后,甲与乙一起将抢来的900日元用于游玩。对此,名古屋高等裁判所(二审)认为,尽管甲没有拿走丙的妻子交出的900日元,但没有阻止而是放任乙抢走,并且与乙一道将900日元用于游玩,因此,甲不构成中止未遂,进而判定成立抢劫既遂。

一般认为“900日元案”开启了日本学者对共犯脱离的行为定性问题的争论。共同犯罪行为人由于紧密的意思联络或者相互配合的

① 本书所说的共犯限定在共同正犯的范围,不包括狭义的共犯,即教唆犯和帮助犯。

实行行为被认定为一个犯罪整体,这也是"部分行为全部责任"理论的合理性所在。但是,已经切断了意思联络的个人行为所造成的结果,是否应当让其他行为人来共同承担责任,理论上是有争议的。"只有通过共同加功的意思联络,(共犯行为)才具有共同正犯的行为性质。这样的话,即便是在犯罪实施途中,如果不具有'意思的联络',此后,个人的行为就不能再评价为整体行为",为阻止结果发生所做出的努力的真挚性,属于判断是否中断了意思联络的重要标准。[①] 可见,在日本,实务界和理论界对共犯脱离的行为定性也是存在争议的。

本书将从共犯的本质及成立条件、共犯的处罚根据、共犯脱离的理论概述、犯罪中止的成立条件、判例的态度5个方面来论述共犯脱离的行为定性问题。

一、共犯的本质、成立条件

跟个人单独犯罪相比,共同犯罪参与人多,在分工合作中共同完成某一构成要件的犯罪,由于"人多力量大",共同犯罪更容易达到既遂状态,对法益可能造成更为严重的侵害。因此,各国刑法对共同犯罪作出了相应规定。

犯罪的共同性是共犯区别于单独犯罪的本质特征,关于犯罪的共同性存在两种不同的学说,即犯罪共同说和行为共同说。犯罪共同说认为犯罪是不同参与人对同一法益的侵害,即数人完成预先确定的同一构成要件之内的犯罪。小野清一郎持典型的犯罪共同说,他认为,正是在这种数人的行为实现一个构成要件的事实之上,成立了刑法总则中的共犯概念。换句话说,共犯是在数人行为实现一个构成要件的场合,对其共同行动的数人的行为分别评价,以各自的行为作为犯罪

① 参见[日]井上正治:《共犯与中止犯》,载平野龙一等编:《判例演习(刑法总论)》,有斐阁1960年版,第209页。转引自王昭武:《共犯关系的脱离研究》,载《刑事法评论》2013年第1期。

而令行为人负责任。[①] 行为共同说从主观主义出发，认为共同犯罪是体现参与人主观恶性的共同自然行为，不以同一构成要件为限。共同犯罪关系是共同表现恶性的关系，而不是数人共犯一罪的关系。故共同犯罪不仅限于一个犯罪事实，凡在共同行为人之共同目的范围内的均可成立。因此，在不同的构成要件上，亦可成立共同犯罪。[②] 牧野英一等学者持行为共同说。大冢仁教授也认为，即使二人以上共同实行的是不同的犯罪，但是当犯罪具有同质的、互相重合的性质时，在其重合的限度内，也应该解释为成立共同正犯。[③] 对此，陈兴良教授并不赞同，他认为，共同犯罪只能是共同犯一罪的关系，罪质互异的犯罪之间无所谓共同犯罪。这是因为，共同犯罪是在共同犯罪故意支配下实施的共同犯罪行为，并由此造成共同的犯罪结果。[④]

在我国，目前有关共同犯罪本质的学界通说是（部分）犯罪共同说。但是，黎宏教授对（部分）犯罪共同说进行了批判，他认为该学说有违我国刑法中的个人责任原则，过于看重行为人的主观要素。正方兴未艾的“行为共同说”则偏重于从个体的角度来理解共同犯罪，这不仅能秉承我国刑法中的个人责任原则，而且还能妥当地对各种借助他人实施的犯罪行为作出合理的限定和说明。因此，在对共同犯罪本质的理解上，以“行为共同说”替代“犯罪共同说”，不仅有其必要性，也有其合理性。[⑤]

---

① 参见[日]小野清一郎：《犯罪构成要件理论》，王泰译，中国人民公安大学出版社1991年版，第86页。

② 参见陈兴良：《共同犯罪论》，载《现代法学》2001年第3期。

③ 参见[日]大冢仁：《犯罪论的基本问题》，冯军译，中国政法大学出版社1993年版，第251页。

④ 参见陈兴良：《论共同犯罪的性质与构成》，载《社会科学战线》1991年第2期。关于共同犯罪是行为人共同故意还是共同过失所致，学者们观点不一，郑泽善教授认为，我国现行《刑法》明确否定了过失的共同犯罪，因此，试图从解释论上肯定过失的共同犯罪，几乎不可能；有关过失共同正犯问题，有从立法的角度重新思考之余地和必要。参见郑泽善：《论过失共同正犯》，载《政治与法律》2014年第11期。

⑤ 参见黎宏：《共同犯罪行为共同说的合理性及其应用》，载《法学》2012年第11期。

要想成立共同犯罪,行为人必须主观上具备共同的主观犯意、客观上具备相互协调配合的实行行为,这两方面的要素不可或缺。

共同的主观犯意是指参与人对犯罪行为的计划、目的、各自责任分配等有明确的认识,并且意识到自身作为参与主体的自主性、平等性。因此,如果行为人没有事前的意思联络,即使有实行行为上的同步也仅仅成立同时犯。同样,行为人之前有共同的犯罪故意和联络,但是在某个阶段,其中一方明示或暗示另一方其放弃犯罪的意图,从此共同的犯意联络归于终结,共同犯罪的情形也不复存在。

共同的实行行为是指为实现整体性的共同的犯罪行为计划,共同参加者依据分工的共同作业原理分担相互间的作用,并在各自的实行阶段发挥本质的机能。在这个过程中,不同的行为人由于意思联络下的主观故意而结合为一个行为共同体,每个行为人的实行行为效果都应该归属于所有参与人,即“部分行为全部责任”。而且承担责任的其他参与人不一定要在实行行为的现场。

在日本和韩国,判例和学理都承认共谋共同正犯的理论。通说认为,共同正犯的成立需要主客观相结合,但是有些犯罪,其中部分成员只参与谋划而不直接实施实行行为,需要对其按照共同犯罪来处罚。对此,韩国大法院也认为“共谋犯罪行为之后,尽管没有直接参与实行行为,但将他人的行为作为自己意思的手段实施犯罪时,不能免除共同正犯的罪责”。当然,对于单纯共谋而不参与实行行为的成员能否按照共同正犯来处罚,理论上和实务中存在肯定说和否定说的争论。

二、共犯的处罚根据

关于共犯处罚根据的学说很多,学者基于各学说的立场而对其进行分类,分类的方式却各不相同。日本学者大越义久教授采取四分说,即责任共犯说、社会的完全侵害说、行为无价值惹起说与惹起说 4 类,惹起说内部又进一步分为纯粹惹起说与修正惹起说。我国学者马克昌教授对此分类表示赞同。日本学者大谷实教授采取二分法,即分为责任共犯说与违法共犯说,其中违法共犯说又分为纯粹惹起说与混合惹起说。日本学者曾根威彦教授采取三分法,即分为责任共犯说、违法共犯说与惹起说,其中惹起说又分为纯粹惹起说、修正惹起说和混合惹起说。该分类法现处于通说地位,我国大多数学者采用了这种分类法。[①]

本书按照三分法来论述,即责任共犯论、违法共犯论和因果共犯论(惹起说)。责任共犯论认为,共犯的处罚根据在于,让他人陷入了刑罚与责任之中。该说从行为人创造出了应承担刑事责任的犯罪者这一点中探求处罚根据,因而称为责任共犯论。[②] 该理论借用了正犯的犯罪性与可罚性,也被称为可罚性借用理论。违法共犯论认为符合了构成要件该当性的违法行为是共犯的处罚依据,因此,只要肯定了正犯具有构成要件该当性和违法性就可以,正犯的有责性不予考虑。但是,违法共犯论有其自身的理论缺陷,在司法实务中难以发挥更大的价值。因果共犯论认为,之所以要处罚共犯,是其与其他人所引起的法益侵害之间具有因果性,这又称为惹起说。所谓共犯,是指以其他犯罪参与者为媒介而间接地实施了法益侵害行为者。[③] 此种因果关系论(惹起说)(在指向法益保护的刑法体系中)明确了共犯所固有的犯罪性,因而是妥当的。[④] 据此,个人单独犯罪与共同犯罪的区别就在于法益侵害的惹起类型不同,即个体犯罪是对法益侵害的直接惹起,共同犯罪是对法益侵害的共同惹起。

在英美法系中,共犯的刑事责任理论基础同样也存在纷争,但是

① 参见谭堃:《论共犯的处罚根据》,吉林大学2011年硕士学位论文,第8页。

② 参见[日]西田典之:《日本刑法总论》(第2版),王昭武、刘明祥译,法律出版社2013年版,第301页。

③ 参见谭堃:《论共犯的处罚根据》,吉林大学2011年硕士学位论文,第302~303页。

④ 参见[日]山口厚:《刑法总论》(第2版),付立庆译,中国人民大学出版社2011年版,第299页。

至少可以从两方面来理解共犯的责任来源。

第一，民法上的代理责任制度，即在民法上，代理人的权利义务归根结底要归于本人，也就是说本人根据代理人的行为享有权利并且承担责任。同样，在刑法中，共犯人之间的关系相当于民法上的代理关系，因此，一个人的刑事责任其他参与人当然要承担。从这个角度讲，既然类似于民事法律中的代理制度，那么当共犯一方收回或中断另一方的“代理权限”的时候，当然对其后的行为以及该行为所导致的结果免于承担责任，即便在“表见代理”之下造成的结果也应该是“冤有头、债有主”，最终的责任还是落在行为人身上。

第二，个人身份的丧失，即在共同犯罪中各参与人相互帮助，形成了一个统一对外的整体，个体身份被统一整体吸收，因此，整体的责任当然要及于其中的个体。① 由此可见，在英美法系中，共犯的责任本质上来说是由他人处引申而来的。一旦建立共犯关系，“他人”便成了自己的影子，犯罪共同体下的成员因此就该“有难同当”，即便实施“部分行为”亦应承担“全部责任”。

三、共犯脱离的理论概述

关于共犯脱离理论的研究缘起日本，一般认为“900 日元案”是共犯脱离问题的最早案例。所谓共犯关系脱离，是指共犯关系成立之后、犯罪完成之前，部分处于共犯关系的人切断与共犯的关系而从该共犯关系中解脱出来，其他共犯人基于共犯关系实施实行行为，引起了犯罪结果的场合。② 从学理通说和各国法条规定来看，行为人虽然

---

① See Joshua Dressler, *Understanding Criminal Law* (third ed.), Matthew Bender & Company, Inc. ,2001:461.

② 参见马克昌主编：《外国刑法学总论(大陆法系)》，中国人民大学出版社 2009 年版，第 355 页。此处关于共犯关系脱离的表述，在脱离时间方面理论上存在争议：有学者认为在犯罪行为完成后、危害结果发生前，仍然存在共犯关系脱离的可能。(例如，大谷实教授便持此观点。)

从共犯关系中脱离，但是如果没有客观地制止其他共犯人的犯罪行为，即没有有效地阻止犯罪结果的发生，那么该行为人个体的脱离则变得毫无意义，因为共犯的处罚原则是“部分行为全部责任”，该行为人也要因为其他共犯人剩余的犯罪行为承担刑事责任。并且，只要发生结果，就无成立中止犯的余地，退出者的积极退出行为是作为成立犯罪既遂之后的量刑情节来考虑。然而，这种做法不仅对脱离者过于严苛，也不利于防止法益遭受进一步的侵犯，因而在刑事政策的层面上难言妥当。① 当然，从保护法益的角度来讲，“部分行为全部责任”无可厚非，但是从鼓励行为人放弃犯罪的角度来讲，“部分行为全部责任”不利于行为人悬崖勒马，而且有违刑法中的个人责任主义原则和罪责刑相适应的原则。结合本案例来看，如果林某知道“部分行为全部责任”的原则，即和梁某一起承担绑架罪既遂的刑事责任，林某很可能会将犯罪进行到底。这样看来，该理论并不利于保护法益，而是加大了对罪行较轻行为人的打击力度。正因如此，本书认为“部分行为全部责任”原则在处罚共同犯罪时存在一定的缺陷。前文已经论述，因果共犯论(惹起说)作为共犯处罚依据得到了学界极大的认可。该学说在实务中的意义是，对于和自己的共犯行为(教唆行为、帮助行为或者共同正犯行为)欠缺因果关系的构成要件该当事实来说，不能追究其作为共犯的罪责。从而，即便是实施了共犯行为，由于已经祛除了该行为所具有的犯罪促进效果，和构成要件该当事实之间的因果关系也就不存在了，这样的话，就能肯定共犯关系的脱离或者共犯关系的解消，此后即便是正犯或者其他的共同者引起了构成要件该当事实，脱离者也不承担作为共犯的罪责。这就是共犯的因果关系(物理的因果性以及心理的因果性)的切断而致的共犯关系的脱离或者共犯

---

① 参见[日]荻原玉味：《着手实行之前脱离的共谋人的责任》，载藤木英雄编：《刑法的争点》，有斐阁 1984 年增补版，第 119 页。转引自王昭武：《共犯关系的脱离研究》，载《刑事法评论》2013 年第 1 期。

关系的解消。[①] 由此可见,共犯关系的脱离,需要脱离者在事实上切断自己与其他行为人后续行为及其结果的因果性联系。

1. 日本关于共犯脱离的相关学说及评析

在日本,关于共犯脱离的学说主要有以下几种。

(1)障碍未遂准用说。大冢仁在坚持只要共同正犯达到既遂就不存在中止犯的余地之基础上,率先提出了共犯脱离理论的障碍未遂准用说。该学说在犯罪既遂和犯罪中止之间为脱离者寻求一种折中的处罚模式,认为脱离者的罪责应该重于中止犯,但是绝对不能等同于既遂犯,否则处罚就有失均衡。该说的内容可以归纳为以下 4 点:①共犯脱离仅限于着手实行之后既遂之前;②共犯脱离分为虽做出了真挚努力但归于失败而最终发生了结果的情形,以及退出共犯关系得到了其他共同正犯认可的情形(限于处于被动或者消极地位者的退出);③这两种情形下的成立要件分别为"做出真挚的中止努力""切断相互利用和相互补充的关系(心理因果性)";④共犯脱离的效果是,仅对脱离之前的行为承担罪责(准用障碍未遂)。[②]

(2)共同意思阙如[③]说。共同犯罪是各参与人在共同的犯罪故意支配下采取合理分工而最终争取达到犯罪目的的形式,所以,共犯的恶害源于行为之前的共同意思联络下达成的犯意。因此,学者冈野光雄提出了"共同意思阙如说",他认为,在共同意思主体说看来,原本来说,放弃有关此后的共同实行的犯罪意思,并向其他共犯表明此意,得到其他共犯的认可之时(如果是在着手之前,也有不以认可为必要的情形),就必须认为,至此所形成的共同意思主体已经解消或消灭。此

① 参见谭堃:《论共犯的处罚根据》,吉林大学 2011 年硕士学位论文,第 355 页。

② 参见[日]前田雅英:《刑法演习讲座》,日本评论社 1991 年版,第 210 页。另见[日]森直树:《认定解消了共犯关系的案件》,载石堂功卓编著:《现代刑事判例研究(第 2 卷)》,成文堂 1997 年版,第 63 ~ 64 页。转引自王昭武:《共犯关系的脱离研究》,载《刑事法评论》2013 年第 1 期。

③ 阙如:欠缺之意。例如,君子于其所不知,盖阙如也。——《论语 · 子路》

后,就不能再认为是包括脱离者在内的共同意思之活动的共犯现象,应理解为,脱离者就脱离之前的行为成立共同正犯的中止犯。[①] 本案例中林某和梁某已经开始着手犯罪,林某要想成立犯罪中止,其中止行为需要得到梁某的认可,但是案例中梁某对林某的提议明确表示反对,因此,根据共同意思阙如说,林某无法成立犯罪中止,此时,虽然林某有退出的意思和行为,但是在梁某处,并不认可共同意思阙如情形的存在。

(3)因果关系切断说。该学说由平野龙一所倡导,由于逻辑严谨,结构清晰,广受学者们的支持,西田典之、山口厚等学者将其发展完善。因果关系切断说认为,在退出行为切断了与其他共犯所实现的结果之间的因果关系的场合,其一,如果是在着手实行之前退出,脱离者不承担任何罪责;其二,如果是在着手实行之后既遂之前退出,对于退出之前的行为成立障碍未遂(若退出行为具有任意性,则成立中止未遂),但对于退出之后的其他共犯的行为及其结果不承担罪责。[②]

因果关系在刑法研究领域具有特殊的重要性。考察因果关系的意义,总的来说,就是确认构成要件的结果是由谁所实施的构成要件的行为引起的,以及这种行为构成什么罪,以便提供成立该种犯罪的刑事责任的客观依据。[③] 除此之外,因果关系为判断是否成立犯罪既遂提供了依据。在以发生某种特定结果为成立犯罪既遂要件的犯罪中,判断该种结果是不是由行为人的某种行为所引起的,如果能够判断出该种结果是该种行为所引起,可以说,该行为成立犯罪既

① 参见[日]冈野光雄:《共同正犯的脱离》,载《研修》第509号,第10页。转引自王昭武:《共犯关系的脱离研究》,载《刑事法评论》2013年第1期。

② 参见[日]内藤谦:《刑法讲义总论(下)Ⅱ》,有斐阁2002年版,第1426页;[日]山口厚:《问题探究刑法总论》,有斐阁1998年版,258页。转引自王昭武:《共犯关系的脱离研究》,载《刑事法评论》2013年第1期。

③ 参见马克昌主编:《犯罪通论》(第3版),武汉大学出版社1999年版,第210页。

遂；相反，如果得出否定结论，该行为只能成立犯罪未遂（包括中止未遂——笔者加）。[①] 因此，因果关系切断说在处理着手前后的脱离的过程中可以明确共犯的处罚边界，符合刑法罪责刑相适应的原则。按照因果关系切断说，案例中林某基于任意性而切断了自己行为与绑架罪既遂的因果关系，理所当然成立中止未遂。

（4）共犯关系解消说。该学说是大谷实在因果关系切断说的基础上提出来的。他认为共犯脱离的判断标准要区分意思脱离的时点，如果是着手之前，则脱离者只需将脱离的意思传达给其他参与者并且取得认可；如果脱离行为在着手之后则原则上很难被认定，但是如果能够在实行中及时表达退出的意思、取得同伙的认可并且在客观上阻止了同伙的后续行为，从而该共犯关系在此刻得以解消。共犯关系消除后当然有成立犯罪中止未遂的余地。而且大谷实在理论上把脱离的节点推迟到既遂之后，认为即便在犯罪达到既遂状态以后仍然有成立脱离的余地。根据共犯关系解消说，只要存在共犯关系，就有可能成立共犯关系的脱离。另外，因共犯关系脱离的时期、脱离者在共犯关系中所处的地位和所起的作用，共犯关系脱离的要件也不尽相同。共犯关系脱离的法律效果是，只要成立共犯关系的脱离，则不问共犯关系脱离的时期，均对其后的行为与结果不再承担共同正犯的刑事责任。但是，对共犯关系脱离之前的行为和结果承担何种刑事责任，则应具体分析。[②]

综合评价以上学说，障碍未遂准用说认为只有在实行着手之后和既遂结果出现之前才可能成立共犯脱离，明显对共犯脱离的适用范围进行了限缩，这种限缩缺乏理论依据。共同意思阙如说肯定了共犯成立的必要条件之一，即共同的意思联络，认为实行过程中意思联络的

---

① 参见黎宏：《刑法总论问题思考》，中国人民大学出版社 2007 年版，第 178 页。

② 参见郑泽善：《共犯关系的脱离》，载《法治研究》2014 年第 10 期。

中断就会导致共犯关系的解除。从共犯成立的角度来看,该学说有一定的合理性,但是该学说却忽略了退出者在与同伙中断意思联络之前行为的影响力带来的效果,如果退出者之前行为的影响力与犯罪既遂之间有一定的因果关系,该学说仍然承认脱离的效力,难免扩大了共犯脱离的成立范围。相比前两种学说,因果关系切断说和共犯关系解消说更具合理性。这两种学说都认为脱离者切断自己之前的行为对犯罪既遂可能存在的法律效力是必要的,而且因果关系切断说不但考虑了行为与后续结果的物理性联系还兼顾心理性联系,认为着手之前的脱离不需要承担罪责,这也是合理的,毕竟着手之前,对法益的侵害还比较遥远,如果着手前的脱离也按照"全部责任"来处罚,未免有主观归罪的嫌疑。但是因果关系切断说的批评者认为,物理性因果关系切断与否比较容易判断,问题是怎样判断心理性因果关系的消除以及心理性因果关系是否可以因为脱离行为而解除。可以说,这种疑问是因果关系切断说最难解答的。进一步而言,因果共犯论回答的是归责根据问题,而是否成立共犯脱离,要解决的是归责范围与归责程度的问题,两者处于不同理论层面,能否以归责根据确定归责范围与归责程度,是存在很大疑问的。[①] 共犯关系解消说主张脱离行为必须为同伙知晓并且取得认可,同时还要积极地预防犯罪结果的发生,这样的标准对脱离者要求过于严苛,甚至强人所难。但是大谷实将共犯脱离的适用范围扩大到犯罪既遂以后的主张值得提倡。另外,郑泽善教授认为,根据共犯关系解消说,只有在成立共犯关系脱离的基础上,同时具备"中止行为的任意性"和"结果未发生"这两个要件,共犯关系的脱离者才能成立中止犯,因此,共犯关系的脱离和单独正犯的中止犯理论并不矛盾。[②]

---

① 参见王昭武:《共犯关系的脱离研究》,载《刑事法评论》2013 年第 1 期。

② 参见郑泽善:《共犯关系的脱离》,载《法治研究》2014 年第 10 期。

2. 共犯脱离的认定标准

综合以上学说以及司法实务中的现实状况,本书认为共犯脱离的认定标准应该从以下几个方面来考察。

(1)脱离意思的表达。行为人要想从共犯关系中脱离,必须有自愿退出的意思,并且将这种意思表达给同伙,表达的方式因行为人与同伙的“合作”方式而异。如果脱离者和同伙原本应该面对面一起去实施实行行为,那么脱离者的脱离意思可以明示也可以默示。例如,甲、乙二人相约晚上一起实施抢劫,但是到了预定的时间和地点乙却迟迟未到,于是甲决定单独行动,后甲因抢劫被公安民警当场擒获。后来查明,乙在收看了普法节目后意识到了犯罪的严重后果,自愿退出与甲约定的犯罪计划。虽然乙退出的意思没有明确向甲传达,但是甲应当清楚,自己是在实施单独犯罪。这种情况下,乙当然可以向甲明示自己退出的意思,也可以采用“放鸽子”的方式默示自己的退出。如果脱离者和同伙属于异地分工相互配合实施实行行为,那么脱离者的脱离意思必须向同伙明示。例如,甲、乙约定于晚上 11 点整实施入室盗窃,甲负责从后门翻墙潜入室内实施盗窃,乙负责在前门望风,为甲“保驾护航”。这种情况下,乙脱离的意思必须明示让甲知晓,以消除对甲精神上的促进作用。本书认为,无论明示还是默示,都不以对方的认可为必要条件。郑泽善教授认为,就共犯关系脱离而言,是否得到其他共犯的“认可”,应当包括其他共犯是否意识到或察觉到“脱离”,即只要其他共犯已经意识到或察觉到共犯关系脱离者的“脱离”即可。也就是说,有关共犯关系的脱离是否得到其他共犯者的“认可”之解释,在某种情况下,可以包括其他共犯者意识到以及察觉到。①

① 参见郑泽善:《共犯关系的脱离》,载《法治研究》2014 年第 10 期。

(2)因果关系的切断。任何与犯罪结果没有因果关系的行为都不会被刑法所否定;反之,行为一旦与犯罪结果具有某种因果关系,则很可能会受到刑罚的处罚。在共同犯罪中,脱离者要想被认定为脱离,必须切断自己之前行为与犯罪结果之间的因果关系(包括物理性因果关系和心理性因果关系)。物理性因果关系切断与否的判断比较直观,心理性因果关系切断的判断则显得模糊不清。本书认为,脱离者的退出对同伙来说原本就是一种打击。对此,德国学说上不少具有代表性之学者主张,应该从宽认定此一心理影响的去除,欲脱离者只要向其他共同正犯表明,而令他们知悉其完全退出犯罪计划之决定,即可谓已解除其曾经对其他共同正犯之精神支持。[①] 另外,关于物理性因果关系,即便某些情况下没有切断,也应该对共犯的退出给予认定。例如,A 与 B 共同杀害 C,A 提供给 B 一把菜刀作为工具,由 B 单独实施杀害 C 的行为,在 B 行动之前,A 主动告知 B 不想置 C 于死地,明确自己放弃对 C 的任何加害意愿,但是 A 并没有要回提供给 B 的菜刀,之后 B 用此菜刀将 C 杀害。对此笔者认为,A 没有要回之前提供的菜刀,的确没有切断自己之前行为与危害结果之间的因果关系,但问题在于,菜刀属于种类物,即使 A 不提供给 B,B 也可以轻而易举地从多种渠道获取菜刀,进而实施犯罪行为。但是,如果提供的是特定物,如枪支、麻醉类药物等特殊物品,则物理性因果关系的切断是必要的,因为这些物品不是犯罪行为人轻易能够获取的。除此之外,物理性因果关系切断是否必要,还要看这种因果关系建立的时间点。同样还是上面案例,B 单独将 C 打倒在地,急需一把菜刀将 C 杀死,此时 A 一边递上菜刀,一边对 B 说,递上菜刀我就退出,C 的死活与我无关,此种紧急状态下,A 的行为显然对 C 的死亡起着决定性的作用,因此,

---

① Lilie/Albrecht, in:LK 12. Afl, 2007, § 24 Rn. 440; Zaczyk, in:NK 3. Aufl, 2010, § 24 Rn. 113; Roxin, Lenckner-FS, 1998, S. 267, 281. 转引自林维主编:《共犯论研究》,北京大学出版社 2014 年版,第 14 页。

物理性因果关系不可能切断。

(3)防止犯罪结果义务的非必要性。学界通说认为,在共同犯罪中,退出共犯关系的行为人有义务制止同伙可能的继续犯罪,或者有义务防止犯罪既遂结果的发生。正如法律格言所说,“法律不强人所难”,本书认为,在某些犯罪过程中,脱离者的个人影响力未必能够阻止其他同伙继续实施犯罪行为,甚至很多脱离者处于弱势地位,他自身能够悬崖勒马已实属不易,严苛的法律要求并不能达到期待的效果。

四、犯罪中止的成立条件

1. 法律规定

我国《刑法》第 24 条规定:在犯罪过程中,自动放弃犯罪或者自动有效地防止犯罪结果发生的,是犯罪中止。对于中止犯,没有造成损害的,应当免除处罚;造成损害的,应当减轻处罚。

《德国刑法典》第 31 条规定了犯罪未遂的中止:(1)具有下列情形之一的,不依第 30 条[①]处罚:①自动放弃命令他人犯重罪的意图,且消除可能发生的他人犯罪的危险的;②在已经声明愿意实施重罪之后放弃其计划;③接受他人的犯罪请求或与他人约定实施重罪后,能自动阻止犯罪的。(2)如果没有中止犯的中止行为犯罪行为也会停止,或没有中止犯中止以前的犯罪行为也会实施,只要行为人主动努力阻止行为实施,即不予处罚。

《韩国刑法典》第 26 条(中止犯)规定:已经着手实行犯罪,但行为人自动中止或者防止其结果发生的,减轻或者免除处罚。

① 《德国刑法典》第 30 条(共犯的未遂)规定:(1)命令或教唆他人实施重罪而未遂的,依该重罪的未遂论处,但依第 49 条第 1 款减轻处罚,可相应地适用第 23 条第 3 款的规定。(2)示意他人犯罪,或接受他人的犯罪请求,或与他人约定实施重罪,或教唆他人实施重罪的,其处罚适用前款规定。

2. 理论学说

大陆法系关于共同正犯的中止情形分为两种情况：一是全部的共同正犯自愿中止犯罪；二是共同正犯中的一部分正犯基于自己的意志停止犯罪，并阻止其他正犯实行犯罪或者防止结果的发生时，该部分正犯就属于中止犯；而其他正犯则成立障碍未遂。[①]

我国的通说将犯罪中止限定在直接故意犯罪上，因此，中止行为在主观上必然以主动的形态出现。大陆法系的刑法理论一般将犯罪中止的主观要素称为“任意性”，而在我国刑法理论界，一般将其称为“自动性”。问题是，如何理解“任意性”和“自动性”，在中外刑法理论界，有着不同学说的激烈争论。[②]

大陆法系关于“任意性”的主要学说有主观说、限定主观说、客观说、折中说。我国关于中止成立的“自动性”也存在绝对自动论、内因决定论、主要作用论以及通说等的对立。[③] 我国通说认为，应该从两方面来认定中止的“自动性”，首先，行为人自认为当时如果不中止行为仍然可以继续实施犯罪；其次，行为人的中止是基于本人的真实意愿。也就是说，如果行为人误以为当时无法继续实施犯罪而中止自己的行为，则不是基于本人的真实意愿，因此也就不具有中止的“自动性”。大陆法系的折中说以主观说为基础，同样强调行为人对外界情况的认识判断，不同的是，该学说认为对是否可以继续犯罪的认识不能完全以行为人的主观认识为标准，而应该以一般人的判断为基准，如果一般人判定为“只要想干犯罪就可以继续”，就可以认定行为人的中止具有任意性。从大陆法系的折中说到我国的通说，本案例中的林某在行为中止时都具有主观上的“任意性”，因此，林某有成立中止犯的余地。

---

① 参见马克昌主编：《外国刑法学总论（大陆法系）》，中国人民大学出版社2009年版，第355页。

② 参见郑泽善：《刑法总论争议问题研究》，北京大学出版社2013年版，第345页。

③ 参见郑泽善：《刑法总论争议问题研究》，北京大学出版社2013年版，第345~350页。

而且,对于林某的行为应该给予单独评价,不应该受到梁某后续行为的干扰。理由在于:中止的效果仅及于中止者自身,因此,正犯的中止效果,不及于共犯。共犯人的中止效果也不及于正犯。在由于共同正犯中的一部分人的中止而没有发生结果的场合,中止犯的效果不及于其他共同人。① 由此可见,中止的效力只及于行为人自身,那么,相应地,后续行为的效力也应该及于行为人自身,不能因为后续行为人的犯罪行为而否定脱离者的中止行为的定性。对此,大冢仁教授并不赞同,他认为,如果共同者中的一部分人任意地中止了犯罪,但是其他人的行为实现了犯罪,不能认为中止者是中止犯。② 郑泽善教授认为,根据共犯关系解消说,就本案例而言,林某虽然试图脱离共犯关系,但林某只是口头上说脱离,由于未能有效地解消共谋关系,也没有实施真挚努力,应当负绑架罪共同正犯的刑事责任。③

五、判例的态度

关于"900 日元案",法院判决甲不成立中止未遂,而是成立犯罪既遂,理由有两点:第一,甲没有对乙的后续行为进行阻止;第二,甲和乙共同分享了抢劫成果。假设本案中甲在退出之后没有参与分赃,那么,是否有成立犯罪中止的可能性呢?对此,平野龙一认为,由于可以认定以前的共谋、协作的效果已经消灭,乙是重新基于自己的意思取得了财物,甲不承担既遂责任,对于未遂的部分应认定成立中止犯。

我们看另一判例:A、B 二人共同对 C 实施暴力之后(第一暴力),B 试图继续对 C 实施进一步的侵害,对此 A 予以制止,反而被 B 打昏

① 参见[日]大谷实:《刑法总论》,黎宏译,法律出版社 2003 年版,第 349 页。

② 参见[日]大冢仁:《刑法概说》(总论)(第 3 版),冯军译,中国人民大学出版社 2003 年版,第 294 页。

③ 参见郑泽善:《共犯关系的脱离》,载《法治研究》2014 年第 10 期。

在地,随后,B 继续对 C 实施了暴力(第二暴力)。在 C 遭受的伤害中,无法查明具体损伤是第一次的共同暴力还是第二次的单独暴力所致。对此,判例认为,A 与 B 之间的共犯关系,因为 B 将 A 打昏而“单方面地解消”,即 A 属于事实上的脱离,对继续的伤害成立中止未遂。毕竟按照因果关系切断说来看,应该肯定甲切断了物理性和心理性的因果关系,成立犯罪中止是可以被接受的。但是,在日本,多数判例认为,共犯脱离需要对同伙可能的继续行为进行阻止,并且要有效防止结果的发生,这基本上与对单独正犯成立犯罪中止的要求相一致。

韩国大法院有判例认为:虽然参与了杀害谋议,但在其他共犯者捆绑被害人将其扔进水库之前,放弃了犯行离开了犯行现场。如果是这样,在共谋共同正犯中,共谋者中的一人在其他共谋者实施实行行为之前脱离其共谋关系,他对于之后的其他共谋者的行为并不承担共同正犯的罪责。而且,并不要求其脱离的表示必须是明示性的。

由此可见,在大陆法系的案例中,对共犯脱离的成立的认定标准也不尽相同,对脱离行为的定性也有争议。

本案的结论

根据法律规定及理论通说,本案例中林某的退出行为并没有达到防止危害结果出现的程度,因此,不能成立犯罪中止,而是与梁某一起构成绑架罪的既遂。但是,本书认为,林某的退出行为可以成立犯罪中止。理由如下。

第一,“部分行为全部责任”的共犯处罚原则,缺乏合理的理论依据,有违刑法中的个人责任主义,因为“任何人不因他人的不法行为受处罚”,而且与刑法“罪责刑相适应”的原则冲突。林某的自动退出,已经表明其主观恶性减弱,相应可责性必然要减轻,这种退出的行为应当值得刑法鼓励，并且刑法对该行为的评价不应该仅仅在量刑环节考虑，更应该在行为定性上给予肯定。也就是说，承认其共犯罪中止的性质是必要的。无论对退出者按照共同犯罪来处罚还是按照中止犯来处罚，实质上退出者受到的刑罚可能相差无几，但是，对退出者来说，可能更看重这个“犯罪中止”的“名分”。

第二，与犯罪结果之间的因果关系已经切断。参与共谋的行为人中途退出共犯关系，积极阻止其他共犯者继续实施犯罪行为，但还是发生了结果，在这种情形下，容易想到的就是作为共犯中止处理。但是，既然已经发生了结果，仍然作为中止犯处罚似乎与中止犯的规定不符。其实，不能生硬地将单独犯成立中止、未遂的基准套用到共犯相关问题的处理上。共犯之间并非连带责任，[①]行为人仍然是在对自己的行为和结果负责。如果行为人的共犯关系脱离行为，切断了与其他共犯人随后实施的行为及其结果之间的因果关系，根据因果共犯论，行为人不应对与自己的行为没有因果性的犯罪结果承担刑事责任。因此，在共犯关系中，即便发生了既遂结果，部分共犯人仍有成立未遂或中止的余地。[②] 在共同犯罪中，共犯退出一人，对法益侵害的可能性则减少一分。因为共犯被认为“人多力量大”，较之单独犯罪更容易达到既遂。林某的退出，在物理性和心理性因果关系方面已经解消，而且客观上减少了共同犯罪的团队力量。

第三，符合犯罪中止的部分特征。林某自动放弃原本可以继续的犯罪，虽然未能有效防止既遂结果的出现，但是毕竟导致犯罪既遂的实行行为不是出于林某所为。而且，法律要求每个退出者的防止结果发生的义务对退出者来说未免过于严苛，甚至打击了原本想退出者的

---

① 笔者认为，此处的连带责任，不能仅仅指代责任的连带，罪名性质的连带也是不合理的。司法实践中往往对退出者和继续者均按既遂定性，即罪名定性的本质上承担的还是连带责任，只是对退出者给予量刑上的考虑，减轻其刑事责任。

② 参见郑泽善：《共犯关系的脱离》，载《法治研究》2014 年第 10 期。

积极性。本书认为,没有必要将共犯中止的成立条件跟单独犯罪中止的成立条件相等同。原因在于:单独犯罪,如果行为人的实行行为导致了结果的发生,或者实行行为虽然中止,但是行为人没有有效防止犯罪既遂结果的出现,那么,对于既遂结果,需要有人承担责任。如果仅仅因为行为人无效的中止行为就对其认定为犯罪中止,则对被害人来说是不公平的。在共同犯罪中,部分行为人基于自己的任意性中止了实行行为,退出共犯关系,而剩余行为人的后续实行行为导致了犯罪既遂结果的出现。此种情形下,对退出者认定为犯罪中止,仅要求其对中止前的行为承担责任,这对于被害者来说没有损害,因为既遂前的责任由共犯人共同承担,既遂后的责任由继续实施犯罪行为的行为人来承担。对于共同犯罪的行为人来说,对退出者的行为性质认定为犯罪中止,可谓"赏罚分明",对于退出者也是一种鼓励。

第四,单纯从常理、常情的角度来看,"在同等的情况下,以同等的办法对待同等的人们",这是正义的第一个和最重要的一个号令。而这个号令也暗示不同等的人们与情况应该受到不同等的待遇。比如两人所犯罪的大小轻重不同,而法官处以同一的刑罚,这便是不公正的。[①] 本案例中的二人,主观意志和客观行为都有所不同,理所当然应该受到刑罚的不同评价,这种不同的评价应该包括犯罪形态和量刑情节。林某退出可能继续犯罪的行为可谓"浪子回头""放下屠刀",这种悬崖勒马的行为是值得刑法鼓励的。因此,表现在刑罚中,对林某的退出行为定性为犯罪中止也可以为民众所接受。

① 参见[美]E. 博登海默:《博登海默法理学》,潘汉典译,法律出版社 2015 年版,第 34 页。

第六章　抢劫罪既遂标准探析

基本案情

被告人吴某于1990年4月7日上午流窜至大理古城,在“榆城旅社”买好住宿票后即上街逛游。10时许吴某逛到大理中路至小邑庄岔路口时,遇见来华旅游的日本人高衫某挎着相机朝洱海方向游览,吴某顿生抢劫念头,便尾随其后。当行至大理古城东郊——大理中路至小邑庄途中时,被告人见四下无人,便借题趋前与高衫某搭话,乘高衫某不备,拔出匕首朝高衫某胸部猛刺一刀。高衫某奋力反抗呼叫,在与被告人搏斗中跌入蚕豆田里,被告人趁此机会又朝高衫某的面部、胸部乱刺几刀。被告人见被害人反抗强烈,担心有人路过而罪行败露,遂丢下匕首仓皇逃离现场。在逃跑途中,吴某将溅有血迹的牛仔服脱下藏匿于田间的水沟中,洗去身上衣裤鞋上的血迹和泥土,潜回“榆城旅社”2楼27号房间内。当日下午吴某被公安人员抓获。被害人高衫某被送往解放军60医院,及时抢救脱险,其伤情鉴定为:失血性休克,左侧开放性血气胸伴皮下气肿,面部软组织割伤,右眼鼻外伤不完全断裂,右眼外伤性眼球震荡伤,全身多处软组织挫裂伤。

争议焦点

在本案的审理中,有两种意见,一种认为,吴某的行为已经构成抢劫罪,但因其最终未抢劫到被害人的任何财物,属于抢劫未遂。另一种意见认为,定抢劫未遂缺乏充分的法理依据,应认定吴某的行为构成抢劫罪既遂。法院以抢劫罪的既遂为由,判处吴某死刑、剥夺政治权利终身。

相关法条

1.《中华人民共和国刑法》第 263 条　【抢劫罪】以暴力、胁迫或者其他方法抢劫公私财物的,处三年以上十年以下有期徒刑,并处罚金;有下列情形之一的,处十年以上有期徒刑、无期徒刑或者死刑,并处罚金或者没收财产:

(一)入户抢劫的;

(二)在公共交通工具上抢劫的;

(三)抢劫银行或者其他金融机构的;

(四)多次抢劫或者抢劫数额巨大的;

(五)抢劫致人重伤、死亡的;

(六)冒充军警人员抢劫的;

(七)持枪抢劫的;

(八)抢劫军用物资或者抢险、救灾、救济物资的。

2.《最高人民法院关于审理抢劫、抢夺刑事案件适用法律若干问题的意见》第10条 【抢劫罪的既遂、未遂的认定】抢劫罪侵犯的是复杂客体，既侵犯财产权利又侵犯人身权利，具备劫取财物或者造成他人轻伤以上后果两者之一的，均属抢劫既遂；既未劫取财物，又未造成他人人身伤害后果的，属抢劫未遂。据此，刑法第263条规定的八种处罚情节中除"抢劫致人重伤、死亡的"这一结果加重情节之外，其余七种处罚情节同样存在既遂、未遂问题，其中属抢劫未遂的，应当根据刑法关于加重情节的法定刑规定，结合未遂犯的处理原则量刑。

学理分析

《刑法》第263条将抢劫罪规定为以暴力、胁迫或者其他方法抢劫公私财物的行为，同时规定了8种加重处罚的情形。抢劫罪属于典型的财产犯罪，由于其犯罪手段直指人身利益，一般认为抢劫罪侵害的为财产和人身双重法益。我国司法实践和刑法通说均认为，犯抢劫罪致人重伤或死亡，即使未劫取到财物的也应当认定为既遂。由此可见，对于抢劫罪我国采取的是双重法益侵害其一即为既遂的标准。与此相悖，我国在认定其他犯罪既遂时采取的是犯罪构成要件齐备说，即严格按照犯罪构成的四要件逐项认定是否齐备。那么需要质疑的是，既然抢劫罪侵害的法益是双重法益，那么在行为并没有对犯罪构成所设定的所有法益造成侵害的情况下，刑法理论和实践因何将其解释为既遂。对此，笔者有不同认识，并尝试对此简要分析。

一、犯罪既遂的一般理论学说

犯罪既遂是故意犯罪的完成形态。对于犯罪既遂的概念，只有少数立法例作了直接规定,大多数国家包括我国是留给刑法理论去解释。综观中外刑法理论关于犯罪既遂的解释,大体上可以区分为4种学说。

1. 结果说

结果说主张犯罪既遂是指故意实施犯罪行为并且造成了法律规定的犯罪结果的情况。该说认为既遂与未遂的区别就在于是否发生了犯罪结果,实行故意犯罪并发生犯罪结果的是犯罪既遂,未能发生犯罪结果的是犯罪未遂。

2. 目的说

目的说认为犯罪既遂是指行为人故意实施犯罪行为并达到其犯罪目的的情况。该说主张既遂与未遂的区别就在于行为人是否达到其犯罪目的,达到犯罪目的的是犯罪既遂,未达到犯罪目的的是犯罪未遂。

3. 构成要件说

构成要件说主张犯罪既遂与未遂区别的标志,就是犯罪实行行为是否具备了犯罪构成的全部要件。具备的是既遂,未能完全具备的是未遂。至于犯罪构成要件是否全部具备的具体标志,在各类犯罪里则有不同的表现。

4. 法益侵害说

这种观点是最近一些学者的主张。有学者认为,未遂与既遂的区分,归根结底是行为对法益的侵犯程度之分,故从与法益的关系来看,区分未遂与既遂的基本标准应当是,行为是否发生了行为人所追求的、行为性质所决定的法益侵害结果。

构成要件说是刑法理论的通说,结果说、目的说有明显不足之处,法益侵害说不足以独立负担犯罪构成之重担。就结果说而言,虽然刑法中有不少犯罪是以法律规定的犯罪结果的发生与否区分犯罪既遂与未遂的,但是犯罪结果是否发生还是不能作为一切犯罪既遂与否的区分标准。以一些危害国家安全,分裂国家的犯罪为例,这些犯罪是以现有政权的合法存在为前提的,一旦发生结果则现有政权的统治地位及其合法性都不复存在,至于犯罪是否既遂更是无稽之谈。因此,这一类犯罪的既遂要求的并不是物质性有形结果的发生,而是犯罪行为的法定完成达到一定的程度,因而无法使用既遂的结果说来确定既遂和未遂的区分。以犯罪目的为例,有些犯罪,行为人实施犯罪后虽然没有达到犯罪目的,但是在法律上以已经完全具备了具体犯罪构成的要件,应为犯罪既遂而不是犯罪未遂。例如诬告陷害罪,是以行为人实施了诬告陷害的行为作为犯罪完成和既遂成立的标志,而不是以行为人达到了诬陷他人并使他人负刑事责任的目的作为既遂的标志。对此,我国有学者提出如下两点疑问:一是前提未达成共识。该观点以分则条文规定的既遂模式为前提,但在我国刑法中,这种前提是否存在是值得研究的。二是缺乏法律根据。在坚持分则规定的既遂模式说的前提下,各种形态既遂犯的成立标准的界定缺乏法律根据。因为在分则条文规定中,故意犯罪以行为的描述为重点,结果、危险状态、举动或行为过程并非在每个条文都有规定,那么,其既遂标准的设定就不是依据法律,而是依据法理,而大体相同的法条规定,有的解释为结果犯,有的解释为行为犯等,其解释就没有法律根据。既遂与未遂等属于犯罪形态,与刑罚的裁量有直接关系,法律没有明确规定而认定犯罪形态,与罪刑法定原则是否相符就不无疑问。法益侵害说的致命缺陷在于犯罪定型性的质疑。简单地说,法益侵害与否是判断罪与非罪的标准,而无法具体对此罪与彼罪作出判断。

综上所述,犯罪构成要件说相对具有合理性。根据这一学说确认犯罪是否既遂,应以行为人所实施的行为是否具备了《刑法》分则确定的某一犯罪的全部构成要件为标准。

二、犯罪既遂的具体判断

需要指出的是,犯罪既遂的判断虽然有宏观的判断标准,但是还需要根据不同的犯罪行为形态进行具体的判断。根据我国《刑法》分则对各种直接故意犯罪构成要件的不同规定,犯罪既遂主要有以下4种不同的类型:结果犯、行为犯、危险犯和举动犯。换言之,不同的犯罪行为形态具有不同的犯罪既遂判断标准。就结果犯而言,其是指不仅要实施具体犯罪构成客观要件的行为,而且必须发生法定的犯罪结果才构成既遂的犯罪,即以法定犯罪结果的发生与否作为犯罪既遂与未遂区别标志的犯罪。就行为犯而言,其是以法定犯罪行为的完成作为既遂标志的犯罪,这一类犯罪的既遂并不要求造成物质性的和有形的犯罪结果,而是以行为完成为标志,但是这些行为不是一着手即告完成的,按照法律的要求,这种行为要有一个实行过程,要达到一定程度,才能视为行为的完成。就危险犯而言,其是指以行为人实施的危害行为造成法律规定的发生某种危害结果的危险状态作为既遂标志的犯罪。就举动犯而言,其是按照法律规定,行为人一着手犯罪实行行为即告犯罪完成和符合构成要件,从而构成既遂的犯罪。由于举动犯是着手实行犯罪就构成既遂,其不存在犯罪未遂问题,也就没有既遂与未遂之分。

三、抢劫罪既遂的理论学说

1. 取得财物说

该观点认为,应以行为人是否非法占有公私财物作为区分抢劫罪既遂与未遂的标准。已非法占有财物的为抢劫罪既遂,未非法占有财物的,都是抢劫罪未遂。主要理由是:抢劫罪虽然侵犯的是复杂客体,但其主要客体是财产所有权,并且普通抢劫罪的犯罪结果只能是对财物的强行非法占有。

2. 伤害结果说

该观点认为,应以是否侵犯人身权利作为区分抢劫罪既遂与未遂的标准。只要犯罪分子在着手实行抢劫的过程中,对被害人的人身权利以暴力、胁迫或者其他方法加以侵犯,不论财物是否到手,均构成抢劫罪的既遂;只有既未抢到财物,又没有伤人的,才属于抢劫罪的未遂。

3. 根据结合犯区别判断说

该观点认为,应以是否属于结合犯而对既遂与未遂的区分掌握不同的标准。抢劫罪前半段的轻伤和后半段的致人重伤、死亡的情况是结合犯,其他则不是结合犯。对属于结合犯的抢劫罪,抢夺财物行为本身有可能未得逞,但不论是否抢夺到财物,只要侵犯人身的行为构成了独立罪名,均应以抢劫罪既遂论;对不属于结合犯的抢劫罪,应以是否取得财物作为既遂与未遂区别的标准。

4. 根据结果加重犯区别判断说

该观点认为,我国 1997 年《刑法》第 263 条后半段规定的 8 种情形属于抢劫罪的加重构成,包括情节加重和结果加重。这种严重情节和严重结果的是否具备,只是该款的抢劫罪情节加重犯或结果加重犯成立与否的要件,不是其加重的犯罪构成要件齐备与否的标志。因此,现行《刑法》第 263 条后半段规定的 8 种情况的抢劫罪也有既遂与未遂之分。如果行为人没有强行非法占有财物,只具备了法定的加重结果或者加重情节,则构成犯罪未遂。对此,张明楷教授指出,抢劫罪属于侵犯财产罪,理应以行为人取得被害人财物为既遂标准,造成轻伤但是未取得财物的,依然属于抢劫未遂。抢劫致人重伤、死亡但是未取得财物的,属于结果加重犯的既遂,但是基本犯仍然未遂。由于我国法定刑较重,可以适用总则关于未遂犯的规定。当然,一方面,根据具体案情,认定为抢劫罪,也可以不从轻、减轻处罚。另一方面,由于故意致人死亡的抢劫与故意杀人罪产生想象竞合关系,如认定为故意杀人罪,则不能适用未遂犯的规定。需要指出的是,《刑法》第263条所规定的8种法定刑升格的情形,也属于未遂。不能认为,凡是属于入户抢劫等8种情形的,一旦着手实行均为抢劫既遂,例如入户抢劫、在公共交通工具上抢劫等行为,没有取得被害人财物的,仍然成立抢劫未遂。

四、抢劫罪既遂与未遂的区分标准之反思

1. 基于构成要件是否充要的反思

在刑法中,犯罪构成有两种不同的理解。在《苏俄刑法典》中,犯罪构成要件是指根据刑法规定,确定某一具体犯罪所需的犯罪主客观要件的总和。在这里,犯罪构成指的是某一具体犯罪所需构成要件的全部。在德国、日本刑法中,犯罪构成要件源自其犯罪构成三阶层理论,即犯罪构成要件符合性、违法性与有责性3个环节。贝林指出,构成要件是表示刑法分则所规定的抽象行为类型或者犯罪类型的轮廓。根据一般学说,抢劫罪的犯罪既遂标准是造成重伤结果或者劫取到财物。那么需要思考的是,单纯重伤结果或劫取到财物的行为是否必然充要了犯罪的构成要件?在类别上,抢劫罪属于侵犯财产犯罪一章,根据刑法篇章的设置原则,大体上可以确定抢劫罪保护的法益是财产所有权。就抢劫罪的犯罪构成来说,其是指以非法占有为目的,当场使用暴力、胁迫或者其他强制方法,强取公私财物。根据这一表述,可以将抢劫罪的行为分为相对分离的两部分,一部分为以暴力、胁迫或者其他强制方法为内容的手段行为,另一部分为强取公私财物的目的行为。对此,需要考虑的是手段行为与目的行为是否必须同时具备才算充要了犯罪的构成要件?笔者认为,必须同时具备方能视为充要犯罪的构成要件,从而实现犯罪既遂。理由有两点,一方面,缺乏了手段行为,抢劫罪与抢夺罪等其他以侵犯财产权为目的的犯罪无法界分。抢劫与抢夺的目的行为是一样的,都是在非法占有的目的下夺取他人

所有、占有的财物。其区别在于抢夺行为是直接对物使用暴力,并不要求直接对被害人行使足以压制反抗的暴力,行为人实施抢夺行为时,被害人来不及抗拒,而不是要求被害人受到暴力、威胁压制而不能抗拒、不敢抗拒。另一方面,缺乏了目的行为,抢劫罪与故意伤害罪等其他侵犯人身权的犯罪无法界分。抢劫罪的手段行为是暴力、胁迫或者其他强制方法。就暴力行为而言,其与故意伤害行为基本无二,因此,缺乏了目的行为的限定,抢劫罪与故意伤害罪无法有效界分。综上所述,抢劫罪的手段行为与目的行为的可分离性、手段行为与目的行为价值的独立性两个条件决定了抢劫罪的手段行为与目的行为必须同时具备。

2. 基于复合行为的反思

根据行为内在结构的不同,可以将行为分为单一行为与复合行为。根据内在结构的不同,可以把构成要件中的危害行为分为简单行为与复合行为。简单行为由在一个主观意思支配下的一系列肢体举动组成,这些举动倘若分开来考察,便不再具有行为的意义。简单行为是危害行为的基本单位,具有不可再分性。复合行为则是由两个或者多个自然意义的行为组合起来构成的危害行为,其组成部分分割开来仍然是一个行为。复合行为这种结构上的复杂性使它在行为对象、侵害法益、共犯、罪数等方面呈现出不同于简单行为的特征。抢劫罪是典型的复合行为,由暴力、胁迫行为和非法得财行为两部分构成,其结合起来是一个完整的行为,分别来看也具有一定的独立性。就复合行为而言,根据复合行为中各要素行为之间联系方式的不同,可以把复合行为分为牵连式复合行为、递进式复合行为和并发式复合行为3类。牵连式复合行为,即复合行为的诸要素行为之间存在手段与目的的牵连关系,前一行为是后一行为的实施手段,后一行为直接导致行为人所追求的结果。递进式复合行为,即复合行为内部的构成要素行为之间虽无手段与目的的关系,但两个行为前后连接,逐步推进,最终形成对法益的侵害。并发式复合行为,即复合行为的诸构成要素行为之间既无牵连关系,又无递进联系,只是由于实际中常常相伴发生,才被规定在一起,形成一种新的犯罪。

刑法中的复合行为与复杂客体紧密相连。牵连式复合行为的手段行为与目的行为侵犯的客体通常具有相异性,因而基本上都是复杂客体。递进式复合行为犯的犯罪客体既有复杂客体,又有单一客体。前者如诬告陷害罪,既侵害了公民的人身权利,又侵犯了国家司法机关的正常活动;后者如诽谤罪,只侵犯公民的人格名誉权。就行为对犯罪客体的侵害方式而言,牵连式复合行为表现为手段行为侵害一种法益,目的行为又接着侵害另一种法益,最终使整个复杂客体都受到侵害。而递进式复合行为则表现为,前一行为构成对法益的威胁,后一行为进一步造成对法益的实际损害。比如,在诬告陷害罪中,只有行为人在虚构事实之后,又实施了告发行为,才能使公民人身权利和司法机关正常活动受到实际的损害。简言之,牵连式复合行为对犯罪客体的侵害是由部分到整体,而递进式复合行为则是由危险到实害。然而,无论犯罪属于何种复合行为,其共同的特征在于前一行为与后一行为的可分离性,这就引致了行为在不同阶段停滞下来的可能性。

3. 基于复杂客体的反思

承继《苏俄刑法》,我国刑法理论通说认为犯罪客体是我国刑法所保护的、为犯罪所侵害的社会关系。根据通说,在复杂客体中,各客体有主有次,不能等量齐观。根据直接客体在犯罪中受危害的程度以及受刑法保护的状况,可对复杂客体进行再分类,主要包括主要客体、次要客体和随机客体。主要客体是指某一具体犯罪所侵害的复杂客体中程度较严重的,刑法予以重点保护的社会关系。主要客体决定该具体犯罪的性质,从而也决定该犯罪在刑法分则中的归属。例如,把抢劫罪列入侵犯财产罪,把生产、销售不符合标准的医用器材罪列入破坏社会主义市场经济秩序罪。司法实践中,认定侵害多种客体的犯罪时,应当从犯罪的主要客体入手。犯罪的主要客体一旦确定,犯罪性质便得以大体明确。主要客体有助于我们正确认识某一犯罪的性质。犯罪的次要客体是指某一具体犯罪所侵害的复杂客体中程度较轻的、刑法予以一般保护的社会关系,也叫辅助客体。它是立法者制定某一具体犯罪构成时也要同时予以保护的一种具体社会关系。对于具有复杂客体的犯罪来说,除主要客体外,次要客体也是犯罪构成的必要要件,对于定罪量刑也有决定作用。例如,抢劫罪与抢夺罪的区别在于:抢劫罪既侵害他人的财产权又侵害他人的人身权利,而抢夺罪只侵害他人的人身权利。随机客体是指在某一具体犯罪侵害的复杂客体中可能由于某种机遇而出现的客体,也称为随意客体、选择客体。一般情况下,随机客体往往是加重刑事处罚的原因和依据。例如,非法拘禁罪侵害的主要客体是他人的人身自由权利,如果非法致人重伤、死亡,就危害到他人的健康权利、生命权利。随机客体也属于复杂客体的一种,但与主要客体、次要客体不同的是,主要客体、次要客体是某些犯罪的必备要件,而随机客体仅仅是选择要件,可能出现也可能不出现。一旦出现了,只影响量刑,不影响定罪。

在逻辑上,复杂客体存在4种并和关系,即主要客体和主要客体、主要客体和次要客体、主要客体和随机客体、次要客体和随机客体。但是从存在论上就可以简单得出第四种形态的不可能存在性。那么就抢劫罪而言,其属于何种复杂客体的并和形态?再次回到抢劫罪的行为构成,抢劫罪由以暴力、威胁为内容的手段行为和以取得财物为内容的目的行为构成,正如上文所述,抢劫罪与抢夺罪与普通的以暴力威胁为内容的犯罪最大的区别就在于手段行为与目的行为的并和性。故而,对于抢劫罪可以定性如下:第一,抢劫罪的复杂客体并和形式是主要客体和次要客体的并和。根据抢劫罪在犯罪分则中的归属可以得出,侵犯财产所有权是抢劫罪的主要客体,造成人身权的侵害是次要客体。第二,手段行为与目的行为必须同时存在。手段行为与目的行为指向的对象具有同一性,是对同一主体不同法益的侵害。第三,如上文所述,手段行为与目的行为具有相对分离性,行为完全可能在实施到某一个阶段时因为内因或者外因的作用停止下来。那么,就必然产生了行为在抢劫行为构成的不同阶段停止下来如何确定性质的问题。从逻辑上看,手段行为是结果行为的必然过程,因此抢劫行为不可能仅仅实施了结果行为而没有实施手段行为。可能的情况是,行为人实施了手段行为,然而没有造成轻伤害以上的后果。那么,在这种情形下,手段行为仅具有定罪意义而不具有量刑意义。从进程以及抢劫罪的行为构造特征上看,行为人实施了手段行为而没有实施或者没能实施目的行为是完全可能的。大约可以分如下两种情形:一是行为人实施了手段行为没有造成任何伤害后果而主动或者被动地放弃或者没能继续实施结果行为的情况,二是行为人实施了手段行为造成了一定的伤害结果而主动或者被动地放弃或者没能继续实施结果行为的情况。根据主要客体和次要客体在认定犯罪中的作用,只有在主要客体与次要客体同时具备的情况下方能构成既遂。很显然,无论是第一种情形抑或第二种情形主要客体与次要客体都没有同时存在。因此,只能认定为犯罪未遂。

4. 基于着手的反思

按照我国刑法学的通说,所谓着手,就是开始实行《刑法》分则所规定的某一犯罪构成客观要件的行为。一般认为,着手具有两方面功能:第一,着手是实行行为的起点,据此可以确定犯罪实行行为的内容。只有着手以后的行为才是犯罪构成要件中规定的实行行为。第二,着手是预备行为与实行行为的分界点,据此可以把预备犯与未遂犯区分开来。着手的这种功能对简单行为和复合行为是一样的。如何认定犯罪的着手,在大陆法系刑法理论中存在主观说、形式的客观说、实质的客观说与折中说的争论。就复杂客体犯罪的着手而言,需要区分行为的着手与客体的着手。就行为的着手而言,复杂客体与单一客体完全一样,在复杂客体中,应当以行为人开始实施第一个要素行为为行为的着手。比如,在强奸罪中,行为人开始实施暴力、胁迫行为时,就是着手。无论是何种复杂客体的并和形式,都应当适用这一标准。

然而,不同于单一客体或者单一行为,复杂客体或者复杂行为存在要素行为的着手问题。要素行为需要根据行为人身体举动的内容与《刑法》分则条文的规定作实质的判断。在复杂客体的情况下,两个行为分别侵犯了两个法益,行为整体即犯罪的着手应当以第一行为的开始为准,然而就针对不同法益的侵害而言,还存在可能侵犯了第一个法益还没有开启第二个法益侵害进程的情况。就抢劫罪而言,完全存在实施了手段行为,侵犯了被害人的人身法益,然而目的行为与财产法益的侵害完全没有着手的情况。犯意确证的基础是客观外在的行为,缺乏行为确证的支持,犯意就成了无源之水,无本之木。例如,行为人甲意图对迎面而来的乙实施抢劫行为,当乙接近时直接对准乙面部打击,在与乙厮打时被巡逻的警察抓获。甲在被讯问时,承认意图殴打乙,但拒不承认抢劫财物的犯罪目的,相关证据也无法支撑甲抢劫的犯罪意图。试问如何定罪?因此,本书认为在刑法规定为复杂客体的罪名中,判断着手时应当根据一般的犯罪着手理论考察行为隶属于犯罪预备还是犯罪着手,在判断未遂与既遂时还必须考虑复杂客体与复合行为的特殊性,即两者,既相统一又相分离的特性。

5. 基于结果加重犯未遂判断的反思

一般认为,结果加重犯属于大陆法系刑法理论的产物,系为解决基本行为引起了基本结果与加重结果的定罪量刑问题创设的概念。根据我国刑法理论通说,结果加重犯,也称加重结果犯,是指实施基本犯罪构成要件的行为,发生基本犯罪构成要件以外的重结果,因而刑法规定加重刑罚的犯罪形态。结果加重犯要求在基本行为与加重结果之间具有因果关系和至少具有过失为必要。关于结果加重犯有无未遂，在中外法学上存在激烈的争议。这些争议主要集中在基本犯罪未遂而出现加重结果的情况下是否构成结果加重犯的未遂，因为这个问题涉及的是，一旦肯定了结果加重犯的未遂，根据大多数国家刑法的规定，对未遂犯可以或者应当比照既遂犯从轻或者减轻处罚。

在日本，在基本犯罪停留在未遂阶段而重的结果发生的情况下，判例和学说都不承认有结果加重犯的未遂。《日本刑法典》第181条规定的强奸致死伤罪、第216条规定的不同意妇女堕胎致死伤罪、第240条规定的强盗致死伤罪等结果加重犯中，《日本刑法典》第179条与第215条第2款以及第243条等分别规定了上述基本犯罪的未遂犯也应处罚。对其他结果加重犯的基本犯罪《日本刑法典》未规定处罚其未遂。基于《日本刑法典》的上述明文规定，日本判例针对强奸致死伤罪认为："强奸之际妇女受到伤害，即使奸淫未遂，强奸致死伤罪仍既遂，因为强奸致死伤罪不容许有未遂的观念。"而且判例还承认即使在上述结果加重犯的基本犯罪中止的情况下，只要引起了加重结果的发生，结果加重犯就不存在未遂的问题。对基本犯未遂且系可罚的结果加重犯，即使基本犯未遂，只要发生了加重结果，结果加重犯就不存在未遂，而是既遂。而基本犯未遂且系可罚的结果加重犯在《日本刑法典》中只有第181条规定的强奸致死伤罪和第216条规定的不同意妇女堕胎致死伤罪以及第240条规定的强盗致死伤罪。在基本犯的未遂系不可罚的情况下，结果加重犯是否存在未遂呢？对此在学说上有以下两种观点。

第一种系与判例相同的观点。这种观点认为不管基本犯未遂还是既遂，只要基本犯产生了重的结果，结果加重犯就既遂，不存在未遂的问题。例如，大谷实指出，在基本犯本身系不可罚的未遂中，如在同意堕胎致死伤罪中，由于堕胎行为本身属于伤害性质的行为，堕胎行为本身伴随着对目的健康的损害，这种危险即使停留在未遂阶段，但是引起了怀孕妇女的死伤，应解为本罪的既遂。这种见解实际上就是不管基本犯罪的未遂是否系可罚的未遂，只要产生了重的结果，结果加重犯就应成立。

第二种观点区别了基本犯的未遂系可罚的或者不可罚的，得出不同的结论。如果基本犯的未遂系不可罚的未遂，在发生了重的结果的情况下，根本就不是结果加重犯的问题，即与结果加重犯无关。例如，在同意堕胎致死伤罪中，团藤重光认为，堕胎终于未遂的时候，由于《日本刑法典》第 213、214 条之罪有未遂犯，即其未遂系不可罚的，只不过是过失致死伤罪，否定这种情况系结果加重犯的既遂。显然这种观点的结论与判例的观点和学说上前述观点的结论是不同的，是有利于被告的解释的，按照判例和第一种观点处理，均应按照同意堕胎致死伤罪处理。

在德国，对第一种类型的情况也存在争议。但是一般来说，可以倾向于认为这种类型的情况就是结果加重犯的未遂。但是判例和学说解释的理由不尽一致。早在 1875 年，德国即有判例肯定第一种情况成立结果加重犯的未遂，理论上既有支持判例的观点，又有反对判例的观点。肯定结果加重犯未遂的观点认为，重的结果是客观的可处罚条件，基本犯罪未遂，结果加重犯未遂，因为重的结果发生只是表明结果加重犯的加重刑罚权产生，不影响犯罪构成，结果加重犯的犯罪构成解决基本犯罪的犯罪构成。因此，基本犯罪未遂，结果加重犯未遂。对这种案例的处理结果是，如果基本犯罪的结果未出现或者基本犯罪未遂，即使加重结果出现，仍是结果加重犯未遂，即对犯罪人按照加重刑罚量刑，然后依照犯罪未遂的规定进行裁量。例如，希波尔认为，基于重的结果的发生的刑罚加重，是因为客观地发生了结果而本质上可罚性提高了。以此为基础，第一种类型的场合必须作为未遂被肯定。但反对判例的立场的观点也有。反对说针对肯定说将加重结果作为客观的处罚条件，认为这是结果责任在结果加重犯上的反映。例如，拉托布鲁夫认为，重的结果即使不发生，基本犯本身系可罚的，重的结果的轻重左右着责任大小。因此,重的结果并不是结果加重犯的处罚条件,而是构成要件的要素。而《德国刑法典》第18条要求行为人对加重结果至少有过失,也说明将其作为客观的处罚条件不合适。既然将加重结果作为客观的处罚条件不合适,则肯定加重结果犯未遂的理论根据就不存在。

针对上述肯定说与否定说所持的理由,一种有力的观点认为,对于第一种是否承认结果加重犯的未遂应当区别以下两种情况:在结果加重犯中基本犯未遂而重结果发生的场合,如果重的结果与基本犯的构成要件的行为密切关联,则应认为是结果加重犯的未遂,如果重的结果与基本犯的结果密切关联,则不会有结果加重犯的未遂,即以重的结果与基本犯罪的行为或结果的紧密相关性来判断是否存在结果加重犯的未遂。按照这样的立场,在重的结果与基本犯的结果紧密地联结时,应作为结果加重犯的既遂来处理。在重的结果与基本犯的行为充分地联结时,就不能认为是结果加重犯的既遂而是结果加重犯的未遂。

随着理论界对结果加重犯本质认识的变化的深化,对结果加重犯第一种类型的未遂的认识也有所变化。特别是采取危险性说的学者对结果加重犯的未遂的认识颇有特色。这些学者认为,以基本犯罪具有发生重的结果内在的危险性这样来理解结果加重犯的本质,即采危险说的立场的情况下,由于重的结果这种固有的危险性没有实现,不应作为结果加重犯来处理。如果基本犯的结果未发生即基本犯未遂而重的结果发生,就应以基本犯罪行为是否具有现实地引起加重结果实现的固有危险性来进行区别处理。如果具有现实地引起加重结果实现的固有危险性,就以结果加重犯的既遂看待。如果不具有这种危险性,就应作为基本犯罪的未遂与过失致死罪的竞合犯来处理,即与结果加重犯的未遂无关。对于固有的危险性的判断,应根据各个具体案件进行区别对待,具体判断。一般地说,强奸罪、强盗罪这样的复合行为的基本犯行为具有这种现实的危险性,他们的暴力行为具有较大可能性产生结果。显然,这种观点从结论上与前述观点相同,只是采取的理论根据不同。同样从危险性出发,也有少数人采否定结果加重犯未遂的立场。他们认为,在基本犯罪的结果未出现而重的结果发生的场合,由于结果加重犯的固有的危险性已经现实化,结果加重犯的本质部分(固有的不法内容)已经充足,不允许作为未遂来处理。这种观点虽是少数说的观点,但却是有力的观点。以上资料显示,在德国,第一种类型的场合,基本上倾向于承认是结果加重犯的未遂。只有少数学者不承认是结果加重犯的未遂,

根据我国《刑法》第263条的规定,以暴力、胁迫或者其他方法抢劫公私财物的,处3年以上10年以下有期徒刑,并处罚金。有下列情形之一的,处10年以上有期徒刑、无期徒刑或者死刑,并处罚金或者没收财产。由此可见,抢劫罪是基本犯罪,而造成重伤、死亡结果的则是抢劫罪的结果加重犯。根据我国通说,结果加重犯只要具备了法定的加重结果或者情节,就是齐备了全部要件,成立既遂。2005年6月8日《最高人民法院关于审理抢劫、抢夺刑事案件适用法律若干问题的意见》基本上采用上述第二种观点的主张,即规定:抢劫罪侵犯的是复杂客体,既侵犯财产权利又侵犯人身权利,具备劫取财物或者造成他人轻伤以上后果两者之一的,均属抢劫既遂;既未劫取财物,又未造成他人人身伤害后果的,属抢劫未遂。那么需要追问的是,为什么手段行为的加重结果可以直接冲抵目的行为的不完备?

五、基于结果加重犯未遂的展开

结果加重犯的既遂、未遂问题是刑法学理论界长期争论不休的问题,其焦点基本上围绕着在基本犯既遂而加重结果未出现以及基本犯未遂而出现了加重结果时构成既遂还是未遂问题展开。

对于在基本犯未遂时是否存在结果加重犯的未遂问题,各国的学

术界也大多存在“肯定说”与“否定说”两种学说。“肯定说”认为,在加重结果出现的情况下,若基本犯处于未遂状态,则结果加重犯也成立未遂。比如,为了强奸妇女而使用暴力手段,行为虽然导致妇女重伤或死亡,但出于某种原因并没有奸淫妇女,便构成结果加重犯的未遂。“肯定说”由德国学者李斯特首创。李斯特指出:所谓客观的处罚条件,乃系与适合于构成要件的行为本身无关,而独立地伴随于外部的事情。在此限度上言之,是否成立重结果,应依存于基本犯,从而,基本犯如系未遂,则包含着基本犯之结果加重犯,当然亦系未遂。尽管德国司法实务部门及刑法学理论界对基本犯未遂时能否认定为结果加重犯的未遂仍存在分歧,但是他们都一致认为,如果结果加重犯的基础犯罪未遂,则至多可以论以结果加重犯的未遂,而不能论以结果加重犯既遂。如在《德国刑法教科书》中提出:“行为人因基本犯的未遂就已经招致严重的结果,而该结果,可能是过失或轻率所致。在该场合,如果行为与结果有联系,能够认定加重构成要件未遂的可罚性。”在日本,平野龙一、小野清一郎、泷川幸辰等学者也都支持“肯定说”。例如,平野龙一将结果加重犯分为两种类型:一是像伤害致死那样,伤害(第一结果)导致死亡(加重结果);二是像强盗致死那样,以暴力行为为手段,一方面发生取得财物的结果(第一结果),另一方面又发生死亡结果(加重结果)。在前一种类型的结果加重犯中,如果不发生第一结果就不可能发生加重结果;而既然已发生加重结果,就不能说是未遂。但在后一种类型的结果加重犯中,即使没有发生第一结果,有时也可能发生第二结果;只要有一种结果没有发生,就不能说是既遂。在我国,也有学者赞同“肯定说”,但在“肯定说”的内部又存在不同的看法。如有学者认为,在造成了加重结果但基本犯未遂的情况下,可以认定为结果加重犯的未遂。也有学者指出,对于“故意行为+过失造成重结果”的结果加重犯,如果加重结果发生,而基本犯未遂,这时,依照“构成要件齐备说”,仍属于结果加重犯的构成要件未能全部齐备,应认定为结果加重犯构成要件也未全部齐备,故属犯罪未遂形态。但该学者又认为,对于“故意行为 + 故意造成重结果”的结果加重犯,发生加重结果的,无论基本犯是既遂还是未遂,都是结果加重犯的既遂形态。还有学者提出,结果加重犯加重结果的罪过形式只能是过失,不能是故意。由于过失犯不存在未遂的问题,结果加重犯的未遂只能是基本犯的未遂,而不可能是加重结果的未发生。更有学者认为,刑法对结果加重犯采用的是“加重处罚之客观基础说”,即因基本犯而出现加重结果,增大了社会危害性,刑法便加重其刑事责任,但并未另立新罪。鉴于此,结果加重犯并未发生犯罪构成的变化,仍然依附于基本犯,而非独立之罪。这样结果加重犯是否存在既遂、未遂,必须依附于基本犯,并从加重结果是否已经包含了基本结果这一客观事实中得到反映。因此,基本犯既遂,结果加重犯自然既遂;基本犯未遂时,结果加重犯也得依附于未遂。

“否定说”认为,基本犯罪未遂时,只要加重结果出现,仍然成立结果加重犯的既遂。在日本,如果基本犯罪停留在未遂阶段而重的结果发生,判例和学说一般都不承认有结果加重犯的未遂。例如,日本学者福田平、植松正都支持“否定说”。福田平指出,结果加重犯是着眼于基本行为产生重结果所形成的一个加重构成要件,重结果是构成要件的结果,因此,既然重结果已经发生,即使基本犯未遂,也符合结果加重犯的构成要件,成立结果加重犯。日本学者木村龟二也认为,在故意或过失的结果加重犯的场合,发生加重结果但基本犯罪行为未遂时,也不能称为未遂。在德国,虽然刑法学理论的通说是“肯定说”,但也有少数学者认为,在基本犯罪的结果未出现而重的结果发生的场合,由于结果加重犯固有的危险性已经现实化,作为结果加重犯的本质部分(固有的不法内容)已经充足,不允许作为未遂来处理。在我国刑法学理论中,“否定说”也居于通说的地位。

综上不难看出,“肯定说”与“否定说”的分歧在于基本犯的未遂对于结果加重犯的既遂有无影响,而这又涉及对基本犯与结果加重犯关系的认识问题。需要指出的是,对基本犯未遂时结果加重犯的既遂、未遂问题的讨论,应当以对结果加重犯本质的正确认识为前提;在对结果加重犯的本质没有准确认识的情况下,这种讨论很有可能偏离正轨。比如,在前述所引用的观点中,德国学者李斯特和我国有的学者基于单一形态论这种关于结果加重犯本质的早期理论,将加重结果定性为客观的处罚条件。单一形态论认为,结果加重犯是刑法规定的一种特殊的犯罪类型,它主要由基本犯罪行为与加重结果两者结合成不可分割的一个整体,加重结果只有依附于基本犯罪才能成立,重的结果发生,仅是刑罚被加重的一个条件,重的结果未发生,只能成立基本犯罪,不能成立结果加重犯。这种理论认为加重结果的刑法意义就在于客观的处罚条件或客观的加重处罚条件。由于客观(加重)的处罚条件并不是行为人主观的认识内容,而仅仅是刑罚权发动的一个根据,这种理论认为结果加重犯的成立仅符合基本犯罪的构成要件就够了。据此,对结果加重犯未遂的理解就必然是:由于结果加重犯的成立仅符合基本犯罪的构成要件,基本犯罪未遂,结果加重犯未遂;基本犯罪既遂,结果加重犯既遂。单一形态论不要求行为人对于加重结果在主观上具有故意或过失,这无疑是结果责任观念的体现。而且,该理论还夸大了加重结果对基本犯的依附性,将加重结果定性为构成要件以外的影响刑罚加重的客观处罚条件。正如我国有的学者所言:将重结果解释为客观的可罚条件,也不够妥当。因为无论是故意的结果加重犯还是过失的结果加重犯,重结果都是该结果加重犯的犯罪构成要件,正是行为人的主观罪过行为致重结果发生,才使结果加重犯的社会危害性增大,因而才给予较重的刑罚,可见把重结果理解为结果加重犯之外的客观的可罚条件是不符合立法本意的。另外,该理论还否定了在加重结果未发生的情况下成立结果加重犯未遂的可能性,这也是不可取的。因此,以单一形态论作为讨论结果加重犯未遂问题的理论基础,显然是靠不住的。

笔者认为,相比之下,在我国刑法学理论中采用"肯定说"较为可取,理由如下。

一方面,"肯定说"是贯彻"犯罪构成要件齐备说"的必然结果。有学者认为,一个罪行单位是一个犯罪构成,两个罪行单位是两个犯罪构成。结果加重犯的犯罪构成属于由基本犯罪构成派生的加重构成,加重构成与基本构成之间构成要件不同。结果加重犯虽然以基本犯罪行为为要件,但同时也以加重结果为要件,二者共同构成结果加重犯。而基本犯罪构成不以加重结果为要件,单独构成犯罪。既然结果加重犯有独立的构成要件和法定刑,那么它就属于独立的犯罪形态,而不是完全依附于基本犯。上述学者认识到结果加重犯以基本犯罪行为和加重结果为要件,与单一形态论将加重结果作为客观的处罚条件相比,这是值得肯定的。既然基本犯罪行为属于结果加重犯犯罪构成的有机组成部分,那么,在判断结果加重犯的既遂时无视基本犯罪行为的既遂、未遂与否,便不是一种可取的态度。正如有的学者所指出的,加重构成犯罪的基本前提仍是一般情形基本构成的犯罪,其犯罪形态的确定当然无法脱离基本犯罪。撇开基本犯罪,孤立地讨论加重构成的既遂问题,在方法论上也是不可取的。探讨加重构成的犯罪有无既遂与未遂,必须关注作为其基底的基本构成有无既遂与未遂。而在这一问题上,持"否定说"的学者一方面认识到"加重结果是结果加重犯的有机组成部分,它与基本犯罪在构成结果加重犯方面,都是构成要件。没有基本犯罪,结果加重犯就成了无源之水,无本之木。同样地,缺少加重结果,结果加重犯也无从谈起",另一方面又认为"结果加重犯有无未遂,决不能以基本犯罪有无未遂,是否既遂为转移"。不难看出上述论述显然存在自相矛盾的地方。

另一方面,"肯定说"有利于贯彻罪责刑相适应的原则。与加重结果发生且基本犯既遂的情形相比,加重结果发生而基本犯未遂情形的社会危害性明显要小一些,因此,在量刑上应有所区别。对此,持“否定说”的论者也不否认。为了体现对上述两种情形在量刑上有所区别,持“否定说”的学者主张以基本犯罪既遂与否为标准,将结果加重犯区分为犯罪既遂的结果加重犯与犯罪未遂的结果加重犯(或称为既遂犯的结果加重犯与未遂犯的结果加重犯)。按照这种区分,犯罪未遂的结果加重犯不同于结果加重犯的未遂:前者是结果加重犯的类型问题,在处罚上不适用法定的从宽处罚原则,但考虑到它与犯罪既遂的结果加重犯在社会危害性程度上的差别,量刑时可以作为酌量从轻情节,而对后者在处罚上应适用未遂犯法定的处罚原则。这种区分固然能够为贯彻罪责刑相适应原则提供一定的理论根据,但是,由于酌量从轻情节对量刑的影响被限定在加重法定刑的幅度以内,这种区分所能够起到的作用便非常有限,更何况所谓的犯罪未遂的结果加重犯还仅仅是一种酌定的情节。相反,如果坚持“肯定说”,承认上述两种情形中的前一种情形属于结果加重犯未遂,那么不仅可以对其在加重法定刑的幅度内进行从宽处罚(从轻处罚),还可以根据具体情况突破这一幅度予以从宽处罚(减轻处罚)。

本案的结论

本书认为,结果加重犯既遂的犯罪构成在内部结构上由基本犯罪行为与加重结果两个部分组成;只有符合基本犯的全部构成要件并且发生了加重结果才能认定为结果加重犯的既遂;在基本犯未遂但发生加重结果的场合或者在加重结果出于直接故意而未发生且基本犯既遂的场合,均有成立结果加重犯未遂的可能。因此,犯抢劫罪致人重伤或者死亡但是未劫取到财物的应当认定为结果加重犯的未遂,即基本犯罪未遂,加重结果既遂。

第七章　盗窃罪、侵占罪与职务侵占罪的区分

基本案情

包工头程某某承包了北京东方明兴建材有限公司(以下简称明兴建材公司)生产车间的安装工程,窦某某是程某某雇用的工人,在工地上做些体力活。在施工过程中,明兴建材公司将一辆无牌照的农用三轮车交给施工队在工地上使用,车由专人驾驶,规定不许出厂区。

2004年6月20日下午,施工队的一名负责人安排窦某某和另一名叫“海红”的工人开着这辆农用机动三轮车外出卖废品。二人卖完废品后到一小店喝酒闲聊时,窦某某得知施工队已经给“海红”发了工资,却没给自己发工资,心中不满,遂起意将农用三轮车据为己有,便对“海红”谎称给车加油,打发“海红”先回去,随后窦某某驾车驶往河北方向,途中将车卖给天津静海的翟某,得款人民币1500元。卖车后窦某某准备乘火车回家,在车站因形迹可疑被民

警盘查时,交代了事情的经过。被窦某某卖掉的农用三轮车经鉴定价值人民币 6720 元。

争议焦点

关于本案窦某某行为的定性问题,主要有以下 3 种分歧意见。

第一种意见:窦某某的行为性质属于职务侵占。理由是,作为施工队人员的窦某某,利用工作上的便利,将由施工队交由其使用的农用三轮车非法占为己有,其行为性质属于职务侵占,但涉案财物的价值未达到"数额较大"的犯罪追诉标准。

第二种意见:窦某某的行为性质属于(普通)侵占。理由是,窦某某以非法占有为目的,将因使用而暂为保管(合法持有)的单位财物非法占为己有,其后的出卖行为表明其拒不退还的意图,其行为性质属于(普通)侵占,但涉案财物的价值未达到"数额较大"的犯罪追诉标准。

第三种意见:窦某某的行为构成盗窃罪。理由是,窦某某以非法占有为目的,以欺骗的方法转移"海红"的视线,排除其对财物的控制,并将财物转移到自己单独占有控制之下,显然其犯罪故意产生于其"单独持有"该车之前,采取手段的实质是在车的管理人所不知晓情况下的秘密占有,其行为构成盗窃罪。①

---

① 参见赵成主编:《检察疑难案例辨析》,中国人民公安大学出版社 2008 年版,第 127 ~ 130 页。

相关法条

1.《中华人民共和国刑法》第264条 【盗窃罪】盗窃公私财物，数额较大的，或者多次盗窃、入户盗窃、携带凶器盗窃、扒窃的，处三年以下有期徒刑、拘役或者管制，并处或者单处罚金；数额巨大或者有其他严重情节的，处三年以上十年以下有期徒刑，并处罚金；数额特别巨大或者有其他特别严重情节的，处十年以上有期徒刑或者无期徒刑，并处罚金或者没收财产。

2.《中华人民共和国刑法》第270条 【侵占罪】将代为保管的他人财物非法占为己有，数额较大，拒不退还的，处二年以下有期徒刑、拘役或者罚金；数额巨大或者有其他严重情节的，处二年以上五年以下有期徒刑，并处罚金。

将他人的遗忘物或者埋藏物非法占为己有，数额较大，拒不交出的，依照前款的规定处罚。

本条罪，告诉的才处理。

3.《中华人民共和国刑法》第271条 【职务侵占罪】公司、企业或者其他单位的工作人员，利用职务上的便利，将本单位财物非法占为己有，数额较大的，处三年以下有期徒刑或者拘役，并处罚金；数额巨大的，处三年以上十年以下有期徒刑，并处罚金；数额特别巨大的，处十年以上有期徒刑或者无期徒刑，并处罚金。

【贪污罪】国有公司、企业或者其他国有单位中从事公务的人员和国有公司、企业或者其他国有单位委派到非国有公司、企业以及其他单位从事公务的人员有前款行为的，依照本法第三百八十二条、第三百八十三条的规定定罪处罚。

4.《最高人民法院、最高人民检察院关于办理盗窃刑事案件适用

法律若干问题的解释》第1条 盗窃公私财物价值一千元至三千元以上、三万元至十万元以上、三十万元至五十万元以上的，应当分别认定为刑法第二百六十四条规定的“数额较大”、“数额巨大”、“数额特别巨大”。

各省、自治区、直辖市高级人民法院、人民检察院可以根据本地区经济发展状况，并考虑社会治安状况，在前款规定的数额幅度内，确定本地区执行的具体数额标准，报最高人民法院、最高人民检察院批准。

在跨地区运行的公共交通工具上盗窃，盗窃地点无法查证的，盗窃数额是否达到“数额较大”、“数额巨大”、“数额特别巨大”，应当根据受理案件所在地省、自治区、直辖市高级人民法院、人民检察院确定的有关数额标准认定。

盗窃毒品等违禁品，应当按照盗窃罪处理的，根据情节轻重量刑。

5.《最高人民法院、最高人民检察院关于办理盗窃刑事案件适用法律若干问题的解释》第4条 盗窃的数额，按照下列方法认定：

（一）被盗财物有有效价格证明的，根据有效价格证明认定；无有效价格证明，或者根据价格证明认定盗窃数额明显不合理的，应当按照有关规定委托估价机构估价；

（二）盗窃外币的，按照盗窃时中国外汇交易中心或者中国人民银行授权机构公布的人民币对该货币的中间价折合成人民币计算；中国外汇交易中心或者中国人民银行授权机构未公布汇率中间价的外币，按照盗窃时境内银行人民币对该货币的中间价折算成人民币，或者该货币在境内银行、国际外汇市场对美元汇率，与人民币对美元汇率中间价进行套算；

（三）盗窃电力、燃气、自来水等财物，盗窃数量能够查实的，按照查实的数量计算盗窃数额；盗窃数量无法查实的，以盗窃前六个月月均正常用量减去盗窃后计量仪表显示的月均用量推算盗窃数额；盗窃前正常使用不足六个月的，按照正常使用期间的月均用量减去盗窃后计量仪表显示的月均用量推算盗窃数额；

（四）明知是盗接他人通信线路、复制他人电信码号的电信设备、设施而使用的，按照合法用户为其支付的费用认定盗窃数额；无法直接确认的，以合法用户的电信设备、设施被盗接、复制后的月缴费额减去被盗接、复制前六个月的月均电话费推算盗窃数额；合法用户使用电信设备、设施不足六个月的，按照实际使用的月均电话费推算盗窃数额；

（五）盗接他人通信线路、复制他人电信码号出售的，按照销赃数额认定盗窃数额。

盗窃行为给失主造成的损失大于盗窃数额的，损失数额可以作为量刑情节考虑。

6.《四川省高级人民法院关于刑法部分条款数额执行标准和情节认定标准的意见》第 37 条　【侵占罪】刑法第二百七十条规定的“数额较大”，是指数额在 1 万元以上的；“数额巨大”，是指数额在 5 万元以上的。

“其他严重情节”，是指具有下列情形之一的：

（1）多次侵占的；

（2）侵占重要物品，数额较大的；

（3）造成严重后果的。

7.《四川省高级人民法院关于刑法部分条款数额执行标准和情节认定标准的意见》第 38 条　【职务侵占罪】刑法第二百七十一条规定的“数额较大”，是指数额在 1 万元以上的；“数额巨大”，是指数额在 10 万元以上的。

学理分析

综观全案，在具体罪名的认定上主要涉及职务侵占罪、侵占罪、盗窃罪的争论,准确定性窦某某的行为,需要对本案案情进行全面剖析,找寻症结。下面本书通过对本案所涉相关法律问题的解读与思考,严格把握各罪的犯罪构成要件,以期得出一个相对合理的结论来定性窦某某的行为。

一、财产犯罪的保护法益

考察行为是否侵害法益是确定刑罚的界限标准所在,对于财产犯罪保护法益的明确有助于准确界定行为的罪与非罪、此罪与彼罪的法律性质,这也是进一步研究财产犯罪体系中具体犯罪构成要件的前提所在。

对于财产犯罪的保护法益问题,各国观点纷呈,尤其德国、日本等大陆法系国家,对该问题的争论从未平息。在大陆法系,财产犯罪的保护法益为"他人的财产",对此学界已无异议。然而关于"财产"具体指代的内涵却不得一致。

1. 日本

在日本学界,最早出现法益之争是在盗窃罪领域,主要存在本权说和占有说的对立,但是两种观点均具有一定的极端性,为了对其加以修正,形形色色的中间说便应运而生。此后,这种争论已扩展到诈欺、恐吓、背信罪①等其他财产犯罪领域,成为关乎财产犯罪保护法益的学说之争。

本权说,又称所有权说,倡导该说的学者主张财产犯罪的保护法

① 背信罪,又称为背任罪或违背任务罪,是指为他人处理事务的人,以谋求自己或者第三者的利益,或者以损害委托人的利益为目的,违背其任务,给委托人造成财产上损害的行为。参见刘明祥:《财产罪比较研究》,中国政法大学出版社 2001 年版,第 387 页。我国现行《刑法》并未明文规定背信罪,但有不少学者强烈呼吁增设背信罪,以规制现实经济生活中频频发生的破坏信任关系、违背诚实义务的背信行为。在窦某某盗窃一案中,窦某某接受施工队负责人的委任处理事务,在此期间,却违背施工队给予他的信任,最终给委托人造成了财产上的损害。表面而论,窦某某的行为似乎与国外刑法规定的背信罪相符,对此存在进一步探讨的余地。

益是他人财物的所有权及其他本权。但根据《日本刑法典》第242条的规定，"虽然是自己的财物，但由他人占有"时，亦视为"他人的财物"，此条规定最初适用于盗窃罪，后适用范围扩展到侵夺不动产罪、抢劫罪，并准用于恐吓罪、诈骗罪。可以说，上述规定扩大了财产犯罪的保护范围，但扩大的程度如何却存在本权说和占有说的极端对立。[①]本权说认为，《日本刑法典》第242条的规定中"他人的占有"仅限于基于权原的占有，即合法占有；而占有说则极力主张，持有他人财物的事实状态本身便可作为财产犯罪的独立法益加以保护，出于维护财产秩序之必要，不允许任何私力救济手段，由此确定了无论是非法占有还是合法占有均属"他人占有"的范畴；中间说则主张，财产犯罪的保护法益应当是那些"基于合理理由的占有"或者"平稳的占有"，平野龙一、西田典之、山中敬一均持此说。目前，这种修正的中间说正逐渐占据日本刑法学界通说的地位。

2. 德国

在德国学界，恐吓罪、诈骗罪、背信罪、盗窃罪等财产犯罪的保护法益是财产，而对法益的侵害便是这类犯罪的危害结果。因此，正确理解财产的概念，既是财产犯罪的保护法益问题，又是对这类犯罪危害结果加以认定的关键。[②] 概括起来，主要存在法律财产说、经济财产说以及法律经济财产说3种学说的争锋。

(1)法律财产说

倡导"法律财产说"的学者主张，刑法之所以规定财产犯罪，是保护民法上规定的权利，只有这些权利才受法秩序的保护。因而得出，刑法上的财产是指民事财产权利的总和，行为是否侵犯了民法上的权利便是判断财产犯罪成立与否的关键，而是否造成现实的经济损害则

---

① 参见[日]山口厚、王昭武：《盗窃罪研究》，载《东方法学》2011年第6期。

② 参见张明楷：《外国刑法纲要》(第2版)，清华大学出版社2007年版，第538页。

在所不问。例如,行为人从盗窃犯那里骗取赃物的情形,按照法律财产说便不能成立诈骗罪。这种学说的理论基础是刑法从属于民法的思想,但随着这种从属思想的衰落,仍用民法上的权利概念界定刑法上的财产难免牵强,也不符合财产关系日益复杂的经济生活的现实状况。在很多情况下,确定财产存在民法上的权利根据并非易事,如果过分强调于此,会不当缩小财产犯罪的处罚范围,可能招致某些正当利益无从保护的状态。

(2)经济财产说

倡导"经济财产说"的学者则主张,刑法上的财产概念是指具备经济价值的利益整体,而这种利益整体便是财产犯罪保护的法益。这里的经济价值等同于金钱价值,而是否存在金钱的损失便成为判断是否存在法益侵害的关键所在。对于没有金钱价值的物,即使存在民法上的权利依据,也不属于财产的范畴,侵害这种权利的,不成立财产犯罪。这种学说崇尚刑法的独立性,将刑法与民法的关系完全割裂开来,过分扩张了刑法的处罚范围。

(3)法律经济财产说

作为折中说出现的"法律经济财产说"则认为,除违法的利益外,由法秩序所承认的或者并非难的、具有经济价值的利益整体均是财产犯罪的保护法益。该说强调坚持法秩序的统一性原则,刑法最主要的任务便是保护法益,而那些与法秩序背道而驰的利益,即便从纯粹的经济层面考量具有一定的价值,也不受刑法的保护。正如张明楷教授所言:"刑法上的法益虽然不要求是民事法上的权利,但也不应是民事法上不保护的违法利益。"①该说能最大限度地保护正当的经济利益,较为妥当,目前正逐渐占据通说的地位。

---

① 张明楷:《外国刑法纲要》(第2版),清华大学出版社2007年版,第539页。

3. 中国

在我国的刑法通说中，侵犯财产罪是指侵犯公私财产的犯罪，公私财产的所有权是该类犯罪的客体。犯罪客体（相当于大陆法系的"法益"）是指为刑法所保护的，而为犯罪行为所侵害或威胁的社会关系。[①] 我国的4个犯罪构成要件为耦合式结构，判断一个行为是否构成犯罪，4个要件缺一不可，因而，若行为没有侵犯通说中的公私财产的所有权（欠缺犯罪客体），则不构成侵犯财产罪。然而，在我国的司法实践中，随着社会经济的迅速发展，对财物的使用方式日益丰富，权利人对财物的权利形态有的表现为所有权关系，但更多地表现为占有关系，从而利用财物的使用或者交换价值。根据通说观点，若行为人侵犯权利人处于占有状态下的财物，则无法构成侵犯财产罪，这显然不利于对公私财产的保护。比如，在车辆被交管部门扣押的情形下，行为人秘密取回被交管部门合法占有的自己的财物时，是否就可以引据通说观点，排斥盗窃罪的成立？答案显然是否定的，以"公私财产所有权"界定的犯罪客体并不能揭示财产犯罪的本质。

基于通说的上述缺陷，国内学者提出，侵犯财产罪的客体"首先是财产所有权及其他本权，其次是需要通过法定程序恢复应有状态的占有，但在相对于本权者的情况下，如果这种占有没有与本权者相对抗的合理理由，相对于本权者恢复权利的行为而言，则不是财产犯罪的保护法益"[②]。这在一定程度上体现了修正我国通说观点的学说导向，更加符合我国社会转型时期财产关系日益复杂的现状，将占有本身纳入刑法保护客体的范畴，能更好地保护由占有这种事实权利形态所折射出的财产秩序。然而并非所有的占有都属于财产犯罪保护的法益，而应当将其限定在具有"合理性根据"的范围之内。[③] 总而言

① 参见马克昌主编：《犯罪通论》（第3版），武汉大学出版社1999年版，第113页。

② 张明楷：《刑法学》（第2版），法律出版社2003年版，第745页。

③ 参见郑泽善：《刑法争议问题探索》，人民出版社2009年版，第333页。

之，对这种呈事实权利形态的具有合理性根据的占有的有效保护，不但能为隐藏在占有背后的真正权原提供前置性的保障，与本权说所欲达成的目标相得益彰，而且能使刑法的保护面扩展至其他无本权的正当权益，实现对财产权益整体以及正常交易秩序的广延保护。下面本书便就有关刑法层面的占有的相关问题展开探讨和思考。

二、关于财物占有的相关问题及思考

"占有"这一概念本是民法物权制度中的重要元素，由于刑法中的财产犯罪相关条文多是为保护民法所确立的财产秩序而设，"占有"一词在刑法理论中也是频频出现，尤其在财产犯罪一章更是占据举足轻重的地位。

刑法意义上的占有是指人对财物事实上的支配、控制的状态，表明占有人与占有物之间的现实的、静态的权利关系，往往表述为"某人占有某物"，从而排除了只是观念层面占有的情形，并不承认"占有的观念化"①。一般认为，财产犯罪包括取得罪（或称领得罪）和毁弃罪两大类，进一步划分，取得罪又可分为占有转移罪（如盗窃罪）和非占有转移罪（如侵占罪）。由此可见，盗窃罪和侵占罪的本质区别在于行为人是否侵害了他人对财物的占有状态，对占有有无的判断便成为准确定性财产犯罪的重要一环。财产犯罪的保护法益也主要是"对财物的占有"，因此，对于那些侵害财物占有的财产犯罪，必须是在排除他人对财物的支配而将财物事实上置于自己支配的状态时，才能构成。②

---

① "占有的观念化"，是指若人对物有某种法律关系存在，则即使人与物没有空间和时间上的结合关系，也仍然可以成立占有，使占有由直接的实力支配而逐渐扩展至观念上的支配。"占有的观念化"主要涉及的法律关系常见的有以下类型：(1)基于租赁、借用、出质等而产生的间接占有；(2)占有继承，占有可以成为继承的标的，继承发生时，继承人虽未在事实上管领其继承财产，仍然可以取得占有；(3)依占有辅助人而进行占有。参见《北京大学法学百科全书》编委会编：《北京大学法学百科全书：民法学、商法学》，北京大学出版社2004年版，第1174～1175页。

② 参见刘明祥：《财产罪比较研究》，中国政法大学出版社2001年版，第40页。

判断是否存在占有的状态，需要综合考虑对财物事实上的支配、管理这一客观要件（占有的事实）以及占有的意思这一主观要件，按照社会的一般观念加以考量。刑法上的占有并不以实际上持有或者监视财物为必要，按照社会的一般观念，只要该物处于占有人的实力支配可能性范围之内即可。[①] 而占有的意思，也不必是占有人对财物的特定的、具体的支配意思，只要具备概括的支配意思即可。例如，放置在家中的财物，即便暂时忘记其具体位置所在，也不能否定其对财物的占有。另外，占有的意思也不以对财物积极的、连续的支配意思为必要，例如，处于睡眠中的乘客，对放置于行李架上的财物仍然具有占有的意思。通常情况下，占有的意思只具有补充性的功能，在无法判断是否存在客观支配的事实或者人对物的客观支配力极其微弱时，就必须以存在当然的支配意思为必要，而不能对此不予考虑或者加以盖然地推定，进而肯定其对物的占有，在这种情形下，必须具备积极的、具体的占有意思，才能肯定占有状态的存在。

在窦某某盗窃一案中，窦某某和另外一名工人"海红"是否因使用而形成对农用三轮车的占有状态，如果是，那么这种占有是否属于对等关系者之间共同占有的范畴，即两人共同持有、支配、管理该物。进而论之，对于共同占有人一方避开另外一方的视线悄悄取走财物的行为如何定性，各国学界存在侵占罪和盗窃罪的观点分歧。同时，这一系列问题也是关乎窦某某行为性质的关键所在，笔者将在下文加以详细论述。

三、犯罪数额在某些财产犯罪中的判断标准及其地位分析

本案所涉 3 种罪名均属于典型的数额犯，在我国，关于财产犯罪的现行立法多采取罪量大小与罪性认定紧密结合的模式，而对犯罪数

---

① 参见［日］山口厚、王昭武：《盗窃罪研究》，载《东方法学》2011 年第 6 期。

额的计算和确定对于财产犯罪的认定可谓举足轻重,[①]下面本书便就犯罪数额的相关问题展开探讨。

1. 关于犯罪数额内涵的不同理解

学界主要从行为数额、目标数额、结果数额3个视角来理解财产犯罪体系中犯罪数额的内涵,其中行为数额是指,行为所指向的财产价值的大小,属于犯罪构成行为要件范畴的罪量要素;而目标数额则是指,行为人主观上意图侵犯的财产价值的大小,依赖于主观判断,往往作为考察行为人人身危险性的重要依据;结果数额则是指,犯罪行为现实招致的法益侵害量,属于犯罪构成结果要件范畴的罪量要素,往往作为判断财产犯罪既遂与否的实质标准。下面以盗窃罪为例,分析对犯罪数额内涵的不同理解所招致地对犯罪构成要件的不同解读。

根据《刑法》分则第264条有关盗窃罪的规定,盗窃公私财物,数额较大的,或者多次盗窃、入户盗窃、携带凶器盗窃、扒窃的,处以刑罚。由此可知:该罪犯罪构成对客观方面行为要件采取了并列式的描述模式,若没有多次盗窃、入户盗窃以及携带凶器盗窃、扒窃的特殊情节,只有满足数额较大的罪量要求,才能够处以刑罚。那么此处的数额较大究竟是盗窃罪的成立要件还是既遂要件,学界观点不一:一种观点是将盗窃数额较大作为成立犯罪的绝对标准,如未达到则根本不可能构成盗窃罪,何谈未遂呢?持另一种观点的学者则主张,盗窃数额较大,构成犯罪既遂,未达到也同样成立犯罪,只不过属于盗窃罪的未完成形态而已。

---

① 值得注意的一点是,在我国的财产犯罪体系中,犯罪数额是认定是否构成犯罪的重要考量因素,但却不是定罪量刑的唯一标准。这在1992年12月11日由最高人民法院、最高人民检察院出台的《关于办理盗窃案件具体应用法律的若干问题的解释》(已失效)中可见一斑,该解释第4条第1项规定:"盗窃数额是构成盗窃罪的重要标准,但不是定罪量刑的唯一标准。除根据盗窃财物数额外,还应当根据犯罪的其他具体情节和犯罪分子的认罪态度、退赃表现等,进行全面分析,正确定罪量刑。"

笔者认为,上述两种观点并不矛盾,只是研究的视角相异,都存在一定的缺陷,但又不乏合理性。我们可以整合两种观点的合理所在,重新对犯罪数额进行功能定位,以期为解决司法实践中的理论困惑提供某种理论思路。

一方面,将盗窃数额达到较大作为犯罪的成立条件的观点实际上混淆了犯罪成立和犯罪既遂的界限,《刑法》分则规定的法定刑是犯罪达到既遂时所适用的法定刑,而不能是犯罪虽成立但未遂的情形,否则《刑法》总则便没有必要对未遂犯再作单独规定。[①] 我们可以对盗窃罪罪状中的"数额"在结果数额的层面上进行解读,只有盗窃行为实际招致的法益侵害量达到数额较大的要求,才构成盗窃罪的既遂,适用罪状设定的法定刑。

另一方面,上述第二种观点分析了认定盗窃罪既遂须达到数额较大,具有一定的合理性,但容易导致这样的认识错误:盗窃公私财物,数额较大的,成立犯罪既遂,而如果未达到数额较大,则成立犯罪未遂。上述表述显然有失妥当。按照这种认识演绎下去,会得出这样的结论:若行为人盗窃价值仅 300 元的财物,行为完成,但数额未达到较大的程度,也成立盗窃罪的未遂,[②]这显然会不当扩张刑法的处罚范围。因此,我们应当在犯罪成立的前提下解读犯罪的既遂和未遂。

无论是从结果数额还是从行为数额的视角解读数额较大的内涵,都是片面的。本书认为,首先,应当将对盗窃罪罪状的理解切割为两个层面,即犯罪成立层面的数额较大和犯罪既遂层面的数额较大。其次,分别将结果数额和行为数额的视角嵌入上述两个层面,即以行为数额的视角解读犯罪成立层面的数额较大,以结果数额的视角解读犯

① 参见邓超:《财产犯罪原理论》,中国政法大学 2007 年博士学位论文,第 130 页。

② 有的学者主张以《刑法》总则第 13 条但书的规定来解决上述问题,但该条规定本身也具有模糊性。

罪既遂层面的数额较大。只要客观行为指向的财产价值达到数额较大,具备侵犯数额较大财产价值的盖然性,便成立盗窃罪。在犯罪成立的基础上,再考量结果数额是否达到较大,达则既遂,未达则未遂。最后,目标数额的大小只是作为判断行为人人身危险性大小的依据,只在量刑阶段发挥作用,绝不能以这种主观层面的罪量因素作为判断犯罪成立和既遂的标准,否则便有主观归罪的嫌疑。上述结论同样适用于诈骗罪、侵占罪、职务侵占罪等其他数额犯。但值得注意的一点是,在侵占罪、职务侵占罪中,由于行为人事先支配、控制着被害人的财产,犯罪构成客观方面行为所指向的财产数额(行为数额)在一般情形下与结果数额是一致的,这里的数额较大不必区分情形,便可视为犯罪的成立要件。达到则成立犯罪,未达到则属于违反《治安管理处罚法》的问题,即不作为犯罪论。

2. 关于犯罪数额的认定标准问题

财产犯罪中的数额表征权利人财产价值的减损,如何对其加以正确认定,意义重大。根据《刑法》规定,财产犯罪中所涉数额包括:①犯罪所得数额;②犯罪所及数额;③实行数额;④结果数额;⑤非法所得数额;⑥犯罪损失数额;⑦犯罪指向数额;⑧票面数额;⑨实际数额;⑩销售数额;⑪获利数额。[①] 本书目的在于解决窦某某行为定性的问题,因此,仅在定罪的意义上探讨犯罪数额的认定。

与财产犯罪的定罪问题密切相关的主要有两种数额形态:犯罪人所得(主要是销赃所得)数额、被害人财产损失数额。那么究竟选取何种数额形态作为行为定性的标准,是研究财产犯罪的核心所在。

按照《最高人民法院、最高人民检察院关于办理盗窃刑事案件适用法律若干问题的解释》的相关规定,关于盗窃数额的认定主要适用

① 参见刘华:《论我国刑法上的数额及数量》,载陈兴良主编:《刑事法评论》1998 年第 2 卷,中国政法大学出版社 1998 年版。

以下规则:①基本规则:根据被害人直接财产损失的客观价值计量。对此,《最高人民法院、最高人民检察院关于办理盗窃刑事案件适用法律若干问题的解释》第4条第1项规定,被盗财物有有效价格证明的,根据有效价格证明认定;无有效价格证明,或者根据价格证明认定盗窃数额明显不合理的,应当按照有关规定委托估价机构估价。第4条第5项规定,盗接他人通信线路、复制他人电信码号出售的,按照销赃数额认定盗窃数额。盗窃行为给失主造成的损失大于盗窃数额的,损失数额可以作为量刑情节考虑。由此得知,一般情况下,被害人财产损失数额大小影响行为的定性。上述结论具有普适性,同样适用于侵占罪、职务侵占罪等其他数额犯。回归到窦某某盗窃一案,事后农用三轮车的实际鉴定价值人民币6720元与施工队的财产损失大体一致,理应作为该案的犯罪数额,而不是窦某某销赃所得的1500元。

3. 对"数额较大""数额巨大""数额特别巨大"的认定

我国对财产犯罪的立法规定多采取"定性+定量"的模式,其中的盗窃罪、侵占罪、职务侵占罪等数额犯对犯罪数额以概括性词语的形式(较大、巨大、特别巨大)进行了明确的规定并据此划分了不同的法定刑层级。需要注意的一点是,我国刑法对财产犯罪数额的确定并不是绝对的,数额犯中的数额标准不是一成不变的,应当随着社会经济状况作出相应调整。另外,财产犯罪的数额与社会危害程度呈正相关的对应关系,但没有一个绝对的临界点,数额标准有一个相对灵活的把握幅度,这有利于司法机关根据实际需要对具体数额标准作出灵活解释,但上述词语欠缺明确性,只能由司法机关进行任意解释,很难保证执法的统一性。

"数额较大""数额巨大""数额特别巨大"这类概括性术语属于规范的构成要件要素,即法官仅仅根据法条的表述还不能确定,只有进一步就具体的案件事实关系进行判断与评价才能确定。[①] 关于其具体认定标准,我国有关立法并未作出明确的规定,在司法实践中往往需要参照相关的司法解释。对此,《最高人民法院、最高人民检察院关于办理盗窃刑事案件适用法律若干问题的解释》第 1 条的规定为盗窃罪数额的确定提供了可供参考的标准。该解释规定,个人盗窃公私财物价值人民币 500 元至 2000 元以上的,为数额较大;5000 元至 2 万元以上的,为数额巨大;3 万元至 10 万元以上的,为数额特别巨大。同时该解释规定,各省、自治区、直辖市高级人民法院可根据本地区的经济发展状况,并考虑社会治安状况,在前款规定的数额幅度内,分别确定本地区执行的具体标准。

职务侵占罪作为 1997 年《刑法》新增罪名,源于《全国人民代表大会常务委员会关于惩治违反公司法的犯罪的决定》(已失效)所规定的公司、企业人员侵占罪。对该罪的数额确定标准,立法并未作出明确规定,需要出台相应的司法解释加以界定。1995 年 12 月 25 日最高人民法院发布的《关于办理违反公司法受贿、侵占、挪用等刑事案件适用法律若干问题的解释》(已失效)第 2 条规定,侵占公司、企业财物 5000 元至 2 万元以上,属于数额较大,10 万元以上的属于数额巨大。此后,2001 年 4 月 18 日,最高人民检察院、公安部联合发布的《关于经济犯罪案件追诉标准的规定》(已失效)规定,职务侵占罪数额在 5000 元至 1 万元以上的,应予追诉。然而,关于职务侵占罪的数额,至今并没有一部专门的司法解释给出明确的、统一的参考标准,难免在司法执行中出现选择的混乱。鉴于各地区经济发展水平的差异,在选择职务侵占罪具体数额标准时,应结合实际的经济发展状况,分别确定。在各地的司法实践中,对"数额较大"的标准一般掌握在 1 万元以上,

---

① 参见郭晓红:《规范构成要件要素视野下的"数额较大"——以盗窃罪数额的认识错误为视角》,载《政治与法律》2011 年第 9 期。

“数额巨大”的标准一般定位在10万元以上。比如,吉林省公检法第9次联席会议确定,职务侵占罪的“数额较大”应为1万元,“数额巨大”应为10万元。2002年5月14日川高法〔2002〕105号《四川省高级人民法院关于刑法部分条款数额执行标准和情节认定标准的意见》第38条也将职务侵占罪中的“数额较大”的标准确定在1万元以上,“数额巨大”的标准确定在10万元以上。

作为亲告罪的一种,刑法对于侵占罪的刑事处罚相对较轻,其犯罪数额的具体标准,也没有专门的司法解释加以明确界定。在司法实践中,有的地区确立了自身的适用标准,比如2002年5月14日川高法〔2002〕105号《四川省高级人民法院关于刑法部分条款数额执行标准和情节认定标准的意见》第37条第1款将侵占罪“数额较大”的认定标准确定在1万元以上,“数额巨大”的认定标准确定在5万元以上。而有的地区则比照其他参考标准,有的比照盗窃罪的相关司法解释,“数额较大”的标准,以500元至2000元为起点,“数额巨大”的起点则界定为5000元至2万元。有的则比照《最高人民法院关于办理违反公司法受贿、侵占、挪用等刑事案件适用法律若干问题的解释》(已失效)中侵占罪(刑法中的职务侵占罪)数额的界定标准,以5000元至2万元为“数额较大”的起点,10万元以上的则属于数额巨大。本书认为,侵占罪相对于盗窃罪、职务侵占罪的法定刑设置较轻,属于告诉才处理的轻微犯罪,因而对该罪定罪起点的设置应相对高于盗窃罪、职务侵占罪。若比照其定罪标准,则有失妥当,与刑法的谦抑性、最后手段性不符,并且悖理了罪责刑相适应的原则。因而,笔者赞成我国司法实践中通行的标准,即对“数额较大”的标准一般掌握在1万元以上,“数额巨大”的标准一般掌握在10万元以上。

四、关于职务侵占罪认定过程中相关问题的思考

我国《刑法》第271条第1款将职务侵占罪界定为:公司、企业或

者其他单位的工作人员,利用职务上的便利,将本单位财物非法占为己有,数额较大的行为。认定该罪关键有两点:第一,特殊主体;第二,利用职务上的便利。而对该罪特殊主体的认定又与对“利用职务上的便利”内涵的解读紧密关联。从刑法上看,凡是规定利用职务上的便利实施的犯罪,都同时对其主体的特殊性予以明确规定。刑法上对上述犯罪明确规定主体的依据在于其能明确体现该罪的构成特征,同时为界定“利用职务上的便利”的含义提供法律依据。

1. 关于职务侵占罪的犯罪主体要素界定

职务侵占罪的特殊主体为公司、企业或者其他单位的人员,但对于该罪主体的范围,尚未出台相应司法解释加以明确界定。原则上,该罪主体一般是指公司、企业或者其他单位中的非国家工作人员,否则便可能构成贪污罪。

第一,对“其他单位”一词的界定,本书认为,正确界定“其他单位”所涵摄的范围应结合刑法设置职务侵占罪的价值取向,即解决特殊范围内部人员侵害集体财产利益的犯罪问题,以区分于其他普通的侵财犯罪。同时,基于周延保护单位财产的目的,对“其他单位”外延的界定标准应适当放宽,只要具备形式上的合法性(经过注册登记)即可。除此之外,职务侵占罪中的单位虽然不受所有制性质的限制,但也必须具备一定的集体属性,即具备一定的组织性(存在职能分工和管理规程)和团体性。

第二,职务侵占罪犯罪构成中的“人员”一般是指在本公司、本企业或本单位内担任一定的职务或因工作需要而主管、经手集体财物的不具有国家工作人员身份的人员。而其是否包含单位的劳务人员在内,首先需要厘清“利用职务上的便利”的内涵。

2. 如何正确界定职务侵占罪犯罪构成要素“职务”以及“利用职务上的便利”

“利用职务上的便利”是职务侵占罪犯罪构成客观方面的必备要

件,而如何理解其具体含义,学界观点不一。有的学者主张,职务侵占罪和贪污罪中“利用职务上的便利”含义完全相同,即利用职务上的主管、管理、经手公共财物的权力及便利条件。职务侵占罪犯罪构成中的“职务”与“公务”一词在外延上基本重合,而劳务不属于职务的范畴。理由在于:首先,职务侵占罪是由贪污罪分化而来,立法者在1997年《刑法》中增设职务侵占罪的目的也是从主体方面将两者区分开来,因此,两罪的客观方面是基本相同的;其次,《刑法》第271条第2款规定了职务侵占罪的例外情形,即国有公司、企业或者其他国有单位中从事公务的人员和国有公司、企业或者其他国有单位委派到非国有公司、企业以及其他单位从事公务的人员有前款行为的,依照《刑法》有关贪污罪的规定定罪处罚。而其中的“前款行为”正是职务侵占行为。通过考察《刑法》第271条第1款和第2款的逻辑关系,同样可以得出以下结论:职务侵占罪和贪污罪只存在主体和客体层面的差异,而在客观行为层面则是基本一致的。①

有的学者则主张,职务侵占罪犯罪构成中的“利用职务上的便利”是指利用自己主管、管理、经营、经手单位财物的便利条件。② 管理人员和劳务人员同属于该罪主体的范畴,公务和劳务同属于职务的范畴,而这并不是界定“利用职务上的便利”内涵的关键。

本书认为,对职务侵占罪犯罪构成“利用职务上的便利”的定义应作灵活解读,从字面含义来看,“职务”是指职位规定应当担任的工作。首先,“职务”和“职权”不能画等号,无论是担任管理工作还是从事具体的业务工作都属于职务的范畴。若将职务的含义局限在职权(担负单位的管理工作)之内,则势必不当缩小职务侵占罪的认定范围。因此,那种将本罪与贪污罪的客观方面等同看待的做法也有待商榷,因

---

① 参见郭泽强:《关于职务侵占罪主体问题的思考——以对“利用职务上的便利”之理解为基点》,载《法学评论》2008年第6期。

② 参见张明楷:《刑法学》(第2版),法律出版社2003年版,第785页。

为《刑法》设置两罪,以期保护的法益并不一致,贪污罪的保护法益除了公共财产权益外还包括国家工作人员职务行为的廉洁性,因而将职务解读为担负管理性工作,从而有效打击此类犯罪,促进廉政建设。而《刑法》将职务侵占罪设置在侵犯财产罪一章,其保护法益只是公共财产权益。因此,对于职务侵占罪和贪污罪的客观方面应区别对待,对该罪犯罪构成中“职务”的解释不宜过严。无论是从事管理工作还是从事业务工作,只要对单位财产具有某种稳定的管理关系,便存在潜在的破坏这种管理关系,将单位财产占为己有的便利性和盖然性。

其次,职务是一项由单位分配给行为人反复地、持续地从事的工作,具有相对稳定性的特点,如果是单位临时一次性地委托行为人从事某项事务,行为人乘机实施侵吞单位财物的行为,一般不宜认定为“利用职务上的便利”而实施的职务侵占行为。①

综上所述,界定“利用职务上的便利”内涵的关键在于行为人对单位财物是否享有一定程度的权限管领,单位的劳务人员并不被完全排除在职务侵占罪的主体范畴之外,若其对单位财物具有一定程度的实际控制或处置的权限,并利用这种权限形成的便利条件非法占有单位财物,应认定为职务侵占罪。

回归到窦某某盗窃一案,首先,施工队与北京建材公司只是简单的承揽合同关系,并无上下级隶属关系,自然,人事关系上也是相互独立的。因此,窦某某只能划归在施工队的组成人员之列。而窦某某所在的施工队仅仅是包工头程某某为顺利完成所承包安装工程的工作量而临时雇佣人员组成的简单而松散的组织,显然不具备单位的基本属性(形式上的合法性、组织性和团体性),不属于职务侵占罪犯罪构成中“其他单位”的范畴。

其次,案例中,窦某某的工作只是从事体力劳动,虽然其工作具备

---

① 参见黄祥青:《职务侵占罪的立法分析与司法认定》,载《法学评论》2005 年第 1 期。

本罪犯罪构成要件要素“职务”的相对稳定性的特征,但是却欠缺与单位财产的权限管理的关系,故而窦某某的工作与本案中的农用三轮车并无直接关联,不属于职务侵占罪犯罪构成中“职务”的范畴。

最后,对于该罪犯罪构成中“利用职务上的便利”一词的内涵,应结合该罪基本特征,在罪名框架下加以理解,不宜作过于宽泛的解释。在窦某某盗窃一案中,施工队只是临时一次性地委托行为人使用农用三轮车担负外出卖废品的事务,行为人乘机侵吞该财物,自然不能算作“利用职务上的便利”。综合上述3条理由,无论哪一条都足以排除职务侵占罪的成立,因此,窦某某的行为性质只能在侵占罪和盗窃罪中寻求答案。

五、关于侵占罪认定过程中的相关问题及思考

判断窦某某的行为性质是否属于侵占,需要重新解构其行为元素,进而与侵占罪的犯罪构成要件进行比较,考量是否一一匹配,以期得出一个合理的结论。

我国《刑法》第270条将侵占罪界定为:行为人将代为保管的他人财物或者他人的遗忘物、埋藏物非法占为己有,数额较大,拒不退还或交出的行为。我们可以参考他国刑法关于侵占罪的规定,将侵占罪分为普通侵占罪和侵占遗忘物、埋藏物罪两类,由于本案案情只与普通侵占罪存在关联,因而本书仅就普通侵占罪的相关问题展开论述和思考。对于窦某某行为定性的主要争议点集中在行为人在行为前是否形成对农用三轮车的“代为保管”的占有状态以及对“他人财物”的界定上,下面本书一一进行分析。

1. 普通侵占罪中的“他人财物”的界定问题

正确解读普通侵占罪中“他人财物”的内涵,进而正确认定本案中窦某某的行为性质,首先必须厘清两个问题:第一,“他人”对于“财物”的权利形态;第二,“他人财物”是否仅限于自然人的财物,可否包

括公有财物在内？对于第一个问题，本书已在财产犯罪的保护法益部分进行了探讨，在此略过，本书仅就第二个问题展开探讨。

我国《刑法》将普通侵占罪的侵害对象定位于“代为保管的他人财物”，而把抢劫、盗窃、诈骗、抢夺等其他财产犯罪的侵害对象规定为“公私财物”。那么，这是否就表明了公有财物不能成为侵占罪的侵害对象呢？对此，学界存在观点分歧。

第一种观点认为，作为侵占罪侵害对象的“他人财物”仅限于公民私有财物。理由有二：一是《刑法》将侵占罪规定为“告诉的才处理”的自诉罪的一种，而告诉的主体只能是自然人，国家、公司、企业等则不能成为告诉的主体，因而公有财物自然不能成为侵占罪的侵害对象；二是贪污罪、职务侵占罪包含了侵占公有财物的行为，剩下的就只有侵占私有财物的行为才能作为侵占罪的内容，1997 年《刑法》之所以增设普通侵占罪，也正是弥补过去立法上的这一漏洞。①

第二种观点认为，作为侵占罪侵害对象的“他人财物”既包括公民的私有财物，又包括公有财物在内。理由有二：一是《刑法》设置自诉罪的目的在于将某些轻微犯罪或者发生在特定领域内的犯罪的追诉权赋予被害人，从而减少国家公权力的介入，而绝不是限定被害人的范围；二是尽管职务侵占罪、贪污罪已将公有财物纳入侵害对象的范畴，但在实践中，基于合同关系或者某种事实关系，不具有某种特定职务的人员合法持有公共财物，并进而非法转为己有，是完全可能的，对此只能以侵占罪论处。②

本书认为，为了更加周延地保护正当的财产权益，应当将“公有财物”包含在侵占罪的对象范畴之内。尽管我国《刑法》已经将公有财物明确纳入贪污罪、职务侵占罪的具体框架下加以保护，但这并不能

① 参见王光华、刘锁民：《论侵占罪的构成要件》，载《现代法学》1999 年第 4 期。

② 参见王作富：《略论侵占罪的几个问题》，载《法学杂志》1998 年第 1 期。

涵盖现实生活中形形色色的侵吞公有财物的行为,尤其是单位的业务人员将公司、企业等的集体财物交由他人代为保管,而他人趁机侵吞的现象并不鲜见。此外,行为人在使用之际,趁机侵吞并非单位范畴的集体财物的情形也比比皆是,在这种情形下,如果过于严苛地解释刑法用语的含义,则有失妥当,也会形成对该类行为定性的选择困境,最终与刑法保护正当权益的目的背道而驰。因此,我们应对该罪对象"他人财物"作更加宽泛的解读,立足于刑法的目的,将公有财物包含在内,最大限度地顾及实践中的种种例外情状,以解释的方式填补立法的不足,为正当的财产权益编织最大限度的法律保护网。

2. 窦某某对于涉案农用机动三轮车是否形成"代为保管"的占有状态?窦某某和"海红"对于涉案农用三轮车属于共同占有吗?

刑法上的占有,主要在于确定财物与占有人之间事实上的控制支配关系,并以此评价占有人或夺取该占有的人的行为性质。[①] 而判断窦某某在行为之前是否取得了对农用三轮车的占有就成为判断其行为性质的关键。正确认定窦某某的行为性质首先必须厘清"代为保管"的内涵以及由此呈现的占有状态背后的基础法律关系的外延。

根据各国关于侵占罪的法律规定,该罪属于非占有转移罪的一种,并且侵占罪的概念也存在广义与狭义之分。广义的侵占罪是包括普通侵占、业务侵占、侵占脱离占有物等各类侵占他人财物的行为在内的集合。狭义的侵占罪,是指侵占自己占有的他人财物的行为,在大陆法系国家,这种意义上的侵占罪也被称作普通侵占罪;而除此之外,还存在更狭义的侵占罪,仅限于侵占委托物的情形。在我国,普通侵占罪的本质究竟是仅侵害他人的委托信赖关系还是可以作更宽泛的解释呢?怎样界定"代为保管"的内涵和外延成为判断的

---

① 参见周光权等:《刑法上的财产占有概念》,载《法律科学·西北政法学院学报》2003 年第 2 期。

关键。

(1)关于“代为保管”内涵的界定

关于“代为保管”的界定,我国学界存在广义说、狭义说和折中说。其中广义说主张,“代为保管”是指所有的基于合法或者非违法的原因而形成的对财物的持有状态;狭义说则将“代为保管”界定为接受他人委托而暂时代其保管财物的状态,并且这种占有的状态必须是合法的;折中说则主张,“代为保管”是指行为人基于委托关系或者其他合同关系而将他人的财物置于自己的管理之下,但不包括不当得利和无因管理。目前我国通说采用广义说,即代为保管的本质是占有或者持有,但并不限于合法持有,只要是行为人基于某种非违法的原因而获得对他人财物的支配状态(包括事实上的支配和法律上的支配)即可。[①]

本书认为,行为人侵吞本人占有的他人财物,破坏他人的委托信任关系是侵占罪的常态,并且,在现实实践中,这种委托信任关系的形成原因又是多种多样的,如使用、借贷、寄存、委任、担保等,基于上述原因而形成的对他人财物的持有都可以引申理解为基于他人的委托信任而代为保管他人的财物。而这种委托信任关系的建立不一定要有成文的合同,只要事实上存在这种关系即可。[②] 比如在不当得利、无因管理的情形,虽然欠缺权利人的委托事宜,也不存在法律上的义务,但仍然可以从事实上推定行为人是受他人的实然委托而代为保管他人财物,并担负返还的义务。但是对基于委托信任关系而形成的“代为保管”的理解也不宜过滥,还必须结合社会的一般观念,考量权利人是否具备暂时转移财物实质支配控制权的意思,如果只是简单的、暂时的托付看管,则不能认定为基于委托信任关系的“代为保管”,此时,

① 参见陈兴良、陈子平:《两岸刑法案例比较研究》,北京大学出版社2010年版,第207页。

② 参见刘明祥:《财产罪比较研究》,中国政法大学出版社2001年版,第326页。

行为人对于财物当然也不能形成占有。

(2)关于占有状态的判断

在实践中,经常出现这样的情形,即虽然表面上似乎具备委托信任关系,但是行为人并未形成对他人财物的实际支配控制的状态。比如,甲路过一手机专卖店,欲购买某型号手机,但此时店中正缺此货,于是店主便让甲帮忙看一下店,自己去库房取货,其间甲心生歹意,随手拿了几部手机后便逃之夭夭。那么,在这种情况下,是否可以认定行为人甲成立侵占罪呢?答案显然是否定的。从当时的情形来看,店主只是一句随便的交代,并不存在让甲长时间代为看管、支配店中手机的意思表示,甲只为占有辅助人,此时其趁机取走手机的行为只能认定为盗窃罪。因此,行为人是否存在对他人财物的占有,并非纯事实的判断,而必须结合社会的一般观念对实际控制支配状态的存在与否进行判断。[①]

而在社会实践中,财物虽然处于行为人的实际控制之下,但仍然可以否定其对财物的占有,这里涉及另外一种类型的占有辅助的相关问题,即基于特定的从属关系,受他人的指示而对财物为事实上的管领和控制。例如,甲雇用乙驾车,甲为占有人,乙为占有辅助人。再如,工人对工厂机器的占有,商店售货员对商品的占有,等等,都是基于一定的从属关系而成立的占有辅助。占有辅助是对占有概念的限缩,占有辅助人的占有不构成独立的占有。[②] 在日本,在占有辅助的情形下,“下位者尽管现实地握持着财物或者具有事实上的支配,也仅仅是单纯的监视者乃至占有帮助者,因而下位者排斥上位者取得该财物

---

① 参见徐凌波:《刑法上的占有》,载陈兴良主编:《刑事法评论》第 25 卷,北京大学出版社 2009 年版。

② 参见《北京大学法学百科全书》编委会编:《北京大学法学百科全书:民法学、商法学》,北京大学出版社 2004 年版,第 1176 页。

的独占性支配的行为,成立盗窃罪"①。在我国的司法实践中,对上述行为也通常认定为盗窃罪,除非上位者对下位者存在高度信赖或者赋予其一定的支配处分的权力,此时可以推定下位者是从属的占有者,在行为时存在对财物的占有,因而成立侵占罪。综合对上述两种类型的占有辅助情形的思考,可以得出这样的结论:行为人基于代为保管的事由而形成对财物的占有状态,除了事实上对财物形成支配控制外,还必须能够确定权利人明示或者默示地作出了暂时转移对财物的实际控制支配权的意愿。当然,在权利人不知情的情况下(如无因管理和不当得利),至少能够实然推定行为人对财物暂时的正当控制并不违背权利人的意志。

关于占有状态的认定,除了判断行为人是否事实上暂时支配控制着财物,并且,这符合或者至少并不违背权利人的意愿,还要考虑其是否具备法律上的支配处分的能力,即是否存在法律层面的支配处分的效果实现的可能性。在窦某某盗窃一案中,涉案财物为一辆无牌照的农用三轮车,权利人显然没有进行过登记注册。② 因而单纯的销赃行为就可以发生所有权转移的效果,直接侵害施工队的占有权,最终侵害了明兴建材公司对农用三轮车的所有权,即窦某某在行为时对农用三轮车完全存在法律层面的支配处分的效果实现的可能性。

(3)关于侵占行为

关于侵占的含义,国外刑法学界存在取得行为说和越权行为说的观点分歧。主张取得行为说的学者认为,所谓侵占是指将合法占有的他人财物非法转为己有,并以财物所有人的身份享受所有权的内容,

---

① [日]大冢仁:《刑法概说》(各论)(第3版),冯军译,中国人民大学出版社2003年版,第190页。

② 这一认识是基于《机动车登记规定》(2012年修正)第5条有关机动车注册登记的规定:初次申领机动车号牌、行驶证的,机动车所有人应当向住所地的车辆管理所申请注册登记。

实现其非法取得的意思;而主张越权行为说的学者则认为,违背委托信任关系是普通侵占罪的本质所在,因而侵占的成立并不以非法取得的实现为必要,只要对自己占有的他人之物实施超越权限的行为即可。

本书认为,侵占罪作为取得罪的一种,客观上必须具备非法取得的行为,主观上也必须具备非法占为己有的意思,两者缺一不可。而一般单纯的越权行为并不能产生取得的效果,如果采纳越权行为说来界定侵占的含义,对权限范围的把握便成为一个难题。如果对此理解得过于宽泛,则会不当扩张侵占罪的处罚范围。① 比如,把一时的擅自使用或者弄破外包装看看里面装有何种物品的行为也理解为越权行为时,及于本案,就会得出这样的结论:施工队违背出借方明兴建材公司的借用规定(车由专人驾驶,规定不许出厂区)而不当使用的行为也属于侵占的行为,这显然有失妥当。由此可见,取得行为说更为贴近侵占罪的本质,但需要注意的一点是,两种学说并非存在天壤之别,因为对委托信任关系的破坏作为侵占罪的本质特征,取得行为说一般也会考虑超越权限的问题,只是对权限的范围以及超越的程度把握得更加严格一些,必须达到足以实现行为人非法占有的不法意图才能认定为侵占行为。

回归到窦某某盗窃一案,本书认为,对农用三轮车的占有仍然归属于施工队,窦某某和"海红"只是作为占有的辅助者,而不是独立的占有者。分析如下。

首先,施工队与两工人之间存在雇佣与被雇佣的上下位从属关系,该案表面上似乎具备施工队对自己职工窦某某和"海红"的委托信任关系,施工队将车交由两人使用。尽管这种委托信任关系存在瑕疵(违背了建材公司关于财物的借用规定),但总体上,施工队的行为只

① 参见刘明祥:《财产罪比较研究》,中国政法大学出版社 2001 年版,第 356 页。

是一种不当使用,而未实施除使用之外的处分行为,因此,并未逾越自身权限的界限。但这是否就能表明两人业已形成对财物的占有状态呢?

其次,根据上文论述的有关占有辅助的理论,尽管下位者实际控制着财物,但也只是严格按照上位者的指示行事。并且,根据社会的一般观念推断,窦某某和“海红”二人对于三轮车的权限也仅限于暂时的使用,并担负使用完毕及时返还的义务,不存在对车的任何实质的处分权。若两人擅自处分,比如挪作他用或者不法侵吞,则必然是违背权利人的意愿的,同时这也是基于两人只是财物暂时的使用和监视人而不是占有人的宗旨而得出的结论。由此推断,两人并不存在对财物事实上的控制支配关系,也不存在权利人任何关于财物支配权限的明示或者默示的转移意思表示,即使存在法律层面的支配处分的效果实现的可能性,也不足以形成对财物的占有状态。

最后,既然行为人窦某某不存在对财物的占有,那么其避开“海红”视线,悄悄取走财物的行为性质只能在盗窃罪中寻找答案。

六、关于盗窃罪认定过程中相关问题的思考

我国刑法通说一般将盗窃罪界定为:以非法占有为目的,秘密窃取数额较大的公私财物或者具备多次盗窃、入户盗窃、携带凶器盗窃、扒窃情节的行为。而判断行为人是否采取了“秘密窃取”的手段,则成为准确定性窦某某行为性质的关键。下面本书便就此展开探讨。

1. 盗窃罪中“秘密窃取”内涵的界定

盗窃罪中的“窃取”是指“违反占有人的意思,排除占有人对财物的占有,将目的物转移到自己或第三人的占有之下”①。该词本意应是采取秘密的形式取走财物,但在德日等国,并未作此严格解释,只要

① [日]大谷实:《刑法各论》,黎宏译,法律出版社2003年版,第153页。

未采取暴力、胁迫的手段取走财物,便可以认定窃取的成立,这是因为德日等国的刑法并未规定抢夺罪,而是将公然夺取财物的行为纳入盗窃罪的范畴加以规制。而在我国,一般是将"秘密窃取"作为成立盗窃罪的必备要件,秘密窃取是完全不同于公然夺取的侵财行为,两者在社会危害性程度层面也存在一定差异。

在我国的刑法通说中,"秘密窃取"包括三方面的含义:(1)取财的"秘密性"是针对财物的所有人或者保管人而言的,至于第三人是否知晓,则在所不问;(2)秘密性是指行为人主观上的自我感觉,只要行为人采取自认为不为财物的所有人或者保管人所知晓的手段暗中窃取财物即可,即便权利人察觉,但却没有公开阻止而是任其行窃,在此情形下,也成立盗窃罪;(3)秘密窃取的行为必须具备连贯性,如果在秘密行窃的过程中被权利人察觉,转而进行公然夺取或者使用暴力、胁迫的手段强取,则其行为性质转变为抢夺或者抢劫。①

在现实生活实践中,窃取的手段形形色色,在很多情况下,行为人可能会将窃取与欺骗的手段兼施并用,此时可能会产生是盗窃还是诈骗的定性选择障碍。一般来说,如果行为人实施窃取行为时,所采用的欺骗手段并没有使对方产生终局性转移财物的处分意思,②那么仍然成立盗窃罪。这里有必要介绍有关占有转移罪的相关问题。

2. 占有转移罪相关问题

占有转移罪分为违反对方意思的占有转移罪和基于对方意思的占有转移罪两种类型。盗窃罪、抢夺罪、抢劫罪等即属于前者,而后者则主要包括诈骗罪等。在违反对方意思的占有转移罪中,被害人往往处于一种消极被动的地位,在犯罪构成中,被害人不发生任何作用,甚

① 参见陈立主编:《财产、经济犯罪专论》,厦门大学出版社 2004 年版,第 486 ~ 487 页。

② 关于"终局性转移的处分",这是日本学者西田典之提出的一个概念。

至可以忽略不计。[1] 但是在基于对方意思的占有转移罪中，被害人却往往占据重要地位。以诈骗罪为例，被害人基于和行为人的互动而产生认识的错误，从而主动交付财物，尽管其交付财物的意思存在瑕疵，但仍属于自主处分财物的范畴。由此可以得出这样的结论，被害人是否因为行为人的欺骗行为而产生认识的错误，进而基于这种错误的认识自愿主动交付财物便成为区分盗窃罪和诈骗罪的关键。在窦某某盗窃一案中，尽管“海红”因为行为人窦某某编造的给车加油的谎言而陷入认识上的误区，但“海红”对农用三轮车并不存在处分能力，也不可能产生处分财物的意思，“海红”的离开只是其基于对同事的信赖而后续产生的一个再自然不过的事实行为，这里的欺骗手段只是窦某某窃取行为的一个环节，当然排除了诈骗罪的成立。

回归到窦某某盗窃一案，行为人窦某某采取了欺骗手段转移财物控制着“海红”的视线悄悄取走财物，其行为的实质是不为农用三轮车的实际占有者（施工队）所知晓情形下的秘密窃取，行为人窦某某采用这种秘密窃取的手段排除了施工队对农用三轮车的占有，并采取欺骗的方法将车转移到自己单独控制占有之下，这完全符合盗窃罪犯罪构成客观方面的要求。此外，该案的犯罪数额是以事后农用三轮车的实际鉴定价值人民币 6720 元为准，达到了构成盗窃罪的数额较大的罪量标准。综上所述，行为人侵占财物的故意产生于其单独占有财物之前，并实施了一连串积极的行为将财物转移到自己的单独占有之下，以实现非法取得的目的，由此我们可以认定，窦某某的行为已经构成了盗窃罪。

---

① 参见陈兴良、陈子平：《两岸刑法案例比较研究》，北京大学出版社 2010 年版，第 15 页。

本案的结论

判断行为人的行为是否构成犯罪的衡量标准是该行为是否齐备所有的犯罪构成要件要素。在本案中,行为人窦某某采取欺骗手段转移财物占有,并建立起自己对该财物新的占有,同时涉案财物也达到了数额较大的标准,这完全符合盗窃罪的犯罪构成要件,因此,对窦某某应当以盗窃罪进行定罪处罚。

第八章　收钱后没有为他人谋取利益能否认定为受贿罪

基本案情

被告人何某系上海市某区某行政机关许可证管理科的负责人。2005 年 1 月至 2007 年 7 月，何某负责管理进口医疗器械经营许可证的申请办理工作。2006 年 7 月，某医疗器械销售公司经理罗某（另案判决）想要从事进口医疗器械的经营业务，并且希望被告人何某能在将来公司申请办理进口医疗器械经营许可证的过程中提供便利，于是先后两次宴请被告人何某在某五星级酒店用餐，席间罗某了解到办理进口医疗器械经营许可证的程序、手续费和所需材料，并托人先后两次送给何某现金人民币 5 万元、金表 2 块（价值人民币 3 万多元），还组织何某全家赴新马泰“十日游”，并承担何某全家所有旅行开销，被告人何某对上述罗某给予自己财物和利益的目的心知肚明并照单全收。后由于罗某从别处了解到该公司并不具备申请办理进口医疗器械经营许可证的资质和条件,便打消了申请办理进口医疗器械经营许可证的念头,转行经营其他业务,也未再与被告人何某联系。2008 年年初,何某因涉嫌其他经济犯罪而案发。

争议焦点

第一种意见认为,何某的行为不构成受贿罪。受贿罪的构成要件中有“为他人谋取利益”的要求,即要求行为人客观上必须具有为他人谋利的实际行为,本案中何某并无谋取利益的行为,故不符合受贿罪的客观方面要件,因此不构成受贿罪。

第二种意见认为,何某的行为构成受贿罪。理由是:我国《刑法》第 385 条中的“为他人谋取利益”的要件并不是受贿罪的构成要件之一,其存在将阻碍司法机关对受贿行为的认定,不符合世界的反腐败潮流,与我国重点打击腐败犯罪的形势政策背道而驰,在目前完全可以不将其看作受贿罪的构成要件之一。因此,本案中何某的行为应构成受贿罪。

第三种意见认为,何某的行为构成受贿罪。因为受贿罪要件中的“为他人谋取利益”乃是主观要件而非客观要件,因此只要证明收受财物的人主观上具有为他人谋取利益的目的即可,客观上是否具有谋取利益的行为不影响受贿罪的认定。本案中何某主观上具有为他人谋取利益的目的显而易见,因此应当构成受贿罪。

第四种观点认为,何某的行为构成受贿罪,但认为“为他人谋取利益”是客观要件而非主观要件,只是并不要求行为人实际上有谋取利益行为,只要满足许诺为他人谋利即符合该要件。本案中何某是用暗示的方式许诺为罗某谋取利益，因此成立受贿罪。[①]

相关法条

1.《中华人民共和国刑法》第385条　【受贿罪】国家工作人员利用职务上的便利，索取他人财物的，或者非法收受他人财物，为他人谋取利益的，是受贿罪。

国家工作人员在经济往来中，违反国家规定，收受各种名义的回扣、手续费，归个人所有的，以受贿论处。

2.《最高人民法院、最高人民检察院关于执行〈关于惩治贪污罪贿赂罪的补充规定〉若干问题的解答》(已失效)

三、关于贿赂罪的几个问题

(四)关于构成受贿罪的行为如何掌握的问题

根据《补充规定》第四条第一款的规定，认定受贿罪的行为应当掌握：

1. 索取他人财物的，不论是否"为他人谋取利益"，均可构成受贿罪。

2. 非法收受他人财物，同时具备"为他人谋取利益"的，才能构成受贿罪。为他人谋取的利益是否正当，为他人谋取的利益是否实现，不影响受贿罪的成立。

3.《中华人民共和国刑法》第3条　【罪刑法定】法律明文规定为犯罪行为的，依照法律定罪处刑；法律没有明文规定为犯罪行为的，不得定罪处刑。

---

① 参见陈兴良主编：《刑事疑案评析》，中国检察出版社2004年版，第184页。

4.《全国法院审理经济犯罪案件工作座谈会纪要》

三、关于受贿罪

(一)关于"利用职务上的便利"的认定

刑法第三百八十五条第一款规定的"利用职务上的便利",既包括利用本人职务上主管、负责、承办某项公共事务的职权,也包括利用职务上有隶属、制约关系的其他国家工作人员的职权。担任单位领导职务的国家工作人员通过不属自己主管的下级部门的国家工作人员的职务为他人谋取利益的,应当认定为"利用职务上的便利"为他人谋取利益。

……

(三)"利用职权或地位形成的便利条件"的认定

刑法第三百八十八条规定的"利用本人职权或者地位形成的便利条件",是指行为人与被其利用的国家工作人员之间在职务上虽然没有隶属、制约关系,但是行为人利用了本人职权或者地位产生的影响和一定的工作联系,如单位内不同部门的国家工作人员之间、上下级单位没有职务上隶属、制约关系的国家工作人员之间、有工作联系的不同单位的国家工作人员之间等。

5.《最高人民法院关于国家工作人员利用职务上的便利为他人谋取利益离退休后收受财物行为如何处理问题的批复》

国家工作人员利用职务上的便利为请托人谋取利益,并与请托人事先约定,在其离退休后收受请托人财物,构成犯罪的,以受贿罪定罪处罚。

学理分析

我国《刑法》第385条第1款规定,国家工作人员利用职务上的便利,索取他人财物的,或者非法收受他人财物,为他人谋取利益的,是受贿罪。本案争议焦点在于如何理解该条中的“为他人谋取利益”,具体涉及“为他人谋取利益”是否属于受贿罪的构成要件之一,“为他人谋取利益”是受贿罪的主观要件还是客观要件,以下将围绕这两个问题进行详细论述。

一、“为他人谋取利益”是否属于受贿罪的构成要件之一

1.“为他人谋取利益”作为收受型受贿罪的构成要件分歧

在理论上和司法实践中,“为他人谋取利益”这一要件不属于“索取型”受贿罪的构成要件已经基本达成共识,但对于“收受型”受贿罪,“为他人谋取利益”在构成要件中的地位、性质和认定标准,向来是受贿罪适用中争论的焦点。关于“为他人谋取利益”是否属于收受型受贿罪的构成要件,存在否定说和肯定说两种观点。①

否定说认为“为他人谋利”不是受贿罪的构成要件。② 首先,他们认为受贿罪的客体即国家工作人员职务行为的廉洁性中不包含“为他人谋取利益”的内容,只要侵犯了国家工作人员职务行为的廉洁性,如收受他人财物等,就已经侵犯了受贿罪的法益,就应受到刑罚的惩罚,而不需要其他附加条件。其次,他们认为将“为他人谋取利益”作为“收受型”受贿罪的必备要件,会给司法实践带来认定上的困难,加大司法机关办案的难度,从而不利于打击目前日益猖獗的腐败犯罪。相反,取消此要件,则会及时查处相关受贿案件,避免司法真空,最重要的是提高了办案效率和办案质量。再次,他们认为取消“为他人谋取利益”这一要件,可以使那些收受了他人财物,而又不为他人办事的人不会因为没有“为他人谋取利益”而逃避受贿罪的处罚。他们认为现

① 参见孙国祥:《贪污贿赂犯罪疑难问题学理与判解》,中国检察出版社 2003 年版,第 319 页。

② 参见肖晚祥等:《论受贿罪构成要件中的“为他人谋取利益”——现行立法及其与理论、司法的冲突研究》,载《政治与法律》2000 年第 6 期。

在的司法实践中所坚持的“只收受他人财物而不为他人谋取利益的行为,甚至是‘帮倒忙’的行为,都不能构成受贿罪”的做法,使收受他人财物者有了逃脱的可能——因为只要他从一开始就不想、不承诺,实际上也就没有“为他人谋取利益”的主观目的和客观行为,这样就不能构成受贿罪。而对这种行为如果不作为受贿犯罪处理,要维护公务行为的廉洁性是不可能的,更是人民群众所不能接受的,所以他们呼吁取消“为他人谋取利益”这一构成要件。最后,他们还举出了世界其他国家的相关立法以及我国古代的相关立法、司法实践来说明受贿罪不以为他人谋取利益为构成要件,如我国唐朝的“受所监临”“坐赃”“受财枉法”“受财不枉法”等制度就反映了不管是否为他人谋取利益,都应当受到处罚。另外,还有学者认为在司法实践中,审理受贿罪案件,也往往忽视这一要件,只求其他要件的成立,进而据此否认“为他人谋取利益”的必要性,认为为他人谋取利益不是也没有必要作为受贿罪的构成要件。他们认为“为他人谋取利益”应该包括在利用之便利的要件之中。

肯定说认为,“为他人谋取利益”是受贿罪的构成要件,且为法定要件,在立法中已经得到确认,为他人谋取利益与利用职务之便是一个有机整体;该说还认为,为他人谋取利益是受贿的交换条件,而且认为“为他人谋取利益”是区别受贿罪与贪污罪、诈骗罪、敲诈勒索罪等其他犯罪的重要标准。①

在本案的分歧意见中,持第二种意见的人认为何某构成受贿罪,其理由就在于,“为他人谋取利益”的要件不是受贿罪的构成要件之一。该观点与赞同否定说的学者的观点一致,认为为使我国的反贿赂斗争能适应新形势和廉政建设的需要,减轻司法人员在认定受贿罪时

① 参见赵建平:《贪污贿赂犯罪界限与定罪量刑研究》,中国方正出版社2000年版,第267~268页。

不必要的负担,不将“为他人谋取利益”看作受贿罪的成立要件之一。

2. 对否定说的批判

否定说有利于从严打击腐败分子,但是它并未平息“为他人谋取利益”性质认定上的理论争议,只是在回避矛盾,仍然无益于解决司法实践中的现实困境。通过对各类行、受贿案件进行分析,我们不难看出,行贿方为了获取某种利益是此类案件产生的动机,没有行贿人的利益要求,受贿方是不可能收受到财物的,所以“为他人谋取利益”是行、受贿案件的根源,它对案件的产生、发展起着重要的作用,这也充分体现出受贿犯罪钱权交易的本质。否定说建构下的受贿罪罪状忽略了利用职务便利收受他人财物行为的定性和定量因素,容易致使受贿行为与亲友之间正常的礼尚往来无法区分、情节轻微的受贿行为受到严惩,不能体现我国惩罚少数以教育并挽救多数的刑事政策思想,不符合我国当前的国情。

3. 对肯定说的赞同

就目前《刑法》的规定和我国国情来看,“为他人谋取利益”应当是受贿罪的构成要件之一,否认其构成要件的观点是不妥当的。理由如下。

(1)立足于我国受贿罪的立法沿革

纵观我国立法上的发展历程,“为他人谋取利益”这一要件,并不是自始规定在刑法中的,而是经历了从无到有、从粗到细的发展阶段。

①非要件阶段。在此阶段,利益要件不作为受贿罪要件。该阶段是从中华人民共和国成立后到 1985 年最高人民法院和最高人民检察院联合发布《关于当前办理经济犯罪案件中具体应用法律的若干问题的解答(试行)》(已失效)之前。1952 年,原政务院公布实施的《惩治贪污条例》第 2 条规定:“一切国家机关、企业、学校及其附属机构的工作人员,凡侵吞、盗窃、骗取、套取国家财物,强索他人财物,收受贿赂以及其他假公济私违法取利之行为,均为贪污罪。”在这部法律中,贪

污罪是一个范围较大的罪名,包括多种行为,其中就包含受贿行为。也就是说,受贿行为的处罚不是按照受贿罪处罚,而是按照贪污罪处罚,只要行为人实施了符合法条规定的行为,即构成犯罪,不论是否利用职务上的便利,不论是否为他人谋取利益。所以,这里的贪污罪是个“口袋罪”,包含受贿、诈骗、敲诈勒索等。1979 年我国首部《刑法》颁布实施,其中第 185 条单独规定了受贿罪,但仍然没有规定利益要件。当时的法条原文是:“国家工作人员利用职务上的便利,收受贿赂的,处五年以下有期徒刑或者拘役。赃款、赃物没收,公款、公物追还。犯前款罪,致使国家或公民利益遭受严重损失的,处五年以上有期徒刑。向国家工作人员行贿或者介绍贿赂的,处三年以下有期徒刑或者拘役。”

②要件阶段。这一阶段,利益要件作为受贿罪的要件正式规定在法条之中,具体又分为要件产生和要件细化两个阶段。首先,是要件产生阶段。1985 年 7 月,最高人民检察院和最高人民法院联合发布了《关于当前办理经济犯罪案件中具体应用法律的若干问题的解答(试行)》(已失效),其中规定:“受贿罪是指国家工作人员利用职务上的便利,为他人谋取利益,而索取或者非法收受他人财物的行为,是污职罪的一种。”这条司法解释,第一次将利益要件规定在法条之中,作为受贿罪的要件加以承认,为未来的刑事立法发展奠定了基础。但此时的利益要件,没有对“索取型”和“收受型”加以区分,而是作为两种受贿罪共同的要件规定的。①

其后,在要件细化阶段,对于受贿罪的两种类型区别对待,即利益要件是“收受型”的构成要件,不是“索取型”的构成要件。1988 年全国人大常委会通过的《关于惩治贪污罪贿赂罪的补充规定》(已失效)

① 参见陈连福、王卫星主编:《新刑法:贪污贿赂犯罪》,西苑出版社 1999 年版,第 112 页。

第4条规定："国家工作人员、集体经济组织工作人员或者其他从事公务的人员，利用职务上的便利，索取他人财物的，或者非法收受他人财物为他人谋取利益的，是受贿罪。"这一法条的规定，是对利益要件的细化。利益要件只是"收受型"受贿罪的构成要件，"索取型"不需要"为他人谋取利益"即可成罪。① 1989年最高人民法院、最高人民检察院发布的《关于执行〈关于惩治贪污罪贿赂罪的补充规定〉若干问题的解答》(已失效)具体规定："索取他人财物的，不论是否'为他人谋取利益'，均可构成受贿罪。非法收受他人财物，同时具备'为他人谋取利益'的，才能构成受贿罪。为他人谋取的利益是否正当，为他人谋取的利益是否实现，不影响受贿罪的成立。"这一解释进一步明确了利益的性质与利益实现与否，对受贿罪没有影响，对利益要件作出了更加细致的规定。②

1997年《刑法》第385条第1款规定："国家工作人员利用职务上的便利，索取他人财物的，或者非法收受他人财物，为他人谋取利益的，是受贿罪。"经历了一系列的立法沿革和理论探索，利益要件最终作为法定的构成要件规定在《刑法》之中。③

从上述立法发展的过程可以看出，把"为他人谋取利益"作为受贿罪的要件，是先由司法机关提出的，是总结司法实践经验的结果，反映了司法实践的需要。将其不看作受贿罪要件的观点无非主张回到过去"非要件阶段"的立法例，有违立法演进的思路，也不符合立法者的立法初衷。

① 参见许海波：《贪污贿赂罪若干问题研究》，知识产权出版社2005年版，第106页。

② 参见陈连福、王卫星主编：《新刑法：贪污贿赂犯罪》，西苑出版社1999年版，第112页。

③ 参见全国人大常委会法工委研究室编写组编著：《中华人民共和国刑法释义》，人民出版社1997年版，第509页。

(2)立足于罪刑法定原则

我国《刑法》第3条明文规定:“法律明文规定为犯罪行为的,依照法律定罪处刑;法律没有明文规定为犯罪行为的,不得定罪处刑。”这条规定一方面从消极的角度说明凡是《刑法》没有明文规定为犯罪的行为都不能定罪和处刑,另一方面从积极的角度说明凡是《刑法》明文规定为犯罪的行为都要依照《刑法》定罪处刑。而要认定某一行为是否构成犯罪,要看其行为和《刑法》分则某一具体犯罪的构成要件是否一致,如果行为符合某一犯罪的罪状的描述,该行为原则上就构成犯罪。因此,认定犯罪应当严格依照《刑法》分则的规定,不能任意删减法律明确规定的要件,否则就违反了罪刑法定原则。任意删减罪状中构成要件的后果,可能是不恰当地扩大了处罚的范围,因而违反了罪刑法定原则的消极角度的要求,也可能是不恰当地缩小了处罚范围,使许多原本构成犯罪的行为逃脱了法律的制裁,因而违反了罪刑法定原则的积极角度的要求,这两者都是不可取的。否定论者认为《刑法》明文规定的“为他人谋取利益”不是构成受贿罪的要件之一,无疑是人为地减少了受贿罪客观方面的构成要件,使受贿罪的成立范围扩大,这完全是出于打击犯罪的考量,而实质上是违反罪刑法定原则的,既有违当代刑法提倡民主和保障人权的理念,又不符合刑法谦抑性的要求。

(3)立足于受贿罪所保护的法益

关于受贿罪的客体,中外理论都聚讼不休、观点纷呈。从世界范围来看,主要存在不可收买性说和纯洁性说的分歧。前者起源于罗马法,认为受贿罪的保护法益是职务行为的不可收买性。根据这一立场,不管公务员所实施的职务行为是否正当合法,只要他要求、约定或者收受与职务行为有关的不正当报酬,就构成受贿罪。后者起源于日耳曼法,认为受贿罪的保护法益是职务行为的纯洁性或公正性、职务行为的不可侵犯性。根据这一立场,只有当公务员实施违法或者不正当的职务行为，从而要求、约定、或收受不正当报酬时，才构成受贿罪。[①]

在我国刑法理论上，受贿罪客体也存在诸多争议，归纳起来分为单一客体、复杂客体、选择客体3种观点。[②] 单一客体说认为受贿罪侵犯的法益是单一的，对侵犯的这个单一客体是什么，却有着不同的说法，其中主要包括国家的正常管理秩序、职务的不可收买性和国家工作人员职务的廉洁性这3种观点。[③] 复杂客体认为，受贿行为同时侵犯了两种或两种以上客体，即既侵犯了公私财物所有权，又侵犯了国家的正常秩序。[④] 选择客体说认为，受贿罪的客体不是唯一的，可能侵犯了多种客体，有可能是国家正常的秩序，有可能是公私财产所有权，也有可能是社会经济的正常发展。只要行为具备了受贿罪的其他要件，并且侵犯上述客体中的任何一种，就构成受贿罪。[⑤]

本书坚持的观点是：受贿罪的客体是职务的不可收买性。有学者这样阐述“不可收买性”：国家的作用在于运用公权力处理公共事务，这就要求国家能够公平地处理事务，不能因为某一个人的利益而损害大多数人的利益。国家工作人员作为国家权力的执行者，更要遵守维护这种公平，否则危害是很大的。因此，规定受贿罪的意义在于，禁止国家工作人员把公务和利益作为对价关系进行交换以谋取私利，以防公民丧失对国家权力公正性的信赖。这种权力和钱财的对价关系，也就是职务的不可收买性的表现。当然，如果国家工作人员在侵犯职务不可收买性的同时，违法或者不正当地实施了职务行为，进一步侵犯

---

① 参见张明楷：《法益初论》，中国政法大学出版社2000年版，第616页。

② 参见孙国祥：《贪污贿赂犯罪疑难问题学理与判解》，中国检察出版社2003年版，第276页。

③ 参见高铭暄主编：《中国刑法学》，中国人民大学出版社1989年版，第711页。

④ 参见吕继贵：《罪与罚：渎职罪的理论与实践》，上海社会科学院出版社1988年版，第23页。

⑤ 参见黄海龙：《当前我国刑法受贿罪若干问题研究》，载中国刑法学研究会组织编写：《全国刑法硕士论文荟萃》1981—1988届，中国人民公安大学出版社1989年版。

了职务的公正性，则这种行为的危害更大。因此，日本、德国等把侵犯职务的不可收买性作为受贿罪的法益，职务行为构成其他违法行为的，则作为加重处罚、提高法定刑的情节。

我国《刑法》中规定的受贿罪中的“索取型”受贿罪不要求具备利益要件，这在理论界和实务界已经基本达成共识，而在“收受型”受贿罪中，本书赞成肯定“为他人谋取利益”要件的观点，理由在于，“收受型”相比“索取型”受贿行为来说，其意图较为模糊，表现较为隐蔽，因此在判断收受财物与职务行为之间的对价关系时，不是很明确。按照收受财物的时间先后，可以分为如下 3 种情况：第一，请托人在国家工作人员实施职务行为为其谋利益之前，就事先交付财物，行为人接受财物；第二，国家工作人员实施职务行为为他人谋取利益的过程中，请托人交付财物，行为人接受财物；第三，国家工作人员实施职务行为为他人谋取利益之后，请托人交付财物。其中，在第一种情况下，请托人并未请求国家工作人员为其谋取利益，而是事前就交付了财物，这样的话就较难认定职务行为与财物之间的对价关系。因为，他人主动交付财物给国家工作人员，国家工作人员收受财物后，要实施职务行为为他人谋取利益，或者许诺为他人谋取利益，这样才形成对价关系。于是，《刑法》条文在“非法收受他人财物”之后，添加了“为他人谋取利益”的要件。由于“为他人谋取利益”显然是基于国家工作人员的职务行为，这一要件旨在说明国家工作人员收受财物与其职务之间具有对价关系。如果脱离这种对价关系，单纯从字面上理解“为他人谋取利益”抑或否定该要件的存在价值，就会使该要件失去真实的含义。

4. 对本案中第二种分歧意见的否定

结合本案，笔者认为，从肯定“为他人谋取利益”的构成要件地位的立场出发，应当否认第二种意见的正确性。首先，从 1952 年《惩治贪污条例》到 1997 年《刑法》的立法沿革可以看出“为他人谋取利益”

要件的发展历程和立法者的价值趋向,法律是肯定“为他人谋取利益”必备要件地位的。因此,持第二种分歧意见的论者以“为他人谋取利益”不是受贿罪的构成要件为由肯定何某构成受贿罪,不符合我国受贿罪的法律演进历程和立法者的价值趋向。其次,司法裁判要严格遵循罪刑法定原则,不能任意删减法律明确规定的要件。“为他人谋取利益”是法律明确规定在“收受型”受贿罪中的法定构成要件,不能在本案中随意删减以不适当地违反罪刑法定原则迎合严厉打击贪污受贿行为的政策要求。因此,持第二种分歧意见的论者以“为他人谋取利益”不是受贿罪的构成要件为由肯定何某构成受贿罪,没有法律依据,不符合罪刑法定的要求。最后,在肯定了受贿罪侵犯的法益是职务行为的不可收买性的基础上,只有认定“为他人谋取利益”是“收受型”受贿罪的成立要件之一,才能肯定收受财物与职务行为之间的对价关系,才能肯定受贿罪的法益遭到现实的侵害。因此,持第二种分歧意见的论者以“为他人谋取利益”不是受贿罪的构成要件为由肯定何某构成受贿罪,脱离了这种对价关系,不能正确地从受贿罪的客体分析其构成要件,理由不充分。

二、“为他人谋取利益”是受贿罪的主观要件还是客观要件

关于“为他人谋取利益”是受贿罪的主观要件还是客观要件也是受贿罪的主要争议问题之一。围绕这一问题主要有“旧客观要件说”、“主观要件说”和“新客观要件说”3 种不同的观点。

1. 旧客观要件说

(1)旧客观要件说内涵

旧客观要件说是产生较早的一个学说,该学说认为,“为他人谋取利益”是受贿罪的客观构成要件,如果行为人只是收受贿赂而没有为他人谋取利益,则不构成受贿罪。也就是说,构成受贿罪必须要有为他人谋取利益的行为。也有学者这样阐述,“请托人向国家工作人员

交付财物,国家工作人员没有拒绝或者默默地接受,并且利用职务行为为他人谋取利益的(不论谋取的利益正当与否),就构成受贿罪"①。此外,还有学者认为,"国家工作人员收受财物后,为行贿人谋取利益(无论是正当的还是不正当的利益),是作为双方的权钱交易的一个交换条件"②。这种学说与最高人民法院和最高人民检察院联合发布的《关于执行〈关于惩治贪污罪贿赂罪的补充规定〉若干问题的解答》的精神是相契合的。该解答明确,在索取贿赂的情形下,不需要具备"为他人谋取利益"的行为,但在行为人收受贿赂的情况下,必须有现实的"为他人谋取利益"的行为,才构成受贿罪。而为他人谋取的利益是否正当,是否现实地为他人谋取到了利益,则不是受贿罪成罪所考虑的问题。

本案中,第一种意见认为,何某的行为不构成受贿罪,理由在于,受贿罪的构成要件中有"为他人谋取利益"的要求,即要求行为人客观上必须具有为他人谋利的实际行为,但由于本案中,何某并无谋利的行为,因此不符合受贿罪的客观方面要件,所以不构成受贿罪。综合以上旧客观要件说的论断,可见,支持该种意见的学者的立足观点即为旧客观要件说。

(2)旧客观要件说之否定

虽然旧客观要件说得到了一定的认同,但也有很多学者提出了该学说存在的缺陷,主要有以下 4 点。

第一,该说过分缩小了受贿罪的处罚范围。行为人收受了财物,但是没有实行为他人谋取利益的行为,那就不构成受贿罪。但是现实中有大量的现象如"感情投资""许诺谋利""亲友馈赠""收钱不办事"等,这些国家工作人员收受了大量的财物却没有谋利的行为,在一定

① 肖扬主编:《中国新刑法学》,中国人民公安大学出版社 1997 年版,第 664 页。
② 高铭暄主编:《中国刑法学》,中国人民大学出版社 1989 年版,第 692 页。

程度上也构成了对受贿罪法益——职务的不可收买性——的侵害，完全把这些行为排除在受贿罪之外，不利于保护廉洁制度和政府形象，更不利于保护受贿罪的法益。行为人收受了财物，许诺了谋利，已经完成了权钱交易的过程，已经侵犯了受贿罪的法益，严重损害了职务的不可收买性，不能按照受贿罪处罚，于情于理有说不通之处。①

第二，旧客观要件说与既遂标准的矛盾。包括旧客观要件说在内的通说认为，受贿罪的既遂标准是行为人收受财物。而按照旧客观要件说，行为人收受财物后，还要为他人谋取利益，才符合受贿罪的构成要件。因此，出现了一个矛盾，当行为人收受财物却没有为他人谋取利益时，不符合受贿罪的构成要件，不成立受贿罪，但却完成了受贿罪的既遂。这与刑法的基本原理是相背离的，也是旧客观要件说无法解释清楚的问题。在司法实践中，存在很多“收了钱不办事”的情况，即行为人收受了财物，但没有办成事或者根本就没想办事，这种行为已经侵害了职务的不可收买性，理应按照犯罪处理。但是，按照旧客观要件说，无法将此类行为评价为受贿罪。②

第三，旧客观要件说存在对利益要件重复评价的问题。《全国人民代表大会常务委员会关于惩治贪污罪贿赂罪的补充规定》(已失效)第5条第2款规定：“因受贿而进行违法活动构成其他罪的，依照数罪并罚的规定处罚。”该规定表明，行为人收受贿赂后为他人谋取非法利益，又触犯其他罪名时，实行数罪并罚。但是按照旧客观要件说，该补充规定产生了这样的矛盾：“为他人谋取利益”是受贿罪的构成要件，这是对谋利行为的第一次评价；当收受贿赂后，为他人谋取非法利益，谋利的行为构成其他犯罪时，实行数罪并罚，即对谋利行为单独按犯罪处理，这是第二次评价。因此，对利益要件出现了重复评价，违反

① 参见张明楷：《法益初论》，中国政法大学出版社2000年版，第635～636页。

② 参见梁根林：《受贿罪法网的漏洞及其补救——兼论刑法的适用解释》，载《中国法学》2001年第6期。

了刑法的基本原理,有处罚过重之嫌。该补充规定虽然没有正式规定在《刑法》之中,但基本精神是被吸收并应用在司法实践之中的,除了《刑法》第 399 条第 4 款规定的几个罪名外,其他的情况都按照数罪并罚处理。所以,在重复评价的问题上,旧客观要件说是存在问题的。

(3)对本案中第一种分歧意见的否定

结合本案,笔者认为,从否定旧客观要件说的立场出发,应当否定第一种分歧意见的正确性,即不认可基于案中何某并无谋取利益的行为,判定其行为不符合受贿罪的客观方面要件,因此不构成受贿罪。

不可否认,旧客观要件说有司法解释的支持,但其存在诸多缺陷,譬如与既遂标准的矛盾、在重复评价上存在的问题。涉及本案,其主要缺陷是理论上行不通,它所坚持的"行为论"无法解决仅有"承诺"的情形下,行为成立犯罪的问题,而这种情况在实践中是大量存在的。在本案中,如果基于该说认为何某不符合受贿罪的客观方面,在司法实践中容易放纵犯罪,不利于司法公正。本案中,罗某想要从事进口医疗器械的经营业务,并且希望被告人何某能在将来公司申请办理进口医疗器械经营许可证的过程中提供便利,先后两次宴请被告人何某在某五星级酒店用餐,最重要的是,席间罗某了解到办理进口医疗器械经营许可证的程序、手续费和所需材料,并在此之后托人先后两次送给何某现金人民币 5 万元、金表 2 块(价值人民币 3 万多元),还组织何某全家赴新马泰"十日游",承担何某全家所有旅行开销。何某基于罗某向自己了解办理进口医疗器械经营许可证的程序、手续费和所需材料等情况,即可以推定其明知罗某的来意,并且明知对方的具体请求。双方对罗某想要办理进口医疗器械经营许可证的目的已经达成了默示的共识,并且何某默默接受的行为表明其对罗某的要求已经作出相应承诺,因此应当视为双方已经完成了权钱交易的过程,已经侵犯了受贿罪的法益,严重损害了职务的不可收买性。如果仅根据何某没有为罗某实际实施谋取利益的行为而认定其不构成受贿罪,未免过于轻纵何某的行为。

2. 主观要件说

(1)主观要件说内涵

主观要件说认为,在承认利益要件是受贿罪构成要件的基础上,利益要件是受贿罪的主观要件。[①] 因为利益要件只是受贿人的一种心理态度,对行贿人来说,要求受贿人为其谋取利益,对受贿人来说,要求行贿人给予其一定的承诺或答应,实质是行贿人与受贿人之间就权钱交换达成了默契。[②] 主观要件说又可以分为两种,即"主观必要要件说"和"主观选择要件说",前者认为,利益要件是受贿罪的必备要件,无论是索取贿赂还是收受贿赂,都要求受贿人具有"为他人谋取利益"的主观心态,而后者认为,"为他人谋取利益"只是收受型受贿罪的构成要件,而非索取型受贿罪的构成要件。同时,该说认为,如果把利益要件作为客观要件,不符合司法实际和对受贿罪的惩治。[③]

在主观要件说看来,为他人谋取利益又分为以下几种情况:①意图为他人谋取利益尚未实际进行;②正在为他人谋取利益尚未取得成功;③已为他人谋取了部分利益尚未完全实现;④为他人谋取的利益全部满足了要求。而第一种情形是受贿罪中为他人谋取利益的最低要求。[④]

本案中,第三种意见认为,何某的行为构成受贿罪,理由在于,受贿罪要件中的"为他人谋取利益"乃是主观要件而非客观要件,因此只要证明收受财物的人主观上具有为他人谋利的目的即可,客观上是否具有谋利的行为不影响受贿罪的认定。综合上述对主观要件说的论

---

① 参见王俊平、李山河:《受贿罪研究》,人民法院出版社 2002 年版,第 124 页。

② 参见王作富、陈兴良:《受贿罪构成新探》,载《政法论坛》1991 年第 1 期。

③ 参见卢勤忠:《受贿罪构成中的"为他人谋取利益问题"》,载《华东刑事司法评论》第 2 卷,第 199 页。

④ 参见陈兴良主编:《刑事法判解》(第 3 卷),法律出版社 2001 年版,第 40 页。

述,可见,持该种意见的论者正是基于主观说的立场得出何某构成受贿罪的结论。

(2)主观要件说之否定

主观要件说是近年来较新的学说,它旨在克服旧客观要件说存在的缺陷,并且得到了不少学者的支持。如陈兴良教授认为:"为他人谋利益是受贿罪的主观要件,即一种主观上的意图。因此,只要具有为他人谋利益的意图,无论谋利益的行为是否实施,利益是否谋取,都不影响本罪的成立。"他还进一步指出:"为他人谋利益这一种表述不够确切,应当表述为意图为他人谋取利益,这就十分清楚地看出为他人谋利益是本罪的主观要件而不是客观要件,也就不会发生误解。"王作富教授也倾向于主观要件说,并认为如果将为他人谋取利益列为客观要件,那么司法机关对那些收受了财物确有为他人谋利的意图而尚未着手实施的案件,将面临两难选择:要么以缺乏客观要件为由宣告无罪,要么认定为受贿罪的预备或未遂,然而,这两种办法显然都不妥当。[①]

但是,主观要件说本身也存在其固有的问题,主要集中在以下几个方面。

第一,将"为他人谋取利益"作为主观要件,可能会不适当地扩大受贿罪的处罚范围。由于主观要件说仅仅要求行为人主观上存在"为他人谋取利益"的心理态度,客观上收受了他人的财物,就可以将其行为认定为受贿。如果将处罚的焦点放置于行为人的主观心理上,会使得对行为定性为受贿罪较为简易——因为主观心理往往相较于行为先行一步,因此将谋取利益要件认定为主观要件而非客观要件,会使得受贿罪的处罚范围不适当地扩大。

---

① 参见王作富、陈兴良:《受贿罪若干要件之研讨》,载杨敦先、周其华、姜伟编:《廉政建设与刑法功能》,法律出版社 1991 年版。

第二,将“为他人谋取利益”作为主观要件,不能解决这样一种情况:行为人收受了他人的财物但主观上并没有“为他人谋取利益”的意图,只是用行为虚假地表示自己愿意为他人谋取利益。这种情况下,按照主观要件说的观点,行为人由于缺乏“为他人谋取利益”的意图,不能被处以受贿罪,而这在司法实践中是不合理的。因为,国家工作人员收受了财物,并作出了以权力换取金钱的意思表示(无论该意思表示是真实还是虚伪),就已经形成了财物与职务行为之间的对价关系,侵犯了职务的不可收买性。①

第三,将“为他人谋取利益”作为主观要件,它就是主观意志范畴的东西,在司法实践中证明困难。检验犯罪目的是否存在,往往是通过犯罪的客观行为来判断的。但是,行为人收受了财物,并不能直接证明行为人有“为他人谋取利益”的主观目的。在行贿、受贿的场合下,往往只有双方当事人在场,并无“第三者”作证,通常是默契地完成收受财物的整个过程,甚至不需要过多的语言。如果只有行贿人的供述,而无其他佐证,“为他人谋取利益”这个主观要件如何证明,成为司法实践中“举证难”的一大问题。②

第四,在有关利益要件的司法解释和司法实践中,为他人谋取利益是否实现并不影响受贿罪的成立。但是,这并不意味着“为他人谋取利益”就是主观要件。司法解释的真正意思在于,影响受贿罪成立的,是为他人谋取利益的行为,而不是谋取利益的结果是否实现。所以,由于对司法解释和司法实践的误解,而认为利益要件是主观要件的说法,是片面的。③

---

① 参见朱建华:《受贿罪“为他人谋取利益”要件取消论》,载《现代法学》2001 年第 4 期。

② 参见陈建清、李兰:《论受贿罪中的“为他人谋取利益”》,载《政法学刊》2003 年第 6 期。

③ 参见张明楷:《论受贿罪中的“为他人谋取利益”》,载《政法论坛》2004 年第 5 期。

(3)对本案中第三种分歧意见之否定

结合本案,笔者认为,从否定主观要件说的立场出发,应当否定第3种意见的正确性,不能仅凭何某主观上具有为他人谋取利益的目的,只去证明其主观上具有为他人谋取利益的目的,对其客观上是否具有谋利的行为在所不问,就得出何某构成受贿罪的结论。

本案中,罗某先后两次宴请被告人何某在某五星级酒店用餐,席间了解到办理进口医疗器械经营许可证的程序、手续费和所需材料,被告人何某对上述罗某给予自己财物和利益的目的心知肚明并照单全收——不可否认,何某具有为他人谋利的意图。但是,仅仅根据何某主观上具有为他人谋利的意图,而不从其客观行为出发分析其行为对职务的不可收买性是否具有实质性的侵害,就认定其构成受贿罪,欠缺说服力,并且有主观归罪的嫌疑。而且,主观说所要求的"证明其具有为他人谋利的目的",在司法实践的取证上也具有很大的难度。因此,笔者否定第三种分歧意见的观点。

3. 新客观要件说

(1)新客观要件说内涵

新客观要件说是在旧客观要件说的基础上出现的一种新观点,也称为"许诺说"。为他人谋取利益是客观要件,内容是许诺为他人谋取利益。这里的"许诺",只是要求行为人作出"许诺"的行为即可,而不要求有为他人谋取利益的实际行为和谋利结果。许诺可以是明示,也可以是暗示。但是,许诺必须外化为一种行为,仅仅是默契、心照不宣等主观心理态度,不能认为是"许诺"。[①] 2003年最高人民法院出台的《全国法院审理经济犯罪案件工作座谈会纪要》也印证了这一观点,"为他人谋取利益包括承诺、实施和实现三个阶段的行为。只要具有其中一个阶段的行为,如国家工作人员收受他人财物时,根据他人提

① 参见石磊:《"为他人谋取利益"要件的反思》,载《重庆工学院学报》2006年第12期。

出的具体请托事项，承诺为他人谋取利益的，就具备了为他人谋取利益的要件。明知他人有具体请托事项而收受财物的，视为承诺为他人谋取利益”。该说力图从刑法解释学的角度，通过合理化的解释，将“为他人谋取利益”这一缺乏科学性的规定尽可能与司法实践接轨。①

本案中，第四种观点认为何某的行为构成受贿罪，理由在于，“为他人谋取利益”是客观要件而非主观要件，只是并不要求行为人实际上有谋利行为，只要满足许诺为他人谋利即符合该要件，何某是用暗示的方式许诺为罗某谋取利益，因此成立受贿罪。综合上述对新客观要件说的论述，可见，持该种观点的论者正是基于新客观要件说得出何某的行为构成受贿罪的结论。

新客观要件说从拓宽法律惩罚受贿犯罪的角度去思考，可以解决“主观要件说”和“旧客观要件说”存在的许多缺陷和矛盾，有利于增强打击犯罪的力度，但是新客观要件说因其存在难以克服的矛盾而未能得到全面肯定，主要的批判有以下几个方面。

第一，从表面现象上看，“许诺”可说是一种行为，但这种行为也仅仅是表露思想的行为，而无进一步的实际行动，不是客观实在的犯罪行为，仍属主观范畴。因此，将许诺行为归为客观要件是不合理的。②

第二，在司法实践中，受贿与行贿是两者之间的秘密，而犯罪构成的要件都是要通过证据来证实的。如果许诺是书面的或有第三人可以证实，那当然好认定，但是由于受贿的隐蔽性，仅有行贿人的供词，受贿人拒不承认，或者当事人故意规避法律，不作出许诺，而是双方的一种“心知肚明”，在司法认定上仍是一个难题。③

① 参见陈裕厚：《论受贿罪的认定》，河南法学出版社1986年版，第2页。

② 参见熊选国、苗有水：《如何把握受贿罪构成要件之“为他人谋取利益”？》，载《人民法院报》2005年7月6日，第8版。

③ 参见尹琳：《浅析受贿罪中的“为他人谋取利益”》，载《福建公安高等专科学校学报》2005年第3期。

第三，新客观要件说违背我国《刑事诉讼法》的自由心证，法律条款的设置不仅要考虑包容性，更要考虑实际的操作性。把“为他人谋取利益”理解为双方当事人之间的一种许诺，对其证明只能借助于法官的自由心证，与我国《刑事诉讼法》要求的“证据确实、充分”是背道而驰的。

（2）新客观要件说的相对合理性

尽管新客观要件说遭到了上述抨击，但从刑事立法层面的规定来看，“新客观要件说”仍然较为妥当，主要理由有以下几个方面。

第一，把许诺理解为一种行为。也就是说，在司法实践中，只要有证据显示受贿人有许诺行为人为他谋取利益，就认定具备利益要件，这无疑有利于打击贪污受贿行为。并且，许诺为他人谋取利益的行为已经侵害到了受贿罪所保护的法益，是刑法应当处罚的行为。国家工作人员在非法收受财物之前或者之后许诺为他人谋取利益的，不仅在客观上形成了职务行为与财物交易的约定，使所许诺的职务行为与对方提供的财物之间形成了对价关系，而且使人们意识到国家工作人员的职务行为是可以收买的，只要向其提供财物，就可以使其为自己谋取利益。这就对职务行为的不可收买性造成了侵害，具有严重的社会危害性，只不过相比受贿人实施了谋取利益的行为，这种侵害性不那么明显罢了。

第二，现实中存在很多这样的情况，即行为人收受了财物但没有为他人谋取利益，按照旧客观要件说，这种行为就不构成受贿罪。但是新客观要件说却能解决这样的问题，只要行为人作出了许诺，就完成了利益要件。其中，许诺包括虚假的许诺，即行为人收受财物后，不想真的为他人谋取利益，于是虚假地许诺他人谋取利益，但是在这种情况下也构成受贿罪。如前所述，旧客观要件说不适当地缩小了受贿罪的成立范围，不利于打击日益猖獗的受贿犯罪。例如，旧客观要件说对于为了逃避入罪而拒不履行法定义务的行为就不能认定为受贿罪。主观要件说在面对行为人主观上并无为他人谋取利益的目的而单纯收受财物的行为时则显得无能为力。新客观要件说则适当调整了受贿罪的客观方面的入罪标准,将为他人谋利的许诺行为也评价为受贿罪客观方面的要件,可以克服前两种学说的缺陷,使得现实中大部分的受贿行为能囊括进来,对司法机关查办大量的受贿犯罪提供了理论依据,同时也没有超出罪刑法定的要求之外。

第三,新客观要件说把为他人谋取利益只定位于许诺,并不要求受贿人实际上为行贿人谋取了一定的利益或者产生了权钱交易的一些结果。故只要收受了财物就构成受贿罪的既遂,而不是有待于实际上为他人谋取利益才是既遂,解决了“旧客观要件说”与刑法理论相脱节的问题。同时,由于许诺是一种行为,符合我国现行立法的规定,采用新客观要件说符合罪刑法定的要求。因此,新客观要件说不仅符合刑法条文的表述而且不存在理论上的矛盾。[①]

第四,司法实践部门其实已经采纳了新客观要件说的主张,并在司法实践中加以运用。最高人民法院于 2003 年 11 月 13 日印发的《全国法院审理经济犯罪案件工作座谈会纪要》所作出的指示就是新客观要件说的含义。可见司法实务部门也认为新客观要件说是具有可操作性的。[②]

4. 新客观要件说在本案中的具体适用

采用新客观要件说的观点,利益要件在现行《刑法》规定中,是受贿罪的客观要件,那么,在司法实践中,根据新客观要件说,又该怎样具体认定利益要件呢?笔者认为,可以从承诺的对象,承诺的行为两个方面予以认定。

(1)承诺的对象

认定是否具有利益要件,可首先确定是否有为他人谋取利益的特

---

① 参见刘白笔、刘用生:《经济刑法学》,群众出版社 1989 年版,第 505 页。

② 参见郝力挥等:《对受贿罪客体的再认识》,载《法学研究》1987 年第 6 期。

定对象,即承诺的对象。如果没有承诺的对象,承诺就没有了基础,就无从谈起,因而确定受贿人是否构成受贿罪需首先确定受贿人是否就一定事项,不管是具体的还是抽象的,向行贿人作出了许诺。这就分为具体请托的事项和抽象请托的事项两种情况。

第一,有具体请托的对象。

在一般情况下,行贿人向国家工作人员送钱送物是为了达到具体的目的,实现具体的利益,即行贿人有具体的请托事项需要国家工作人员帮助其完成。当国家工作人员收受财物之后,请托人会告知其请托事项,不论国家工作人员是与请托人当面沟通还是由第三人转达,不管该国家工作人员是不是明确表示愿意帮助请托人谋取利益,只要他收受了请托人的财物,就应当认定该国家工作人员愿意帮助请托人实现其期望的利益。最高人民法院于 2003 年颁布的《全国法院审理经济犯罪案件工作座谈会纪要》中规定,明知他人有请托事项而收受财物的,应认定为承诺为他人谋取利益。也就是说,国家工作人员明知道对方有求于自己,仍然收受对方的财物,就算没有明确许诺"为他人谋取利益",也可以认定他在请托事项上愿意给予请托人帮助。上述情形侵犯了受贿罪的客体,使国家工作人员职务行为的不可收买性遭到破坏,成立受贿罪。因此,凡是在明知他人有请托事项的情形下收取了对方的财物,不论是否承诺谋取利益,不论谋取的是何种利益,不论谋取的利益正当与否,都符合"为他人谋取利益"要件,构成受贿犯罪。在有受贿人对行贿人作出许诺的情况下,收受财物和谋取利益可以同时进行,也可以先收受财物再为行贿人谋取利益或者先谋取利益再收受财物。先谋利再受贿的情形主要体现在 2000 年《最高人民法院关于国家工作人员利用职务上的便利为他人谋取利益离退休后收受财物行为如何处理问题的批复》中,该文件规定:国家工作人员与请托人约定,先利用职务便利为请托人谋取利益,退休后再收受财物的,仍以受贿罪定罪处罚。这种退休后再收取财物的行为有别于典型的受贿犯罪形式，但仍属于事后受贿犯罪，只是这种事后受贿时间间隔很长，不易被发现和查处，犯罪分子妄想用这种方式逃避法律的制裁，这种行为的受贿罪实质并没有改变，不能否定其构成受贿犯罪。①

第二，有抽象的请托事项。

在特殊的情形下，行贿人给予国家工作人员财物，却没有具体的请托事项，这种情况下认定国家工作人员是否存在“为他人谋取利益”的“许诺”变得十分困难。

在具有管理权限的上下级国家工作人员之间常出现这种无具体请托事项的馈赠，这种情形在达到构罪程度时，也应认定为受贿犯罪，只是这种具有上下级关系的贿赂行为的“为他人谋取利益”的方式及认定会有所不同，具有一定的特殊性。在国有机关、企事业单位中，领导通过对下属的管理，能够在工作安排、休假福利、人事任命等方面对下属进行关照，这些情况下下级对上级行贿时往往没有具体请托事项，而是一种长期的概括的请托，但行受贿双方都能够心领神会。

现实生活中，有些行贿人给予国家工作人员财物，并不要求国家工作人员为其谋取具体利益，而是为了以后谋取利益方便做铺垫，也就是俗话说的“感情投资”。“感情投资”意在长期经营，使国家工作人员掌握在他们手中，为他们的利益服务。在实际中，此类“感情投资”对受贿罪的法益，即职务的不可收买性，有侵害性质，但是，我们不宜将所有的“感情投资”一并纳入受贿范围。在司法实践中，较为恰当的做法是根据“类型化的一般人标准”去认定其是否具有和受贿罪构罪程度相当的危险性。例如，从行为人在“感情投资”上所投入的数额大小、双方所在的实际处境、双方的利益关系和“投资”的时间、地点、手段等方面去确认其是否具有受贿性质。对构成受贿罪的“感情投

---

① 参见平达：《受贿罪的立法完善》，对外经济贸易大学2006年硕士学位论文，第13页。

资”行为依法论处,对不构成犯罪的行为不滥用刑法处罚,如此才能确保国家工作人员职务行为的廉洁性,保护职务行为不被收买,维护国家机关的正常活动。

综上所述,在承诺的对象上,存在具体的请托事项和抽象的请托事项两种情况,存在具体的请托事项时可以认定为作出了相应的承诺,而存在抽象的请托事项,需要在司法实践中进行进一步认定,才可以认定构成受贿罪的“为他人谋取利益”要件。本案中,罗某想要从事进口医疗器械的经营业务,并且在给予何某财物和财产性利益的过程中了解到办理进口医疗器械经营许可证的程序、手续费和所需材料,何某对罗某的这些情况和目的非常清楚,因此在本案中,存在具体的请托事项,即行贿人向国家工作人员送钱送物是为了达到具体的目的,实现具体的利益——为罗某在将来公司申请办理进口医疗器械经营许可证的过程中提供便利。如前所述,存在具体的请托事项时,不管该国家工作人员是不是明确表示愿意帮助请托人谋取利益,只要他收受了请托人的财物,就应当认定该国家工作人员愿意帮助请托人实现其期望的利益。在本案中,虽然何某并没有明确表示愿意帮助罗某在将来公司申请办理进口医疗器械经营许可证的过程中提供便利,但鉴于其对罗某的情况和目的的知悉,以及罗某具有具体的请托事项且何某对罗某的财物和财产性利益照收不误的案件事实,已经可以认定何某愿意帮助罗某实现其期望的利益。

(2)承诺的行为

有了承诺的对象后,利益要件的成立还需有承诺行为,如果没有承诺的行为,那就没有定罪的基础,受贿人也不可能因具备利益要件而构成受贿罪。承诺是通过一定的表现方式表现出来的,如果我们了解承诺的表现方式,就有助于了解是否具有承诺的行为。因此,有无承诺的表现方式是认定为他人谋取利益的核心。承诺作为一种客观行为,我们主要关注的是承诺的方式,即按照承诺的方式可以分为明示的承诺和默示的承诺。[1]

明示的承诺，通常用言语或者行为表现于受贿人外部。默示的承诺，受贿人通常在收受财物时不予以表示，但根据情况可以推断出。[2] 2003年《全国法院审理经济犯罪案件工作座谈会纪要》中提出："明知他人有具体请托事项而收受其财物的，视为承诺为他人谋取利益。"纪要中所要表达的，即为默示的承诺。明示的承诺和默示的承诺的主要区别在于，是否将承诺用语言或行动表现于受贿人外部。在新客观要件说中，无论行为人作出的是明示的承诺还是默示的承诺，都可以认定为构成受贿罪的"为他人谋取利益"要件。换句话说，新客观要件说所关注的并不是承诺的方式，而是承诺的存在与否。因此，在实践中，难点不在于认定行为人的承诺是明示的抑或暗示的，难点在于行为人所作出的"暗示的承诺"到底是已经承诺了，但采取了暗示的方式，还是根本没有承诺，仅是行为人的内心所想。也就是说，在实践中，怎样区分新客观要件说中的暗示的承诺和主观要件说中的"为他人谋取利益"的主观意图，是难点所在。

在现实生活中，暗示的承诺和"为他人谋取利益"的主观意图的共同之处在于二者都没有将行为人的承诺用语言或其他行为方式明确表现在外，都需要从行为人的客观行为去推断，因此，区分这两者的确有一定难度。但是，暗示的承诺将其焦点放置于行为人的客观方面，而"为他人谋取利益"的主观意图将其焦点放置于行为人的主观方面，因此，我们在区分二者的时候，重点就在于需要推断的内容是行为人客观上的暗示承诺还是主观上的谋利意图。如果从行为人外部的客观行为推断出其具有客观上的暗示承诺，就可以认定行为人存在承诺行为，行为人的行为构成了"为他人谋取利益"要件；如果从其外部行

---

① 参见孟庆华：《受贿罪研究新动向》，中国方正出版社2005年版，第119～120页。

② 参见游伟、肖晚祥：《论受贿罪构成要件中的"为他人谋取利益"——现行立法及其与理论、司法的冲突研究》，载《政治与法律》2000年第6期。

为仅能够推断出行为人具有“为他人谋取利益”的主观意图,则不足以认定其行为构成“为他人谋取利益”要件。这就需要司法工作人员在实践中,根据一般的经验和“类型化的一般人”标准衡量其行为所能推定的程度,具体标准可以是数额,再综合考虑其他情节对其行为进行推断,以得出其行为是否已经构成“为他人谋取利益”的要件的结论。

在本案中,虽然何某并没有明确表示愿意帮助罗某在将来公司申请办理进口医疗器械经营许可证的过程中提供便利,但是,鉴于罗某是某医疗器械销售公司经理的身份,且罗某在为何某提供各项财物和财产性利益的期间,从何某处了解到办理进口医疗器械经营许可证的程序、手续费和所需材料,何某鉴于此应当已经明确罗某对其提供财物和财产性利益的目的。而且,该案中,罗某先后两次宴请被告人何某在某五星级酒店用餐并托人先后两次送给何某现金人民币 5 万元、金表 2 块(价值人民币 3 万多元),还组织何某全家赴新马泰“十日游”——在受贿罪的数额标准中,这不是一个小数目,而且已经超出了受贿罪的构罪数额标准,何某虽然未明确表示其会为罗某的请托事项提供便利,但其对此照单全收。因此,在推定何某的行为性质时,综合以上因素,应当认定其已经对罗某的请托事项作出了暗示的承诺,而不是仍然处于主观上具有为其谋利的意图的阶段。因此,在本案中,依照新客观要件说,何某的行为已经符合受贿罪的构成要件,应当以受贿罪论处。

本案的结论

在司法实践中,对受贿案件的认定和处理是一项复杂而艰巨的工作,特别是我国正处于社会转型时期,各种腐败兴起,而在受贿行为中又产生了很多新的问题,尤其是收钱后没有为他人谋利能否认定为受贿罪,目前在学术界仍然争议不断。在理论上和司法实践中,“为他人谋取利益”这一要件在收受型受贿罪构成要件中的地位、性质和认定标准,一直是受贿罪适用中争论的焦点。持否定说的学者片面性地提出废除“为他人谋取利益”要件,这种想法是不实际、不科学的,也是不符合罪刑法定要求的。而在认定“为他人谋取利益”要件的性质上,主观要件说、旧客观要件说又各有其弊端。因此,在这个问题上,相对于其他学说,新客观要件说是较为合理的学说,即认为“为他人谋取利益”是客观要件,内容是许诺为他人谋取利益。新客观要件说不仅符合刑法条文的表述而且不存在理论上的矛盾。在本案中,基于新客观要件说,可以根据案件事实推定何某已经对罗某就其具体请托事项达成了默示的承诺,因此符合“为他人谋取利益”的客观要件,成立受贿罪。通过以上分析,在收钱后没有为他人谋利能否认定为受贿罪的问题上,只要把握“为他人谋取利益”属于客观要件范畴,并且要求行为人有承诺谋利的行为,在认定行为人是否构成受贿罪上,就不难了。

第九章　分别符合一般累犯和毒品特别再犯的情形应如何处理

基本案情

唐某曾因贩卖毒品罪于2003年1月被判处有期徒刑1年,刑满释放后,又因故意伤害罪于2005年11月被判处有期徒刑6个月。2009年9月17日凌晨,唐某按照事先约定,在本市某路段准备以人民币800元的价格将毒品海洛因0.9克贩卖给薛某,被公安民警当场抓获。

争议焦点

第一种意见认为,唐某同时构成一般累犯和毒品特别再犯,应当分别适用《刑法》第65条和第356条的规定,从重处罚。唐某同时符合一般累犯和毒品特别再犯的构成要件,并且分别针对两次不同的犯罪,涉及两个不同的罪名,即一般累犯针对故意伤害罪,毒品特别再犯涉及前次贩卖毒品罪,均应当作为其后次实施贩卖毒品罪的法定从重情节予以评价。

第二种意见认为,唐某构成毒品特别再犯,应当适用《刑法》第356条的规定,从重处罚。虽然唐某同时符合《刑法》第65条一般累犯和第356条毒品特别再犯,但是,《刑法》第65条和第356条之间存在法条竞合关系,其中前者是总则规定的普通法条,后者是分则规定的特殊法条,根据特别法优于一般法适用的原则,认定唐某成立毒品特别再犯。

第三种意见认为,唐某构成一般累犯,应当适用《刑法》第65条的规定,从重处罚。因为唐某前次实施的贩卖毒品罪,已经作为法定从重情节,在其因犯故意伤害罪被判处刑罚时给予了评价,故对唐某再度实施的贩卖毒品罪来说,只能与其所犯故意伤害罪之间构成一般累犯,而不能在再次贩卖毒品罪之间予以重复评价。

相关法条

1.《中华人民共和国刑法》第65条　【一般累犯】被判处有期徒刑以上刑罚的犯罪分子,刑罚执行完毕或者赦免以后,在五年以内再犯应当判处有期徒刑以上刑罚之罪的,是累犯,应当从重处罚,但是过失犯罪和不满十八周岁的人犯罪的除外。

前款规定的期限,对于被假释的犯罪分子,从假释期满之日起计算。

2.《中华人民共和国刑法》第66条　【特别累犯】危害国家安全犯罪、恐怖活动犯罪、黑社会性质的组织犯罪的犯罪分子,在刑罚执行完毕或者赦免以后,在任何时候再犯上述任一类罪的,都以累犯论处。

3.《中华人民共和国刑法》第 347 条 【走私、贩卖、运输、制造毒品罪】走私、贩卖、运输、制造毒品，无论数量多少，都应当追究刑事责任，予以刑事处罚。

走私、贩卖、运输、制造毒品，有下列情形之一的，处十五年有期徒刑、无期徒刑或者死刑，并处没收财产：

（一）走私、贩卖、运输、制造鸦片一千克以上、海洛因或者甲基苯丙胺五十克以上或者其他毒品数量大的；

（二）走私、贩卖、运输、制造毒品集团的首要分子；

（三）武装掩护走私、贩卖、运输、制造毒品的；

（四）以暴力抗拒检查、拘留、逮捕，情节严重的；

（五）参与有组织的国际贩毒活动的。

走私、贩卖、运输、制造鸦片二百克以上不满一千克、海洛因或者甲基苯丙胺十克以上不满五十克或者其他毒品数量较大的，处七年以上有期徒刑，并处罚金。

走私、贩卖、运输、制造鸦片不满二百克、海洛因或者甲基苯丙胺不满十克或者其他少量毒品的，处三年以下有期徒刑、拘役或者管制，并处罚金；情节严重的，处三年以上七年以下有期徒刑，并处罚金。

单位犯第二款、第三款、第四款罪的，对单位判处罚金，并对其直接负责的主管人员和其他直接责任人员，依照各该款的规定处罚。

利用、教唆未成年人走私、贩卖、运输、制造毒品，或者向未成年人出售毒品的，从重处罚。

对多次走私、贩卖、运输、制造毒品，未经处理的，毒品数量累计计算。

4.《中华人民共和国刑法》第 348 条 【非法持有毒品罪】非法持有鸦片一千克以上、海洛因或者甲基苯丙胺五十克以上或者其他毒品数量大的，处七年以上有期徒刑或者无期徒刑，并处罚金；非法持有鸦片二百克以上不满一千克、海洛因或者甲基苯丙胺十克以上不满五十克或者其他毒品数量较大的，处三年以下有期徒刑、拘役或者管制，并处罚金；情节严重的，处三年以上七年以下有期徒刑，并处罚金。

5.《中华人民共和国刑法》第356条　【毒品犯罪的再犯】因走私、贩卖、运输、制造、非法持有毒品罪被判过刑，又犯本节规定之罪的，从重处罚。

学理分析

唐某2009年贩卖毒品海洛因0.9克，根据《刑法》第347条第1款的规定，走私、贩卖、运输、制造毒品，无论数量多少，都应当追究刑事责任，予以刑事处罚。故唐某的行为构成贩卖毒品罪。该条第4款又规定，走私、贩卖、运输、制造鸦片不满200克、海洛因或者甲基苯丙胺不满10克或者其他少量毒品的，处3年以下有期徒刑、拘役或者管制，并处罚金；情节严重的，处3年以上7年以下有期徒刑，并处罚金。唐某贩卖毒品量为0.9克，可能被判处有期徒刑、拘役或管制，出于讨论需要，本书假定唐某被判处有期徒刑。唐某在2005年犯故意伤害一罪被判处有期徒刑6个月，因此结合2009年的贩卖毒品一罪符合一般累犯的构成要件。而唐某2003年贩卖毒品被判处1年有期徒刑，故根据《刑法》第356条的规定又可能构成毒品特别再犯。本书主要涉及一般累犯和毒品特别再犯这两个量刑情节，下面先分析二者的构成要件及关系。

一、唐某不构成一般累犯和毒品特别再犯的法条竞合

1. 一般累犯与毒品特别再犯的构成要件分析

(1)一般累犯之构成要件

《刑法》第65条规定，被判处有期徒刑以上刑罚的犯罪分子，刑罚

执行完毕或者赦免以后,在5年以内再犯应当判处有期徒刑以上刑罚之罪的,是累犯,应当从重处罚,但是过失犯罪和不满18周岁的人犯罪的除外。构成一般累犯,需要满足以下4个条件。

①主观条件。构成一般累犯的前后两罪都必须是故意犯罪,任何一罪不为故意犯罪的均不能构成一般累犯。累犯制度设置的初衷是打击故意犯罪,防止再次危害社会。我国刑法首要目标是打击故意犯罪,将惩治犯罪、防止故意犯罪者再次故意犯罪作为主要任务。对于过失犯罪而言,尽管很有可能再次犯罪,但其主观恶性远小于故意犯罪,因此没有必要将过失犯罪也纳入累犯制度中,否则将过于严苛,不符合刑法谦抑性的精神。

②刑度条件。前罪被判处有期徒刑以上刑罚,后罪应当被判处有期徒刑以上刑罚。这意味着,前罪和后罪都是比较严重的犯罪,若前罪或后罪有一罪被判处或两罪都被判处拘役、管制或单处附加刑,均不构成累犯。判处有期徒刑以上,是指宣告刑,即法院最终对具体犯罪判决宣告的应当执行的刑罚。

③时间条件。后罪发生在前罪刑罚执行完毕或赦免以后5年以内。这里的"刑罚执行完毕"是指主刑执行完毕,附加刑是否执行完毕不影响累犯的构成。对于被假释的犯罪分子,从假释期满之日起计算。5年期间的计算是从前罪主刑执行完毕或者赦免之日起计算。若后罪发生在主刑执行期间或假释考验期间,则不构成累犯。若主刑执行完毕或赦免5年以后发生后罪,也不构成累犯。

④主体条件。前后两罪都必须是已满18周岁的人所犯的罪。若前罪发生时行为人不满18周岁,后罪发生时也不满18周岁,则不构成累犯。若前罪发生时行为人不满18周岁,后罪发生时已满18周岁,也不构成累犯。

(2)毒品特别再犯之构成要件

《刑法》第356条规定,因走私、贩卖、运输、制造、非法持有毒品罪被判过刑,又犯本节规定之罪的,从重处罚。构成毒品特别再犯包括以下几个条件。

①刑种条件。该条文规定了前罪和后罪的范围,即前罪限定为《刑法》第347条规定的走私、贩卖、运输、制造毒品罪或第348条非法持有毒品罪,后罪必须为《刑法》第六章“妨害社会管理秩序罪”第七节的12种犯罪。

②时间条件。构成毒品特别再犯,后罪要发生在前罪被判过刑之后。这包括刑罚执行期间或执行完毕,缓刑以及假释考验期间或经过考验期之后。这就意味着,只要因犯特定之罪而被判过刑罚,无论该刑罚是否执行完毕,又犯特定相同类别之罪的犯罪分子均属毒品特别再犯之范畴。

此外,对于刑度条件,并不要求必须为有期徒刑以上,即前后两罪的刑罚涵盖管制、拘役、有期徒刑、无期徒刑、死刑等5种主刑。该条对前后两罪的时间间隔也未作出限定,后罪发生在前罪被判过刑之后的任何时间均成立。从主观方面而言,前罪与后罪两罪均为故意犯罪。总体而言,毒品特别再犯规定的条件要比一般累犯宽泛很多。

(3)二者构成要件之异同

一般累犯与毒品特别再犯两种制度在很多方面具有相同的特点。从主观上来看,行为人的社会危害性和人身危险性都很高,二者都是针对初次犯罪后再次进行犯罪的行为人的制度。这两种制度的设置目的都是惩罚故意犯罪,防止再次犯罪而危害社会。从量刑角度而言,二者都是法定的从重处罚情节,但需要强调的是,从重处罚的情况都只能在法定的量刑幅度内判处重刑,并且不受审判人员在审判时主观意志的左右,“从重”不意味着“加重”,否则就脱离了罪刑法定原则。

同时,二者在诸多方面具有不同点。除了上文对两种制度构成要件的分析外(主观条件、刑种条件、刑度条件、时间条件和主观条件),

在缓刑考验期内再次故意犯罪的,行为人可以构成毒品再犯,但不能构成一般累犯。毒品再犯的后罪只要求发生在前罪被判过刑后,无论两罪的时间间隔是多久,累犯则要求必须在主刑执行完毕后。缓刑期间再次故意犯罪的,根据刑法的规定,应当撤销缓刑并数罪并罚,因此并不适用累犯制度。另外,刑法中对二者从重的规定要求也不同。我国刑法规定,对于累犯,除了从重处罚外,不得适用缓刑与假释,这是因为累犯的主观恶性大,适用缓刑、假释难以防止其再次犯罪,而且要对其从重处罚,只有通过严厉的刑罚才能有效地对行为人进行改造;而毒品犯罪再犯却仅有从重的规定,没有规定不得假释与缓刑,从重程度不及累犯的规定。

2. 一般累犯与毒品特别再犯的关系

(1)《刑法》第356条的定性

对于《刑法》第356条的性质,学术界有多种观点,目前理论界最具有争议性的观点主要是"特别再犯说"与"特别累犯说",目前"特别再犯说"居于通说地位,特别是为司法实务所采纳。

①特别累犯说。认为1997年《刑法》第356条应该定性为"特别累犯"的观点可以从以下论述中看出:例如,有学者认为,1990年12月28日全国人民代表大会常务委员会颁布的《关于禁毒的决定》(已失效)将特别累犯的范围扩大到毒品犯罪。[①] 也有学者指出,本条实际上是扩大了1979年《刑法》第61条第1款规定的折中累犯和《全国人民代表大会常务委员会关于处理逃跑或者重新犯罪的劳改犯和劳教人员的决定》(已失效)第2条第2款规定的普通累犯的另一种毒品犯罪特别累犯。[②] 还有一些学者虽然没有明确提出"特别累犯"的概念,但从其表述中仍然可以明确推出这一观点。例如,有学者认为,在对

---

① 参见马克昌主编:《刑罚通论》,武汉大学出版社1999年版,第416页。

② 参见林维:《毒品累犯辨析》,载《法学杂志》1994年第5期。

1997年《刑法》第356条进行司法认定时,单位和自然人都可以构成毒品犯罪的累犯,并且为了打击此类犯罪,应当扩大毒品犯罪累犯的范围。[①]

②特别再犯说。有学者认为1997年《刑法》第356条规定的是"特别再犯"。例如,有学者认为,全国人大常委会于1981年6月10日颁布的《关于处理逃跑或者重新犯罪的劳改犯和劳教人员的决定》(已失效)和1990年12月28日颁布的《关于禁毒的决定》(已失效)规定了再犯制度,即"刑满释放后又犯罪的,从重处罚"(理论上称为一般再犯)以及"因走私、贩卖、运输、制造、非法持有毒品罪被判过刑,又犯本规定之罪的,从重处罚"(理论上称为特别再犯)。[②] 还有学者从《刑法》总分则关系的层面对该条规定应如何定性进行了研究。例如,有学者指出:"笔者认为毒品累犯说……违背罪刑法定原则,使其主张缺乏法律依据,同时也没有弄清楚刑法条文之间的关系,特别是总则与分则的关系,所以毒品累犯说的观点是不成立的。1997年《刑法》第356条实质是特殊再犯。"[③]与此相类似,也有学者根据刑法结构的安排对该条规定进行了解读,在《刑法》总则已对累犯的构成期限加长的情况下,在分则中再次以明文规定的形式确立和保持了毒品犯罪独特的再犯从重制度。还有学者认为,我国《刑法》中不仅有特别累犯的规定,还有特别再犯的规定。例如,有学者指出:"《刑法》第356条的规定标志着我国现行《刑法》关于特别再犯制度的确立。"[④]

③本书观点。本书认为,《刑法》第356条属于特别再犯,特别累犯的观点不能成立。首先,特别累犯无法涵盖《刑法》第356条。特别

---

① 参见梅传强、徐艳:《毒品犯罪司法实践中的疑难问题探究》,载《河南司法警官职业学院学报》2005年第2期。

② 张睿:《论我国刑法中的再犯制度》,载《河南省政法管理干部学院学报》2002年第6期。

③ 李海滢:《毒品再犯之我见》,载《当代法学》2002年第2期。

④ 张平、谢雄伟:《我国特别再犯制度的若干问题研究》,载《法学杂志》2005年第3期。

累犯是指危害国家安全犯罪、恐怖活动犯罪、黑社会性质的组织犯罪的犯罪分子,在刑罚执行完毕或者赦免以后,在任何时候再犯上述任一类罪。对于特别累犯的刑种,有观点认为,由于我国《刑法》以往在总则中只规定了危害国家安全累犯这一种特别累犯,容易使人产生特别累犯就是危害国家安全累犯的错觉。其实,危害国家安全累犯仅是特别累犯的一种。实际上,仔细分析一下我国《刑法》第 356 条就不难发现,它实质上规定了我国另一种特别累犯,即毒品累犯。这是因为:第一,该规定不仅符合上述特别累犯的含义及实质,也符合其法律特征;第二,该规定与危害国家安全累犯规定相比较,除了后者要求所犯后罪的时间必须是在前罪"刑罚执行完毕或者赦免以后",其余表述并无区别。[①] 笔者认为,该观点违背了罪刑法定原则,是对刑法条文的任意解释。罪刑法定原则是刑法最重要的一项基本原则,是指法无明文规定不为罪,法无明文规定不处罚,即只能根据刑法的明文规定对罪犯进行定罪量刑。然而看起来相似的规定本质上不一定相同,不能忽略两个条文中根本性的差别并不恰当地扩大二者之间的相同点,因为有时正是二者之间的差异决定了其属于不同的制度。特别累犯与《刑法》第 356 条的根本区别就在于后罪的时间起点不同,前者规定后罪发生在前罪刑罚执行完毕或赦免以后,而后者规定为"被判过刑",不仅包括刑罚执行完毕或赦免之后,还包括缓刑、假释期间、刑罚执行期间,这点在下文还要论述。此外,二者对于从重处罚的适用也不尽相同,前者除从重处罚外还不得适用缓刑、假释,而后者则无此规定。从法律条文的表述来看,立法者对危害国家安全罪犯罪、恐怖活动犯罪、黑社会性质的组织犯罪的处罚结果表述为"以累犯论处",而对毒品再犯的处罚结果表述为"从重处罚",刻意将其与累犯区别开来。

---

① 参见张艳、张帅:《刑法典第三百五十六条立法完善之探析》,载《天津市政法管理干部学院学报》2002 年第 3 期。

其次,若将《刑法》第356条定性为特别累犯,将会混淆特别累犯与数罪并罚制度的适用,而且有违累犯制度的立法精神。《刑法》第356条规定的后罪发生在前罪被判过刑之后,这就包括了刑罚执行期间或者缓刑、假释期间行为人再次毒品犯罪,对于这种情况,要对行为人直接进行数罪并罚或者撤销缓刑、假释并数罪并罚,此时要同时适用《刑法》第356条和《刑法》总则中数罪并罚的规定。累犯与数罪并罚是《刑法》总则中两种独立的刑罚制度,两者的界限法律明确规定为"刑罚执行完毕或者赦免后":行为人在前罪刑罚尚未执行完毕前,又犯新罪的,属数罪并罚;行为人在前罪刑罚执行完毕或赦免后,又犯新罪的,属累犯。《刑法》第356条规定的时间跨度包括刑罚执行完毕或者赦免前后,如果将其界定为特殊累犯,则《刑法》总则中规定的累犯制度与数罪并罚制度发生重合。累犯制度规定对行为人从重处罚并不得缓刑、假释如此重的惩罚,原因就在于,行为人在前罪之刑罚执行完毕或赦免以后不久又犯罪的,是对前次刑罚效果的完全否定,充分说明前次刑罚对行为人根本没有起到教育改造的作用,反映了行为人无视刑罚体验、主观恶性之深和人身危险性之大。显然《刑法》第356条中刑罚并未执行完毕的情形并不符合累犯制度的立法精神。

再次,从刑法体系上看,《刑法》总则是关于犯罪、刑事责任和刑罚的一般性规定,对《刑法》分则具有概括、指导和制约作用。《刑法》总则作出的一般性规定,普遍适用于《刑法》分则,而《刑法》分则无须就《刑法》总则的相关内容再进行类似规定。《刑法》总则第65条、第66条确立了累犯制度,对《刑法》分则具有普适性,若立法者考虑由于近些年毒品犯罪越来越猖獗需要从重处罚,意欲将该类犯罪归入累犯制度中,则大可在《刑法》总则中加以规定,而不是在《刑法》分则毒品犯罪一节中单另规定一条,使《刑法》总则规定与《刑法》分则规定有重复之嫌,导致了理论界的无谓争议,实务界的适用难题。《刑法》分则是对《刑法》总则的具体贯彻、促进和发展。由于《刑法》总则是关于罪责刑中最一般问题的规定,在涉及具体定罪和量刑时,往往有其“触角”延伸不到之处。这就要通过《刑法》分则的特殊规定来弥补《刑法》总则的不足,《刑法》第356条就是其中一例。由于毒品犯罪严重危害社会安全,扰乱社会秩序,有必要将再次犯罪应从重处罚的酌定量刑情节进行法定化,故在《刑法》分则中加以规定以弥补《刑法》总则的缺憾。

最后,我国刑法理论通说认为,再犯是指犯罪经判决后又犯罪的人。[①] 显然,分析定义可以得出:《刑法》第356条就是一种特别的再犯,即毒品特别再犯。该特别再犯与普通再犯的区别仅在于:前者要求前罪必须是走私、贩卖、运输、制造毒品罪或非法持有毒品罪,后罪必须是《刑法》第六章“妨害社会管理秩序罪”第七节的12种犯罪,而普通再犯对此没有要求。除这点之外,二者对前后罪的时间间隔均无规定,后罪的起始时间也都为“经判决后”,即包括刑罚执行完毕、执行期间、缓刑以及假释考验期间。有的学者认为,“再犯”一词在我国《刑法》总则中从未有过规定,《刑法》总则中规定的是累犯制度,立法者不可能在《刑法》分则中单独规定再犯制度,这样会破坏刑法的体系和《刑法》总则的完整性。但是笔者认为,毒品再犯属于毒品犯罪中的一项特别规定,将其直接规定到毒品犯罪一节中并无不妥。

(2)二者关系

通过上文分析,毒品特别再犯是再犯的一种,而一般累犯也是再犯之一部分,且均属于包容竞合关系,同时毒品特别再犯与一般累犯在针对特定毒品犯罪部分出现了内容上的彼此交叉与部分重合。详言之,倘若行为人曾犯走私、贩卖、运输、制造、非法持有毒品罪被判处有期徒刑以上刑罚,在刑罚执行完毕或者赦免以后5年内再犯应当判处有期徒刑以上刑罚的《刑法》分则第六章第七节规定之罪,则同时符

① 参见王作富主编:《中国刑法适用》,中国人民公安大学出版社1987年版,第256页。

合毒品特别再犯与一般累犯,故《刑法》第356条的毒品特别再犯与第65条的一般累犯条款存在法条竞合,且属于一种交叉竞合关系。

那么,唐某是否构成交叉法条竞合关系呢?法条竞合是指一个行为同时符合了数个法条规定的犯罪构成,但从数个法条之间的逻辑关系来看,只能适用其中一个法条,当然排除适用其他法条的情况。换言之,法条竞合是指法条之间具有竞合关系,而不是犯罪的竞合。因此,法条竞合是指行为人实际上只实施了一个犯罪行为,只是法律条文的规定和立法技术导致了竞合关系,最终必须择一适用。一般累犯与毒品特别再犯构成交叉竞合关系,二者重合部分共同指向毒品犯罪,即行为人前罪和后罪都必须是特定的毒品犯罪。本案中,唐某构成一般累犯是因为其2005年的故意伤害罪和2009年的贩卖毒品罪,但这并不同时符合毒品特别再犯的构成要件,因此唐某的行为并不属于法条竞合。

二、唐某构成毒品特别再犯不违反禁止重复评价原则

唐某分别于2003年、2009年两次贩卖毒品,如果唐某在这两次毒品犯罪中间没有再犯其他罪名,那么唐某构成毒品特别再犯。但问题是,本案中唐某于2005年又犯故意伤害罪,此时第一次贩卖毒品罪已经作为一般累犯的从重处罚情节在故意伤害罪中予以评价,那么我们是否能够再次在第二次贩卖毒品罪中以毒品特别再犯的从重处罚情节进行评价?有观点认为第二次评价违反了禁止重复评价原则,本书持相反观点。

1. 禁止重复评价原则是一项量刑原则

禁止重复评价原则源于"任何人不因同一犯罪再度受罚"的法律格言,这一原则可以追溯到古罗马法。在古罗马法中,禁止重复评价的问题,从诉讼竞合的意义上予以解决。例如,古罗马著名法学家乌尔比安在《论告示》第十八编中指出:数个针对同一事实相竞合的诉

讼,尤其是刑事诉讼,相互吸收。这里的诉讼竞合虽然涉及的是程序法问题,但内容却是同一事实尽管触犯两个法律,只得选择其一起诉,也就是不能予以重复评价。古罗马法关于禁止重复评价的思想,在现代刑事立法中得以贯彻。例如,《德国刑法典》第 46 条明确规定:“已成法定构成要件要素之行为情状,不得再予顾及。”①

禁止重复评价原则的基本含义是禁止对与被告人刑事责任有关的要素作多次评价,在此前提下,我国学者们对这一原则在刑法体系中的地位,形成了 3 种观点:一是认为禁止重复评价是一种量刑原则,即“禁止重复评价乃谓禁止对法条所规定之构成要件要素,在刑罚裁量中再度当作刑罚裁量事实,重新审酌,而作为加重或减轻刑罚之依据”②。二是认为禁止重复评价的意义不仅体现在量刑上,还贯穿于定罪之中,是一种定罪量刑原则。禁止重复评价是在定罪量刑时,禁止对同一犯罪构成事实予以二次或二次以上的法律评价。③ 三是认为禁止重复评价既是定罪量刑的司法原则,又是一项立法原则。持此观点的学者主张禁止重复评价是禁止双重处罚原则的一个方面,后者既是立法原则,又是司法原则,立法者不能对同一犯罪规定双重处罚,否则刑法就丧失了保障被告人权益的机能,违反公平正义观念。④ 这三种观点都认为禁止重复评价原则是一项量刑原则,主要争议点在于该原则能否作为一项定罪原则以及立法原则,不过本书对此不做深入研究。本书仅分析作为量刑原则,禁止重复评价原则中所谓的“重复评价”的实质内涵到底为何,以及我们对某一犯罪行为进行评价时是源于什么评价角度,进而解决本案例中第一次毒品犯罪行为能否再次评价的问题。

① 陈兴良:《禁止重复评价研究》,载《现代法学》1994 年第 1 期。
② 林山田:《刑法通论》,台北,三民书局 1986 年版,第 431 页。
③ 参见陈兴良:《禁止重复评价研究》,载《现代法学》1994 年第 1 期。
④ 参见张明楷:《刑法格言的展开》,法律出版社 1999 年版,第 309 ~ 324 页。

2. 刑法评价和重复评价的内涵

刑法中的评价,是法定主体依据一定的标准就某行为事实应否构成犯罪、构成何种犯罪以及如何进行处罚所进行的法律判断活动。因评价主体不同可将刑法中的评价分为立法评价和司法评价。立法评价主要表现为立法者通过对某些行为的社会危害性所作的类型化思考,决定对某行为是否规定为犯罪以及如何规定为犯罪、如何配置法定刑。司法评价是指司法工作人员根据刑法的规定所进行的定罪量刑活动。司法评价分为犯罪宣告和刑罚宣告两项活动,即定罪和量刑。犯罪宣告主要是罪名的确定与犯罪单复的判断,其中主要是定性评价,也包括一部分定量评价。刑罚宣告是在犯罪宣告的基础上对刑罚的量定,刑罚宣告完全是定量评价。在刑罚宣告中,决定某种犯罪行为的轻重以及刑事责任的大小要通过对犯罪人所实施犯罪行为的社会危害性及人身危险性大小的考察。

刑法评价的对象是犯罪行为,犯罪行为的存在是刑法评价的前提。刑法的目的是保护法益,犯罪行为的本质首先是侵犯了法益。没有侵犯法益的行为不具有在刑法上接受否定评价的资格。作为刑法评价对象的犯罪行为反映出行为人反规范的人格态度。这两方面可以分别概括为不法内涵和罪责内涵。从这一观点出发,犯罪行为这两方面的量应该与评价主体所宣示的否定评价的量保持一致,这是罪刑均衡原则的基本要求。在判断是否存在重复评价时,应深入评价对象的背后看其所反映的不法内涵和罪责内涵是否同一,也即重复评价仅在对反映同一不法内涵和同一反规范人格态度的同一行为事实进行重复使用时存在。在量刑阶段,评价活动所关注的是法益侵害和反规范人格态度的量的一面。这决定了能够影响不法内涵和罪责内涵程度的所有要素都可成为评价的对象。重复的量刑评价存在3个要素:第一,评价对象为同一个情节要素。第二,该情节要素基于同一个功能和作用对不法内涵和罪责内涵产生影响。第三,对该情节要素进行了重复考量。基于某犯罪行为(定罪情节)所反映出的不法内涵和罪责内涵,将相关行为事实作为定罪情节使用之后,对该行为事实又从同一角度作为量刑情节考虑或者对已经作为量刑情节考虑过的某行为事实又从同一角度作为量刑情节来考虑,都是重复的刑罚宣告。①

3. 唐某应当被评价为毒品特别再犯

同一犯罪行为已经作为量刑情节评价过,如果又从同一角度作为量刑情节考虑,则属于重复评价,违反了禁止重复评价原则。要判断唐某是否构成毒品特别再犯,关键是要判断唐某第一次贩卖毒品行为作为一般累犯的从重情节在故意伤害罪中进行评价后,再次在第二次贩毒行为中作为毒品再犯的量刑情节从重处罚是否属于"同一角度"。本书的观点是否定的。笔者认为,一般累犯从重处罚的依据与毒品特别再犯从重处罚的依据不同,前者侧重于犯罪行为人再次犯罪的人身危险性之大的缘由,而后者则是针对毒品犯罪这种危害性特别大的特殊类型犯罪,行为人所具有的严重的社会危害性。

(1)一般累犯的处罚依据

在探究对累犯从重处罚的依据时,有以下 3 种理论分歧:①社会危害性说。社会危害性说认为,累犯比初犯造成的社会危害性大是对累犯从重处罚的重要原因。累犯的社会危害性大于初犯,表现在以下几方面:第一,累犯往往会耗费国家司法机关在侦破案件、进行审判、改造罪犯方面更多的人力物力;第二,累犯的出现会削弱国家法律的权威;第三,累犯对社会心理秩序具有较大的破坏性。② ②人身危险性说。人身危险性说认为,累犯与初犯相比(相同罪行),在客观上造成的危害并无不同,因而从社会危险性上无从说明累犯从严处罚的根据。在各国的刑法理论中,规定累犯加重的理由基本上是一致的。也

① 参见王明辉、唐煜枫:《论刑法中重复评价的本质及其禁止》,载《当代法学》2007 年第 3 期。

② 参见周振想:《刑罚适用论》,法律出版社 1990 年版,第 291 ~ 292 页。

就是说,累犯者的人身危险性或反社会性较大,具有顽固性,缺乏悔改的坚持性,改恶从善比较困难,需要较长的改造时间。[①] ③主观恶性和人身危险性说。这种观点认为,对累犯从重处罚是刑法规定的重要制度,也是刑事政策的重要归结,其主要理论依据为:首先,作为累犯的前后两罪在法律上和行为心理上具有特定的联系,反映了行为人的特殊主观恶性和人身危险性;其次,经历了刑罚制裁的犯罪人怙恶不悛,说明通常的处罚标准对其不能产生特别预防的作用,因而构成刑事政策意义上的特别防范的对象。[②] 如何秉松认为,"累犯者在初次犯罪接受处罚后,对他们已经进行过必要的法制教育的劳动改造,但他们仍不悔改,在刑罚执行完毕或者赦免后的5年内,又犯性质比较严重的罪,表明其主观恶性甚深,人身危险性甚大,改造比较难,只有判处较重的刑罚,才能有效地对他们进行改造,达到预防犯罪的目的"[③]。

笔者同意第三种观点,其他两种观点在理论上都各有缺陷。首先,社会危害性说的3个理由都不能论证其观点。一是累犯和初犯耗费国家司法机关的司法资源的多寡实际上是不能简单确定的,可能破获一件复杂疑难的初犯案件比侦破几件事实清楚的累犯案件要耗费更多的人力、物力和财力,不能单纯地认为累犯案件就一定比初犯案件复杂;二是累犯比初犯更加削弱国家法律的权威、对社会心理造成更大的破坏缺乏依据,法律对犯罪行为人的教育改造的失败可能并不是法律的惩罚轻微导致行为人无视前次刑罚经验再次犯罪,而可能是这一阶段的社会治安混乱或行为人本人的特殊环境所致;三是对累犯从重处罚针对的是后罪,与单独实施该罪相比较而言,在社会危害性上二者是一样的。因此,该学说试图从客观危害的角度来说明累犯从重处罚的依据是行不通的。

---

① 参见苏彩霞:《累犯从严根据之考察》,载《云南大学学报(法学版)》2002年第3期。

② 参见陈浩然:《理论刑法学》,上海人民出版社2000年版,第407页。

③ 何秉松主编:《刑法教科书》(2000年修订),中国法制出版社2000年版,第582页。

其次,人身危险性的观点认识到累犯制度的预防根据,这是可取的,然而其把累犯的人身危险性和预防犯罪作为累犯制度存在的唯一理由,又过于片面。累犯比初犯具有更强的人身危险性固然是累犯从重的根据,但这只是理由之一。累犯的立法设置与从重处罚,必须立足于犯罪行为的社会危害性。对犯罪人之后罪的刑罚惩治,必须基于现实存在的犯罪,没有后罪之现实的社会危害性,就没有后罪之刑罚的产生与适用,也就无从谈起对后罪的从重处罚问题。同时,犯罪人所具有的相对较大的人身危险性,部分也是由其所实施的后罪之现实危害性所反映出来的。

最后,主观恶性和人身危险性说主要从累犯特殊的主观恶性和人身危险性的角度来论述累犯从严处罚的根据,全面地分析了累犯从重处罚的现实基础和根本依据。但是需要注意的是,主观恶性和人身危险性对累犯从重处罚的意义是不同的:主观恶性是行为人在实施前罪后不思悔改又犯他罪的基本属性,仅是评判行为人人身危险性的现实基础;而人身危险性却是累犯从重处罚的根本依据,即累犯的人身危险性较之初犯而言更大。因为单就累犯行为与初犯行为之行为本身的社会危害性相比较而言,很难说前者大于后者,因而后罪本身的社会危害性是固有的,与前罪或初犯并无实质差异,并不能成为累犯从重处罚的根本依据。

(2)毒品特别再犯的处罚依据

综观刑法条文,我国《刑法》总则中并未设置再犯制度,而《刑法》分则中也仅有关于毒品犯罪的再犯处罚,再犯制度实际上并没有形成独立的体系,刑法理论界也鲜有对再犯的研究。刑法对毒品犯罪之所以要特别规定再犯制度,是由毒品犯罪的社会危害性决定的,是一项特殊刑事政策。对毒品犯罪行为人再次犯罪进行从重处罚,能更好地发挥刑法的改造教育和保障社会安定的机能和作用。追溯我国刑法对毒品犯罪的规定,可以发现较其他类型犯罪的刑罚更为严厉,对毒品犯罪的处罚也呈现更加严厉的趋势。从横向和纵向这两个角度来看,我国从严惩治毒品犯罪的决心始终如一,从未动摇。有关毒品再犯从重处罚的规定,我国 1979 年《刑法》中并未予以明确,1990 年的《全国人民代表大会常务委员会关于禁毒的决定》(已失效)对此进行了初步规制,1997 年将毒品再犯的从重处罚正式纳入了《刑法》,成为一种法定的量刑情节。相关资料显示,“1991—1998 年,我国毒品违法犯罪急剧增长的趋势是十分明显的。根据国家禁毒会《2000 年中国禁毒报告》附录资料公布的数据,这一时期,无论是破获的毒品违法犯罪案件数量,还是涉案违法犯罪人数都呈现持续快速上升趋势”。任何法律的制定和废止都是对社会发展的一种反映。鉴于毒品犯罪的高发态势、复发性以及特殊危害,《刑法》第 356 条毒品再犯从重处罚规定应运而生。由此可以清楚地领会到立法者对毒品犯罪从严惩治的态度。

一般累犯与毒品特别再犯都是针对行为人再次犯罪而进行从重处罚的制度,二者都体现了刑法惩治犯罪的作用和机能,但是二者的处罚依据却是不同的。一般累犯对刑罚执行完毕或赦免以后 5 年内又犯有期徒刑之罪从重处罚,主要是由于罪犯再次犯罪的可能性和人身危害性之大,不对其从严惩处无法起到改造罪犯的作用。一般累犯并未规定一定范围的特殊犯罪才能适用,该制度适用于任何符合时间、刑期等条件的犯罪行为人,从这一点可以看出,一般累犯纠正的是那些具有危险的人格即反规范的人格态度、严重威胁了社会正常秩序的行为人。故一般累犯侧重于发挥刑法特殊预防的机制,是针对特定的行为人无视前次刑罚体验而进行的非难,尽管对犯罪行为人之外的一般公民有一定的教育警醒作用,但这仅是特殊预防机制附带的效果,主要还是为了矫正和改造特定的触犯了刑法的行为人,使其人身危险性通过刑罚这一社会治理手段而得到减弱和改善。对于再次犯罪的行为人而言,如果是在前罪执行完毕后超过 5 年又犯罪或者前后罪有一罪不属于危害社会安全、黑社会性质组织及恐怖组织犯罪,不会受到从重处罚,但有一例外即毒品犯罪。无论行为人的毒品犯罪是发生在前次毒品犯罪执行完毕 5 年后还是应判处有期徒刑以下的轻刑,只要前罪实施走私、贩卖、运输、制造毒品或非法持有毒品行为,后罪触犯《刑法》第六章“妨害社会管理秩序罪”第七节 12 种毒品犯罪中的任何一种,都要无一例外地对其从重处罚。因此,立法者设置毒品特别再犯制度的初衷就是减少社会中的毒品犯罪率,通过对罪犯以身试法无视刑法的行为进行惩治而起到对社会中“跃跃欲试者”的警告作用。

在本案例中,唐某第一次毒品犯罪在其后的故意伤害罪中以一般累犯的情节进行了评价,这是基于其已经有过刑罚体验在短期内仍然进行犯罪的危险人格,即人身危险性之大。而唐某在毒品犯罪 6 年后再次贩卖毒品,基于其触犯的是毒品犯罪这种严重危害社会的犯罪,因此再次将第一次毒品犯罪作为毒品特别再犯的情节在第二次的毒品犯罪中进行评价,并未违反禁止重复评价原则,因为该两次评价并非属于“同一角度”。

本案的结论

接下来的问题是,若同时符合存在交叉竞合关系的毒品特别再犯与一般累犯,应当遵循何种适用原则?据此,最高人民法院曾先后两次就同时构成毒品特别再犯与一般累犯的被告人适用法律问题作出解释:2000 年 4 月 4 日《全国法院审理毒品犯罪案件工作座谈会纪要》(已失效)(以下简称《南宁会议纪要》)指出,对依法同时构成毒品特别再犯与一般累犯的被告人,一律适用《刑法》第 356 条规定的再犯条款从重处罚,不再援引《刑法》关于累犯的条款;2008 年 12 月 1 日

《全国部分法院审理毒品犯罪案件工作座谈会纪要》(以下简称《大连会议纪要》)则针对同一情形,变更规定为同时引用《刑法》关于累犯和毒品再犯的条款从重处罚。对最高人民法院作出的两个不同规定,实务界中不同法院针对类似的案件却采取不同态度和处理结果,不仅造成了很大的司法混乱,同时也不利于维护司法的权威,保护当事人的权益。

《南宁会议纪要》规定的主要理由在于:《刑法》第 65 条一般累犯的规定处于《刑法》总则之中,《刑法》第 356 条毒品犯罪的再犯则处于《刑法》分则之中。一般而言,《刑法》总则的规定普遍适用于《刑法》分则,《刑法》分则无须就《刑法》总则所规定的内容再行类似规定。但由于《刑法》总则往往是原则性、一般性的规定,在涉及具体定罪量刑时,《刑法》分则中也存在一些特殊的规定,特别是一些《刑法》总则中没有作出的规定更是如此。我国《刑法》总则中缺乏一般再犯制度的规定,只在《刑法》分则中规定了毒品犯罪的再犯这一特别再犯。当一行为既符合一般累犯的构成,又符合毒品犯罪的再犯规定时,《刑法》总则第 65 条一般累犯的规定与《刑法》分则第 356 条毒品犯罪再犯的规定就属于普通法条与特别法条关系。当行为同时触犯时,应依据特别法优于普通法的原则,以《刑法》分则第 356 条的规定处罚。[1] 但是这种做法容易造成刑罚裁量不平衡的局面:《刑法》第 356 条是鉴于毒品犯罪的严重性才作出再犯规定的,如果同时符合累犯条件也仅适用毒品再犯的规定,则意味着对构成累犯的毒品犯罪人可以适用缓刑、假释而其他犯罪的累犯却不得适用缓刑、假释,这显然有失公允。[2] 而且,法条竞合理论中所谈的普通条款是指在一般场合普遍适用的刑法条款,特别条款是指在普通条款基础上附加特定条

① 参见沈解平、朱铁军:《多个"从重处罚"量刑情节该如何适用》,载《刑事法判解研究》2005 年第 1 期。

② 参见赵秉志主编:《当代刑法学》,中国政法大学出版社 2009 年版,第 681 页。

件、在特别场合适用的刑法条款。尽管一般累犯与特别再犯均属于重新犯罪的范畴,但二者的构成要件存在很大差别,他们之间并不是包容与被包容的关系,而是并列的量刑制度。因此,不能因为竞合现象的出现就简单地认为二者间存在普通条款与特别条款的关系。①

对于《大连会议纪要》的规定也存在很多争议,有学者认为《刑法》第356条只适用于不构成一般累犯的毒品再犯,对于同时构成一般累犯的毒品再犯,直接援引一般累犯的规定即可。② 这种法律适用的结果,既具有刑法理论上的依据,又有利于克服因援引毒品再犯条款而得以适用缓刑、假释的有失公允的局面。该观点的法理依据主要有两点:一是违反禁止重复评价原则。作为处理量刑情节竞合的重要量刑原则之一,其基本含义即量刑时不能重复评价同一情节,一个情节只能发挥一次作用。具体而言:其一,某种因素(如行为、结果)已被评价为一个犯罪的事实根据,不能再将该因素作为另一个犯罪的事实根据。其二,某种严重或者恶劣情节已作为构成要件要素予以评价时,不能再将该情节作为从重量刑的标准。其三,某种严重情节已作为法定刑升格的条件予以评价时,不能再将该情节作为在升格的法定刑内从重量刑的根据。如果违反这3个基本要求之一,实际上就会导致同一犯罪受到双重处罚。③ 二是同时适用是对再犯评价体系逻辑平衡的干扰。"毒品再犯在再次犯罪评价体系中的地位,是为了补充刑罚执行完毕5年之后的评价空白。在刑法再次犯罪评价体系中,也只有'刑罚执行完毕5年之后'还能称得上空白。从前罪判决宣告后到刑罚执行5年之内,立法者已经针对再次犯罪可能出现的各种状况设计了不同的反击措施,如果同时适用毒品再犯,必然会与其他刑罚制

---

① 参见彭峰:《我国特别再犯制度及其立法完善》,载《湖北大学学报(哲学社会科学版)》2006年第2期。

② 参见张明楷:《刑法学》(第4版),法律出版社2011年版,第1311页。

③ 参见张明楷:《刑法格言的展开》,法律出版社1999年版,第324页。

度重复使用,造成叠床架屋之结果,最终影响再次犯罪评价体系内部的逻辑平衡。”①该观点以刑法中的再次犯罪评价体系的平衡为出发点,否定了同时适用毒品再犯和一般累犯。不过仔细分析可以看出,此观点和“禁止重复评价原则”虽然是从两个角度的分析,但两者的精神实在可谓异曲同工,即可以认为保持再次犯罪评价体系逻辑平衡是“禁止重复评价原则”在再次犯罪体系中的具体体现。两者均在理论上对同时引用刑法关于累犯和毒品再犯的条款给予了否定。

对于禁止重复评价原则,本书也已做过分析。作为一项量刑原则,其内容包括:一个量刑情节已经从一个方面进行过评价,如果对该情节又从“同一角度”进行评价则必然违反禁止重复评价原则。但是需要指出的是,一般累犯和毒品特别再犯二者的处罚依据是不同的,前者的根本依据在于行为人严重的人身危险性,而后者则是基于严惩毒品犯罪的刑事政策,考虑毒品犯罪的严重社会危害性。上述反对同时适用一般累犯和毒品特别再犯的观点认为:在某种严重情节已作为法定刑升格的条件予以评价时,不能再将该情节作为在升格的法定刑内从重量刑的根据。本书同意这种说法,只是本书讨论的情形并非属于该说法所禁止的情形。构成一般累犯的毒品再犯的情形,本身包含两个侧面。适用一般累犯是考虑其在刑罚执行完毕之后 5 年内又重新犯有期徒刑以上的犯罪,表明其再犯的危险已经实际转化为了现实危险,刑法之前对该行为人的改造和教育并未产生应有的作用。而一般累犯是适用于任何犯罪的,如果只适用一般累犯的规定,则并未体现毒品犯罪的特殊性,造成处罚偏轻。原因在于,虽然《刑法》第 356 条和累犯条款两者都规定了从重处罚,但在量刑上的影响存在差异。两者的从重幅度在司法实践中可能会有所区别。在《刑法》总则对累

① 李怀胜、祝炳岩:《对司法解释中毒品再犯规则的批判性思考——以刑法中的再次犯罪评价体系为视角》,载《中国刑事法杂志》2010 年第 9 期。

犯应当从重处罚已经作出明确规定的情况下,《刑法》分则中的具体罪名又再一次明确强调“因犯本罪和非法持有毒品罪被判过刑又犯本罪的从重处罚”,由此能够清晰地看出立法者从严惩治毒品犯罪的目的,那么后者的从重处罚幅度必然应当大于前者。法官在审理此类型的案件时,或多或少会受到这种重复强调的影响而进行自我暗示,在适用《刑法》第356条时,其潜意识中选择的从重处罚会比累犯规定的从重处罚更为严厉。“审判既系任由人为之,则人之心理对其所为之审判,不无影响,况自由心证向被采为诉讼法上之原则,则法官之认事用法,几凭其主观,故谓审判纯属于法官心理之问题殆非过言。”[①]所以不能排除这种可能性,即法官审理该类案件援引《刑法》第356条时,潜意识指引其适用从重处罚的力度更大。从这一角度出发,适用《刑法》第356条在一定程度上起到了对符合累犯条件的毒品再犯从重处罚的作用。所以相比较而言,仅适用一般累犯的规定会造成量刑上偏轻,不符合从严惩治毒品犯罪的立法精神。因此,本书认为《大连会议纪要》的规定能够更全面评价同时构成一般累犯和毒品再犯的行为。

---

① 郭华、李豪、赵靖:《论毒品再犯与一般累犯竞合的法律适用》,载《西南农业大学学报(社会科学版)》2013年第8期。

第十章 关于事前故意的案例分析

基本案情

被告人白某因被害人孙某多次辱骂其妻,欲杀害孙某以泄私愤。2000 年 9 月 25 日下午,白某以租乘汽车为名,上了被害人孙某的微型面包车。当车行驶至京郊某地时,白某趁孙某用手机与人通电话的机会,用事先准备好的橡胶棍猛击孙某的头部,致使孙某当场昏过去。白某误认为孙某已死亡,便将车开到一偏僻处,将孙某掩埋。数日后,孙某的尸体被建筑工人发现。经法医鉴定,被害人孙某系窒息死亡,其头部外伤属于轻伤(偏重)。

争议焦点

本欲用橡胶棍将他人打死,但被害人实际上是被掩埋后因窒息而死亡,这是否属于认识错误?它是否影响对被告人犯罪故意的认定？对此案，有两种意见：一种意见认为，被告人白某意图用橡胶棍将孙某打死，但实际上孙某被击打后并没有当场死亡，只是昏了过去，而白某却误以为孙某已经死亡，并进而实施掩埋行为，致使孙某窒息死亡。应当把这个过程划分为两部分，前一部分构成故意杀人罪，后一部分属于过失致人死亡，依照想象竞合的原则，从一重处断。另一种意见认为，两部分是紧密联系在一起的，后一行为可以说是前一行为的继续；由于行为人所追求的危害结果已经发生，故应认定为故意杀人既遂。

相关法条

1.《中华人民共和国刑法》第 14 条　【故意犯罪】明知自己的行为会发生危害社会的结果，并且希望或者放任这种结果发生，因而构成犯罪的，是故意犯罪。

故意犯罪，应当负刑事责任。

2.《中华人民共和国刑法》第 15 条　【过失犯罪】应当预见自己的行为可能发生危害社会的结果，因为疏忽大意而没有预见，或者已经预见而轻信能够避免，以致发生这种结果的，是过失犯罪。

过失犯罪，法律有规定的才负刑事责任。

3.《中华人民共和国刑法》第 23 条　【犯罪未遂】已经着手实行犯罪，由于犯罪分子意志以外的原因而未得逞的，是犯罪未遂。

对于未遂犯，可以比照既遂犯从轻或者减轻处罚。

4.《中华人民共和国刑法》第 232 条　【故意杀人罪】故意杀人的，处死刑、无期徒刑或者十年以上有期徒刑；情节较轻的，处三年以上十年以下有期徒刑。

5.《中华人民共和国刑法》第 233 条　【过失致人死亡罪】过失致

人死亡的,处三年以上七年以下有期徒刑;情节较轻的,处三年以下有期徒刑。本法另有规定的,依照规定。

学理分析

一般认为,因果关系错误是指侵害的对象没有错误,但造成侵害的因果关系的发展过程与行为人所预想的发展过程不一致,以及侵害结果推后或者提前发生的情况。因果关系错误主要有 3 种情况:狭义的因果关系错误,事前的故意(结果的推迟发生)与结果的提前发生。

一、事前故意的概念和形式

行为人在犯罪过程中分别实施了两个行为,其误以为第一个行为达到了预期的危害结果,为了掩饰犯罪行为或毁灭罪证,行为人遂实施了第二个行为,实际上是第二个行为实现了危害结果。这种情形在我国刑法理论中一般按因果关系认识错误进行评价和认定,被称为事前故意,在大陆法系理论中通常称为"韦伯的概括故意"。将此种情形称为"韦伯的概括故意",目的在于与故意论中的"概括故意"概念相区分。概括故意是指行为人对认识的具体内容并不明确,但明知自己的行为会发生危害社会的结果,希望或放任结果发生的心理态度。比如向人群中投掷炸弹,行为人对危害结果的发生是可以确定的,危害对象则是不确定的。这显然与以因果关系认识错误为理论基础的事前故意不同。[①] 此理论最早由 19 世纪的德国学者乌尔里希 · 韦伯提出,故理论界以"韦伯的概括故意"命名。[②]

---

① 参见李茨隆:《事前故意初论》,载《知识经济》2013 年第 18 期。

② 参见方鹏:《韦伯故意的推理及推论》,载《刑事法评论》2011 年第 1 期。

"韦伯的概括故意"的情形在司法实践中也多有出现。例如,德国法院关于"韦伯的概括故意"的判例有:(1)谋杀者将其错误地认为已经死亡的被害人扔进水中,但被害人实际上因其后的溺水而死亡;(2)在扼杀被害人并相信被害人已被其杀死之后,行为人想伪造被害人上吊自杀的现场,被害人的实际死亡是其后的行为所造成;(3)丈夫在以为其熟睡的妻子已经被其用煤气毒死后,伪造其妻子自杀,其方法是他再次放毒,此次放毒导致被害人死亡;(4)行为人在新生儿身上多次实施了以杀人为目的的行为,在其认为该新生儿已经死亡后,将之扔进了茅坑,被害人后因窒息而死亡。[①] 在日本刑法中,也有类似的判例。例如,妻子想杀害丈夫与前妻所生的小孩,用麻绳勒其脖子,小孩身体不动后,妻子认为其已死亡,为隐瞒罪迹将他搬到海岸的沙滩上,小孩因吸入细沙而窒息死亡。[②] 根据这些判例,可以归纳出"韦伯的概括故意"通常情形的形式特征:(1)"韦伯的概括故意"是由前后相继的两个行为或动作组成;(2)前一个行为通常是故意杀人行为,后一个行为是抛尸、伪造现场、隐瞒罪迹的行为;(3)行为人在实施第二个行为时存在认识错误,误认为被害人死亡;(4)后一个行为实现了前一个行为的犯罪目的(致人死亡)。那么下面要讨论的是:行为人主观上是一个概括的故意还是既有故意又有过失?两行为在刑法规范评价上的意义为何?两行为与结果之间因果关系的认定以及行为人应认定为一个故意杀人罪既遂,还是故意杀人未遂与过失致人死亡两个罪?

二、事前故意的理论争议

事前故意不仅是连接刑法理论中"错误论"和"故意论"的一大焦

① 参见[德]汉斯·海因里希·耶赛克、[德]托马斯·魏根特:《德国刑法教科书》,徐久生译,中国法制出版社2001年版,第378页。

② 参见[日]大冢仁:《刑法概说》(总论)(第3版),冯军译,中国人民大学出版社2003年版,第192页。

点问题,还是责任体系中主观归责与客观归责交战的战场。我国刑法理论将事前故意归入因果关系错误的类型,以法定符合说认定行为人成立故意犯罪。将“韦伯的概括故意”认定为一罪既遂,符合一般社会公众的思维习惯:既然行为人的目标是追求被害人死亡,结果也造成了被害人死亡,并且抛尸致死并不违背行为人的意愿,当然应当认定为故意杀人罪既遂。但在刑法理论上,将其认定为故意杀人罪既遂却有不小的障碍:直接致死是抛尸行为而不是杀人行为,而抛尸时行为人误认被害人已死,认定其对死亡结果具有故意存在难度。为解决这一问题,学界提出了概括故意说、因果关系认识错误说、行为计划说、并合罪(数罪并罚)或观念竞合(想象竞合)说、相当因果关系说、原因故意行为说、客观归责说等多种学说。[①] 其中,并合罪说、观念竞合说是将“韦伯的概括故意”情形当作数罪,是少数说法,而其他学说大多支持一罪既遂的观点。以下将对其中最具影响力的概括故意说、纯粹的因果经过错误说、相当因果关系说、客观归责说以及未遂犯、过失犯并合说进行评述。

1. 概括故意说

“概括故意说”主张把危害行为作为一个整体来评价,虽然第二个行为是危害结果发生的物理原因,但是整个犯罪过程中行为人都在一个杀人故意的支配下进行。如果置于这个整体行为下观察,行为人预见的事实已经实现。此学说认为,应以概括的故意认定行为人的主观故意,其仅构成故意杀人罪一罪既遂。在我国,陈兴良教授赞同此说,他认为:“虽然在客观上存在事先行为和事后行为,但两个行为是密切相联系的,事后行为是事前行为的延续,主观上具有概括的故意,因而视为一个行为较妥。”在我国这是通说的观点。[②]

---

① 参见张明楷:《外国刑法纲要》(第2版),清华大学出版社2007年版,第226页。

② 参见李茨隆:《事前故意初论》,载《知识经济》2013年第18期。

行为人在实施杀人行为之后,如其明知被害人未死而抛尸,或者不顾被害人生死而抛尸,可认为其在实施抛尸行为时对被害人死亡结果具有故意(直接或间接故意),从而抛尸行为亦是故意杀人行为,通过前后相继的两个杀人动作渐次实现杀人结果的,应认定为一个杀人行为。但是,“韦伯的概括故意”预设的情形是行为人误信被害人已死才抛尸,在抛尸时行为人主观上欠缺成立杀人故意所必需的对象认识内容。抛尸动作虽可认为是在故意的支配下实施,但对于由此发生的死亡结果,难以依照普通的故意成立原理进行认定。如果硬要认为此结果是故意支配之下实施,就要将其与之前的故意杀人行为关联起来。由此就要对故意包括的内容及作用的时间进行扩展,这使概括故意有了引申含义。

其一,关于故意认知范围的概括界定。这一概括界定认为行为人在行为时只要有概括的目标即可,而不必对行为的具体形式、手段、因果历程、结果出现的时间、结果的范围等予以精确设定,只要其不违背其概括目标,就认为没有脱离故意范围,仍属故意中的内容。这个层面上的概括故意实际上是指不确定故意。我国学者将概括故意界定为行为人认识具体内容不明但危害意志确定的故意,即作如此理解。即使“韦伯的概括故意”中没有事先计划实施抛尸动作,致死的具体因果关系机制与预想的不一致,也因不违背杀人的目标,而可被归入杀人故意内容中。其二,关于故意认定时段的概括界定。这一概括界定认为故意一经产生可以延续至后续的犯罪事实或行为之中,故又称为延续故意。“韦伯的概括故意”中杀人故意产生于实行行为时,但可延续至被害人死亡前,抛尸行为是在此期间实施的,行为人虽误认行为终了,但并未采取救助措施反而客观上促进结果,故仍属故意。应当注意的是,这种延续故意的解说与事前故意的概念是不同的。事前故意指的是实行行为之前的预备阶段中存在故意而实行行为却不受故意左右的情形,例如,行为人因争吵而产生杀人故意,拔出枪支,但打算争吵完毕后再开枪,却在此时因枪支走火而将被害人打死。[①] 行为人在预备阶段(实行之前)有杀人故意,但造成死亡结果的实行阶段却是受过失(走火)支配。一般认为,这种情况中行为人对死亡结果存在过失而不是故意,不能认定为故意杀人既遂,而是故意杀人预备与过失致人死亡的想象竞合。其揭示的原理是,故意应是实施实行行为时的心理状态,仅在预备阶段存在所谓"故意"而在实行阶段不存在故意,不能认定为实行的故意。与"韦伯的概括故意"相比,事前故意是"预备行为中故意加实行行为中过失","韦伯的概括故意"是"实行行为中故意加实行后行为过失"。如以事前故意去解说"韦伯的概括故意",得到的结论是故意杀人罪未遂与过失致人死亡罪两罪,这也不是对"韦伯的概括故意"的解说想要得到的结论。[②]

如今概括故意说的影响力已经消退,德国联邦最高法院提出:"不可以忍受的是,使用这个在法律历史上不断重复的一般故意的概念,把这种原来的杀人故意扩展到后来的行为上去,而在这个后来的行为中,这个故意不再能够存在。"为了修正概括故意的弊端,在理论上逐渐兴起纯粹的因果经过说。

2. 纯粹的因果经过错误说

有学者称为因果历程错误、因果关系认识错误。此说从行为作用与结果实现之间的因果关系经过是否出现偏离或错误的角度进行分析,即事前故意仅是因果关系错误的一种客观形式。将第二个行为作为介入因素,在行为人可能预见的情况下,如果第二个行为与危害结果处在相当的因果关系范围内,因果经过的错误不重要,行为人成立故意犯罪既遂。大冢仁教授指出:"在法定符合说的立场上是妥当的,它考虑了第一行为与第二行为在场所、时间上的接近性,认为只要行

① 参见[德]克劳斯·罗克辛:《德国刑法学总论》(第1卷),王世洲译,法律出版社2005年版,第343页。

② 参见方鹏:《韦伯故意的推理及推论》,载《刑事法评论》2011年第1期。

为人事前预见的因果关系与实际的因果关系经过在相当因果关系的范围内相符合,肯定构成要件性故意就没有障碍。”此说现已成为日本的通说。

因果关系认识错误的论证是当前我国刑法解决“韦伯的概括故意”问题的通说。在体系定位上,因果关系认识错误被认为是事实认识错误中的一种,涉及的是故意认定的问题,是主观责任形式方面的问题,与构成要件该当性中因果关系的判断问题(客观方面的问题)并不相同。按照认识错误理论的通常解释,在“韦伯的概括故意”中,行为人主观方面设想的是通过杀害的因果历程致被害人死亡,而具体因果历程是被水淹死。就导致死亡的实质来看,杀死与水淹死的机制是一样的,以法定符合说的立场来看,两种因果机制都是故意杀人罪的构成要件所容许的,具体因果历程的偏差同样实现了行为人的目的,故而这种偏差对于犯罪认定并不重要,仍为杀人既遂。也就是说,成立故意并不要求行为人必须认识到行为导致结果发生的具体的因果历程。

然而,这种论证逻辑的正确性特别是小前提都是值得推敲的。首先,大前提认为因果关系认识错误不影响故意和既遂的认定,其预设条件是承认行为与结果之间具有因果关系,并且具体的因果关系并未偏离超出构成要件允许的范围之外。由此,如果仅以主客观不一致界定因果关系认定错误,会出现影响既遂认定的情形。例如,行为人以杀害的故意将被害人打成轻伤,被害人慌不择路撞上汽车死亡。行为人预想的因果历程是被害人被杀死,而具体因果历程是被撞死,无论被害人怎么样死亡都不违背行为人的意愿,仅从主客观不一致的视角,可将其认定为因果关系认识错误,但这种情形由于因果关系中断而构成犯罪未遂。由此,要承认大前提的正确性,必须先从单纯的客观层面解决因果关系偏离的问题。实际上,已有相当多的学者出于客观归责方面的考虑,提出了“因果关系偏离”的概念,指称行为人所制造的风险没有经由相当的(规范期待的典型的)历程实现的情形。[①]据此,因果关系偏离可分为"重要偏离"(超出构成要件范围的偏离)和"不重要偏离"(构成要件范围内的偏离)两种。在逻辑判断顺序方面,只有在客观层面因果关系偏离属于不重要偏离,才可客观归责,而只有在客观可归责的情况下,才有主观责任判断的问题,才有因果关系认识错误的问题。也就是说,因果关系的认识错误都是对构成要件范围内的具体因果关系的认识错误,这就是我们通常所说因果关系认识错误不影响既遂认定的原因。从而,如果要将某种情形归入因果关系认识错误中,就必须先对因果关系偏离是否属于重要偏离进行论证。其次,小前提未对"韦伯的概括故意"进行具体分析,就将其归入因果关系认识错误之中,显然过于武断和仓促。在"韦伯的概括故意"中,第一行为与结果之间是否具有因果关系,是否属于"不重要偏离",这些都必须经过仔细判断之后,才能得出结论。

3. 相当因果关系说

结果包括在故意内容之中,并意味着行为人一定要对结果承担故意责任,其中还存在因果关系的问题,由此,产生了以因果关系理论解说"韦伯的概括故意"的需要。以相当因果关系的视角来看,第一行为(杀害行为)与结果之间有无因果关系的论证,涉及条件说和相当性两个层次的判断。根据条件说,没有第一行为致被害人昏迷,就不会有第二行为的"抛尸",也就不会有死亡结果的发生,所以第一行为是死亡结果的条件。而根据相当因果关系说,以社会一般人的生活通则来看(客观—事后预测),[②]一般杀人后就要抛尸,抛尸行为是杀人行为的自然延续,第一行为导致第二行为具有较大的可能性,而第二行为

① 参见许玉秀:《主观与客观之间——主观理论与客观归责》,法律出版社 2008 年版,第 193 页。

② 参见[日]川端博:《刑法总论二十五讲》,余振华译,中国政法大学出版社 2003 年版,第 89 页。

又是死亡的原因,事实上,杀人未遂抛尸而致死的情况比比皆是,第一行为能够典型的导致结果发生,并不出乎意料。可以认为这种论证中对于有无因果关系的判定,是根据已经发生的客观事实,以条件说来推演“第一行为、第二行为—结果”的链式因果,基本是妥当的。主要问题在于,相当性的判断并不尽如人意。通常情况下,行为人的杀害行为导致被害人濒死或重伤而后抛尸致死,尚可认为具有相当性;但是如果采取的杀害行为只是造成轻微伤甚至毫发无伤只是昏迷,而后抛尸致死,第一行为直接导致结果的可能性实在太小,很难认定两者之间具有相当性。此外,杀人后也不一定都会抛尸,或采取包含致死可能性的抛尸方式,如此,第一行为与第二行为之间的关联性就会受到质疑。依照相当性的判断标准,并不一定得出“韦伯的概括故意”的情形都是一罪既遂的结论。精确的结论应当是:有相当性则是杀人既遂,否则是两罪或想象竞合。

“相当因果关系说”的理论原理是简洁的,第一行为与结果之间,有因果则既遂,无因果则未遂,因为第一行为与结果之间具有相当性。有无相当性标准的提出,改变了将“韦伯的概括故意”一味认定为一罪既遂的观点,承认了其构成数罪的可能性。值得注意的是,因果关系说默认了“韦伯的概括故意”是由两个行为构成,这与概括故意说不同。但是,相当因果关系说关于“韦伯的概括故意”是两行为的观点并不彻底,它侧重对第一行为的论说,只论证第一行为与结果之间存在因果关系,而漠视第二行为与结果之间也存在因果关系,没有考虑第二行为的介入导致第一行为与结果之间因果关系链中断的可能性。①

4. 客观的归责说

客观归责理论认为行为人如果制造了一个不被容许的风险,而这

① 参见方鹏:《韦伯故意的推理及推论》,载《刑事法评论》2011 年第 1 期。

个风险在构成要件结果中实现了,行为人的行为就具备客观可归责性。运用客观归责理论对事前故意情形进行评价实质上是从行为所制造风险的大小以及是否已实现出发,判断结果在客观上可否归责于行为。若可以,则应归责于第一行为还是第二行为。如果第二个行为处于第一个行为的客观归责可能性的范围内,就成立故意杀人既遂;如果在客观归责可能范围之外,则成立故意杀人未遂。故意只要存在于第一个行为时就足够了。因为第一个行为制造了杀害结果发生的危险,由此制造的状况的危险处于存续期间,第二个行为是以由此诱发的行为人自然的动机关联而产生,危险实现关联也是应当肯定的。但是,第一个行为制造的危险几乎平常化之后而实施第二个行为的,危险实现关联应被否定。

客观归责理论将事前故意情形视为一种因果关系偏离的特殊情况,并以介入因素是否开启新的风险及增加风险为标准,设置了因果关系重要偏离及不重要偏离的两种可能,借以区分是否中断归责。客观归责理论的大家罗克辛教授的看法是:在满足一定条件下可以将事前故意视为一种不重要的因果偏离,从而认定行为创设的风险没被中断,遂肯定既遂。具体的条件如下:(1)具体的因果流程处于行为人可预见范围之内,客观构成要件已经满足。反面的例子是,因谋杀打击仅失去知觉的受害人,在送往医院抢救的过程中死于中途的车祸,由于这种因果偏离的突发性和无法预见性,行为人只能认定为未遂。(2)行为人必须以被害人的死亡为其最终目的,且杀人意图贯穿始终。基于中止的动机实施第二个行为,但中止失败而发生结果的场合,危险实现关联被否定,也不能成立故意杀人既遂。例如,甲想要杀乙,然而看到被害人一动不动躺在自己面前,突然懊悔,放弃了自己的犯罪目的,并试图使其恢复知觉,但是后来无奈将被害人埋葬后,却在此刻发生了死亡结果。

可见,客观归责说并非一味认为"韦伯的概括故意"都属一罪既遂,而是根据归责关系中断的原理提出了具体判断标准,亦即"因果关系偏离+行为人计划"说,表面上这似乎是前述因果关系认识错误说和概括故意说的折中,但实际对应的是客观归责理论的两个核心要素,即"行为客观风险制造能力"和"规范的目的"。[1] 这里的因果关系偏离与前述因果关系认识错误不同,是具体因果历程与行为本身风险之间的比较,而不是具体风险与行为人主观预想之间的比较。行为人对第二行为的事先计划反映的是一种"客观的目的性",亦即基于目的行为论的可以使抛尸被规范评价为杀人行为组成部分(动作)的目的。由此,客观归责说仍是客观层面的理论。应当说,客观归责说从规范评价层面,以风险是否延续来判定"韦伯的概括故意"可否将结果归责于第一行为,这种思路比因果关系论的单纯的事实评价更前进了一步。

但客观归责说提出的决定性的标准——因果关系的重要偏离和不重要偏离——区分依旧是不明朗的。不重要偏离的典型例子也与"韦伯的概括故意"存在细微的差别。在不重要偏离的典型例子中,具体致死机制是实行行为本身所包含的。例如桥墩案中,行为人扔人下桥的行为本身就包含着被害人撞上桥墩的可能,"飞出的石头是行为人扔的石头",故而可认为具体因果历程没有超出行为的风险范围,是不重要偏离。但在"韦伯的概括故意"中,砍杀行为(实行行为)却很难包括淹死(具体致死机制)可能。与其说是第一行为包含了具体致死风险,还不如说是第一行为包含第二行为的可能。正因如此,才有论者将前述典型的不重要偏离称为一行为下的偏离,而将"韦伯的概括故意"称为数行为下的偏离。[2] 这种偏离由于介入了结果发生的直接的、决定性的因素,将其评定为不重要的偏离并不符

---

① 参见许玉秀:《主观与客观之间——主观理论与客观归责》,法律出版社 2008 年版,第 192 页。

② 参见林东茂:《刑法综览》(修订 5 版),中国人民大学出版社 2009 年版,第 188 页。

合社会一般人的观念,这正如以杀害故意致被害人轻伤,被他人送往医院救治,因医生重大过失致死的例子一样,决定性介入因素导致的因果关系偏离不应被忽视,客观归责论得出的结论也应当与相当因果关系说一致。此外,客观归责理论是以限缩可归责的因果关系及行为范围为主旨的,其提出的未实现风险即不可归责应是一种原则,未实现风险仍需归责则是一种例外。"韦伯的概括故意"中的风险不是由第一行为直接实现的,但客观归责说却认为原则上应当归责,例外才不予归责,这里存在矛盾。另外,即使将结果归责于第一行为,第二行为又当如何处理呢?客观归责说对此未有论及。[1]

5. 未遂犯、过失犯并合说

该说以肯定两个行为存在为基础,行为人实施了两个行为,已经超出了一个行为下认定因果关系错误的范畴。第一个行为从事实上判断构成未遂犯,第二个行为则应该构成过失犯,实行数罪并罚。也有人认为应成立故意杀人未遂与过失致人死亡的想象竞合,如日本龙川幸辰博士持这一观点。但无论是想象竞合还是数罪并罚的观点都是欠妥的,因为行为毕竟只存在一个犯意且两行为之间的关系密切。

上述各种解说都是从犯罪成立要素的角度入手分析和论证的。概括故意说从故意角度入手,意图将行为人对第一行为的故意延展至第二行为造成的结果上,论证行为人对死亡结果的责任形式系故意。因果关系认识错误说从因果关系的认定入手,欲将结果归因于第一行为。因果关系认识错误问题在理论体系上是故意责任认定的下属问题,也就是将致死过程作为行为人容忍的情形。客观归责论的解说,可以认为是从规范层面进一步深入推进因果关系理论。

① 参见方鹏:《韦伯故意的推理及推论》,载《刑事法评论》2011 年第 1 期。

三、对事前故意的理论分析

1. 对行为数量的判定

在事前故意案例中行为人在事实层面分别实施了杀人行为与弃尸行为。从时间上看这是行为人实施的两个举动。但在法律规范层面上数个举动并不必然被认定为刑法意义上的“数行为”。即使被认定为数个行为也可能被刑法规定为单一的犯罪，如大陆法系中的集合犯。

在危害行为数量认定的理论中，二元的行为单复说在德国刑法中占主导地位。该说认为刑法意义上的行为单数分为：(1)自然意义的一行为，在自然层面和规范层面的对应关系中，单纯的行为单数实际上是指行为在自然生理意义上表现为单一的动作，与刑法规范层面所设计的单一行为单元类型相互对应。(2)自然行为单数，此种类型指行为人虽然有数个动作存在但在自然的社会生活观察之下该数个动作在时间和空间上是紧密相连的且行为人只有一个主观意思，因此在刑法规范上仍视其为行为单数。(3)法的行为单数，指将数个自然意思活动整合成法意义上的一个行为或整体行为。

从上述分类可以进行对比分析，事前故意分别存在杀人和弃尸的两个举动，形式上可以排除归属自然意义的一行为类型。至于是否属于自然行为单数，德国的刑法理论一般认为符合自然行为单数须有4个条件：具有一个统一的意志、实施了数个性质相同的动作、数个动作在时间和空间上紧密联系、从第三人角度观察是一个行为。在事前故意情形中行为人实施的两个动作分别造成了致被害人昏迷和致被害人死亡的结果，但两个动作所具有的主观犯意却截然不同。前一动作是杀人的故意却未造成已预见的危害结果，结果仅是昏迷。后一动作虽然实现了结果，但由于行为人存在事实上的认识错误，使其犯意不再是最初的故意，后一动作在事实和规范层面都只是一个过失致死的行为。两行为在构成要件一致性上不成立,同时也不存在法律明文规定为拟制的行为单数。由此,事前故意的前后两个行为不属于法律行为单数和同一构成要件之下的行为,不符合前述的行为单数认定标准,所以应认定为行为复数。[①]

2. 罪过认定

如前所述,事前故意情形存在两个行为且两个行为的主观心态并不相同。对于第一行为,罪过形式显然是故意,而第二行为虽然客观上造成了被害人死亡的结果,但是行为人在断定第一行为致被害人死亡的情况下,实施第二行为时已经不存在杀人的故意,且被害人死亡并非出于一般人不可预见的意外原因,故行为人在实施后一行为时犯意是过失,那第二个由过失主导的行为是否应该认定为一个独立的罪名呢?

众所周知,成立过失犯必须满足一定的、特殊的心理构造条件,其中最核心的因素就是注意义务。过失犯罪的本质在于违反注意义务。在刑法理论上,一般认为注意义务可以分为结果预见义务和结果回避义务。结果预见义务是指对于危害社会的结果所具有的预见义务。结果回避义务则是指在预见可能发生危害结果以后,行为人所具有的回避这种危害结果发生的义务。张明楷教授则认为,“对结果具有预见可能性是过失犯的责任要件”[②]。行为人在完成第一行为后,已经得出了被害人死亡的判断。此时在他的主观心态中,杀人的目的和可以预见的被害人死亡之危害结果都已实现,且客观上没有其他事实或因素对其认识错误进行提示,故对第二行为才造成被害人死亡的结果已不具有预见可能性。此外结果回避义务是建立在行为人预见可能发生危害结果的基础上产生的义务,既然已经得出事前故意中的行为

① 参见李茨隆:《事前故意初论》,载《知识经济》2013 年第 18 期。

② 张明楷:《刑法学》(第 4 版),法律出版社 2011 年版,第 263 页。

人对后一过失行为造成危害结果不具有预见可能性,依此可推论行为人缺乏结果回避义务。综上,笔者认为事前故意中行为人的第二行为虽然主观上具有过失,但是由于不符合过失犯罪中行为人必须违反注意义务的核心要件不应该将其单独定罪。

四、事前故意在司法实践中的处理

将典型的“韦伯的概括故意”作为一罪既遂处理,已经成为司法判例中的一种惯例,具有其实践合理性。这种实践合理性主要体现在以下几个方面。

1. 按一罪既遂处罚,科刑结论更符合常理

故意杀人既遂是普通犯罪中最为严重的情形,刑法也为其规定了最为严厉的刑罚后果。在我国,故意杀人罪(既遂)的法定最高刑为死刑,并且在法定刑的排列顺序上死刑靠前,由此司法实践对于一般的故意杀人既遂也都优先考虑科处死刑。而对于故意杀人未遂,由于有可以从轻或减轻处罚的规定,如非手段恶劣一般不会科处死刑。对于“韦伯的概括故意”情形而言,按故意杀人罪一罪既遂论处的科刑结果,通常还要比按故意杀人(未遂)与过失致人死亡罪两罪并罚的科刑结果更为严厉。按照社会一般观念,故意杀人后抛尸致死,与一般直接杀人致死,都是杀人致死,在处罚上不应当存在差别。

2. 按一罪既遂处理,能够简化司法审判中的主观心态的认定,具有司法经济性

“韦伯的概括故意”预设的案情事实是行为人在实施后一行为即抛尸行为时,主观上误认对象是尸体,是基于认识错误而致被害人死亡,行为人对于死亡结果所持心态为过失。对此主观心态认定的事实,刑法理论预设模型不存在任何争议。然而在司法实务中,在很多情况下,行为人对于行为对象有无误认,资以证明的证据都是行为人的口头描述,而无法予以清晰的辨别和认定。而此关键事实决定着故意与过失的区分，行为人说了句“可能活着吧”或者“不知道死了没”，就可能判死刑；而说了句“死了吧”或者“我觉得死了”，可能只判处有期徒刑。一两个用词的差异就会使审判结果有生死之别。刑法讲求细节决定成败，不仅“韦伯的概括故意”的认定，而且一切故意与过失的认定都是如此，鉴于其为行为人内在主观心态的认定，只能借助外在客观事实予以推断。但考虑到“韦伯的概括故意”中存在之前杀人的恶劣案情背景，以及之后抛尸行为与杀人行为的紧密关系，对于行为人在实施抛尸时是否知晓或者可能知晓被害人生存的事实认定问题，鉴于其认定证据的困难和单薄，不宜作太多有利于被告人的解说。刑法理论预设的“韦伯的概括故意”情形，虽与不知生死而抛尸致死的故意杀人情形有所区别，但在司法实务中却极难辨别。将“韦伯的概括故意”情形一概作为一罪既遂处理，能够减少司法审判对此具有相当解决难度的问题的纷争。

既然将“韦伯的概括故意”作为一罪既遂处理具有实践合理性，是司法惯例的约定俗成，也符合一般人的思维习惯，应当承认其结论的合理性。根据判例，按照一罪处理的“韦伯的概括故意”的构成要件可以总结为以下几个方面。

1. 前后两行为之间存在实行行为与事后行为的关系

这里的事后行为，与事后不可罚中的事后行为的含义是一致的，即实行行为的附随行为或掩饰行为，而不仅是在时间上发生在实行行为之后。事后行为的形式，包括保全、利用、使用、处分犯罪所得物品、收益的行为，以及掩盖罪行、逃避追究的行为。典型的事后行为，如杀人后的抛尸，犯罪后毁灭罪证、伪造现场、妨害他人作证等。例如，向被害人开枪后以为其死，驾车逃走时过失将其轧死，或者数日后交通肇事将其撞死，后行为不属事后行为，应认定为两罪。明知或应当知道被害人未死而将其抛入水中致死，后行为是故意行为，并且是前行为的组成部分而不属事后行为，应以单纯一罪论处。而医生先以杀害故意致被害人重伤,而后反悔抢救,在施救过程中因严重违规而致被害人死亡,由于后行为与前行为的目的悖逆,也不属事后行为,应认定为故意杀人罪中止和过失致人死亡罪(或医疗事故罪,甚至紧急避险)。但是,后行为与前行为是实行行为与事后行为的关系,这只是“韦伯的概括故意”形式上的特征;真正被刑法评价的后行为的性质并不是事后行为本身,而是事后行为导致的结果及被认定的过失行为。例如,杀人未杀死而后毁灭尸体时致死,后行为系杀人后的掩盖罪行行为,但对于“韦伯的概括故意”而言,对于后行为的性质评定,关注的不是侮辱尸体或毁坏证据,而是过失致人死亡。由此,“韦伯的概括故意”即与事后不可罚区别开来。

2. 前行为系故意行为,后行为系过失行为

“韦伯的概括故意”这一概念将前行为设定为故意行为,如果前行为系过失行为,则无法以前文所述的“概括故意”的理论来解释“韦伯的概括故意”的情形;同时,由于过失行为构成犯罪以结果为必要要件,如果前行为系过失行为,则问题就会变成前行为是否成立过失犯罪,而不再是构成一罪还是数罪。后行为系过失行为,此过失行为与事后行为系同一行为,并且系因行为人误信前行为结果实现,由于认识错误继而实施后行为时形成的过失。此外,既然要求作为前行为的故意行为具有目的,则前行为的故意还必须是直接故意,而不能是间接故意。

3. 后行为实现了前行为的目的,亦即后行为的结果与前行为的目的具有同一性

当后行为完全实现了前行为的目的,两者结果完全重合时,是典型的“韦伯的概括故意”,比如杀人后抛尸致死。①

① 参见方鹏:《韦伯故意的推理及推论》,载《刑事法评论》2011 年第 1 期。

本案的结论

在总结归纳前文的基础上,本书主张肯定第一行为对危害结果具有故意,第二行为对危害结果虽具有过失,但考虑到第一行为与第二行为在时间和空间上的接近性和紧密性,只要行为人事前预见的因果关系与实际的因果经过在合理的、相当的因果关系范围内相符合,就否定第二行为对因果关系的阻隔。可以将第二行为视为第一行为与结果之间重要但不突兀的过渡因素,如果这一过渡因素不受外力的介入从而影响第一行为与结果之间具有相当性的因果关系,那么因果关系的错误就不重要,应将结果归责于第一行为,第二行为不需要单独定罪。

所以,笔者认为本案中白某的行为应认定为故意杀人罪既遂,具体理由包括:(1)首先可以肯定的是第一行为造成被害人昏迷,这已经将危害结果的危险性转化成了现实,可以说第一行为在整个犯罪过程中起的是支配作用,它与结果之间的因果关系是最初的和决定性的。(2)行为人的预期结果虽然不是由第一行为引起的,但这一危害结果毕竟是他认识和希望的结果而包含在故意内容之中。同时第二行为也是这一类型的案例通常出现的,它不是切断行为的因果关系的发展,而只是因果经过有所改变,并且这种改变不影响行为人的行为与结果之间存在因果关系。行为人主观上具有犯罪的故意,只是其所预见的犯罪经过与实际发生的因果经过不同,但此时的因果关系错误并不影响第一行为与结果之间相当因果关系的认定,也不能阻却故意的成立。(3)两个行为是同一行为人实施的且在事前故意中行为人很少受到客观现实的影响,如第三者的行为等介入因素。正是行为人的第二行为的存在才导致危害结果的发生,第二行为是整个犯罪过程中重要但不突兀的过渡因素。

综上所述,将典型的“韦伯的概括故意”情形认定为一罪既遂,是将与事后行为伴随发生的过失致死行为的结果,归责于前一故意行为。该处断结论虽然难以通过现有的刑法理论解释清楚,但其的确具有司法实务上的合理性,因此,将其作为一种基于司法判例和惯例形成的法律拟制,未为不可。当然其成立应当具备严格的条件,这就是前后两行为之间存在实行行为与事后行为的关系,前行为系故意行为,后行为系过失行为,后行为的结果与前行为的目的具有同一性。符合这些条件的“韦伯的概括故意”情形才能认定为一罪既遂,否则应当考虑数罪并罚。鉴于其深厚的司法惯例基础,在以后修订《刑法》时,有必要上升为刑法的明文规定。

第十一章　论自动解除危险状态行为的犯罪形态

基本案情

被告人姜某伟在上初中时结识了小他 4 岁的同校同学丽某,两人后来成为男女朋友谈起了恋爱。姜某伟初中毕业后在家中待业。经过长时间的交往,丽某对姜某伟越来越厌烦,而且丽某的父母对此事也不太赞成,于是丽某逐渐疏远了姜某伟。可是姜某伟却对丽某十分衷情。2001 年 3 月的一日,姜某伟邀请丽某到其家中,可丽某不愿意去,且当着同学的面羞辱了他。姜某伟回到家中,心中愤愤不平,于是他将家中原有的 4 千克黑炸药装入挎包内,携带自制的炸药包和导火索闯入丽某家。时逢丽某和其父母均在家中,姜某伟要求丽某与其一起去其家中,在遭到拒绝后,姜某伟将导火索点燃,声称要与他们一家同归于尽。丽某及其父母见状大惊,被迫同意了姜某伟的要求,于是姜某伟用刀将导火索砍断。

后姜某伟被告发归案。后经鉴定，此炸药包的爆炸半径为 7 米，已构成对不特定人的身体健康、生命及重大财产的威胁。

争议焦点

在此案的审理过程中，对于爆炸罪的定性没有异议，但是对于案件在犯罪过程中的状态产生了不同的意见。第一种观点认为，应认定为犯罪中止。第二种观点认为，应当认定为犯罪未遂。第三种观点认为，应当认定为犯罪既遂。

此案例虽小，但却涉及很多方面的问题。本书将从危险犯与实害犯的界定、《刑法》第 114 条与第 115 条的关系、危险状态的定位与判断及犯罪停止形态的认定等方面进行探究，着力分析本案最大争点，即在危险状态出现后实害结果尚未发生前，行为人自动、积极地停止犯罪，并有效地防止实害结果发生的，能否成立犯罪中止？

相关法条

1.《中华人民共和国刑法》第 23 条　【犯罪未遂】已经着手实行犯罪，由于犯罪分子意志以外的原因而未得逞的，是犯罪未遂。

对于未遂犯，可以比照既遂犯从轻或者减轻处罚。

2.《中华人民共和国刑法》第 24 条　【犯罪中止】在犯罪过程中，自动放弃犯罪或者自动有效地防止犯罪结果发生的，是犯罪中止。

对于中止犯，没有造成损害的，应当免除处罚；造成损害的，应当减轻处罚。

3.《中华人民共和国刑法》第 114 条　【放火罪】【决水罪】【爆炸

罪】【投放危险物质罪】【以危险方法危害公共安全罪】放火、决水、爆炸以及投放毒害性、放射性、传染病病原体等物质或者以其他危险方法危害公共安全,尚未造成严重后果的,处三年以上十年以下有期徒刑。

4.《中华人民共和国刑法》第115条　【放火罪】【决水罪】【爆炸罪】【投放危险物质罪】【以危险方法危害公共安全罪】放火、决水、爆炸以及投放毒害性、放射性、传染病病原体等物质或者以其他危险方法致人重伤、死亡或者使公私财产遭受重大损失的,处十年以上有期徒刑、无期徒刑或者死刑。

【失火罪】【过失决水罪】【过失爆炸罪】【过失投放危险物质罪】【过失以危险方法危害公共安全罪】过失犯前款罪的,处三年以上七年以下有期徒刑;情节较轻的,处三年以下有期徒刑或者拘役。

学理分析

一、危险犯、实害犯与行为犯、结果犯

此问题存在争议的根源在于危险犯理论的存在根据问题。对于刑法就同一种犯罪既规定了危险犯又规定了实害犯的犯罪而言,其危险犯和实害犯之间究竟是何关系,主要有以下几种观点。

第一种观点认为,危险犯与实害犯之间是法条竞合关系。法条竞合,是指一个行为同时符合了数个法条规定的犯罪构成要件,但从数个法条之间的逻辑关系来看,只能适用其中一个法条,当然排除适用其他法条的情况。本书认为这种观点明显不妥,同一种犯罪不可能既是危险犯又是实害犯,因为法条竞合的前提是法条所规定的构成要件在内容上存在从属或交叉关系。而规定实害犯的法条与规定危险犯

的法条之间是一种相互排斥的关系,并不存在从属或竞合的交叉关系。以我国《刑法》第 114 条与第 115 条第 1 款为例,一个以“尚未造成严重后果”为要件,另一个以“致人重伤、死亡或者使公司财产遭受重大损失”为要件,二者既相互衔接,又相互排斥;其间既无遗漏,又无重叠交叉,因而不能认为二者之间存在法条竞合关系。

第二种观点认为,实害犯是危险犯的从重情节。这种观点认为实害犯不过是危险犯的从重处罚情节也明显不妥,因为在实害犯中存在的是作为实害犯既遂要素的严重实害结果而非单纯的情节,并且从行为人的犯罪故意的内容来看,只有该实害结果才有资格作为基本犯的构成要件结果,危险状态不过是实害犯在实现过程中出现的一种状态。

第三种观点认为,危险犯是基本犯而实害犯是结果加重犯。主要理由有:(1)我国《刑法》分则规定的犯罪是以既遂为模式的,危险犯也是既遂犯,以危害行为造成法律规定的发生某种危害结果的危险状态为既遂标志;(2)将实害犯理解为危险犯的结果加重犯符合结果加重犯的本质,即行为人故意实施的基本犯罪行为内在地具有引起重结果发生的高度危险性,并且实害结果与危险结果相比仍发生了质变;两者之间是基本犯与结果加重犯的关系,即以出现危害公共安全的危险状态为构成要件的犯罪是基本犯,而以发生致人伤亡或者重大财产损失的实害结果为构成要件的犯罪是结果加重犯。①

对基本犯与结果加重犯模式的批评主要有:依据上述理由,《刑法》第 114 条的犯罪是基本犯,其不但有既遂形态,还可以成立未遂犯。在行为人故意造成具体公共危险状态,却过失造成致人重伤、死亡或者重大公私财产损失的严重后果的情况下,是典型的结果加重

① 参见周铭川:《论法定危险状态出现之后能否成立中止犯》,载《上海交通大学学报(哲学社会科学版)》2012 年第 3 期。

犯。但是结果加重犯中的加重结果是指超出基本犯范围的重结果,而在破坏交通工具等犯罪中,致人重伤、死亡等严重后果正是行为人所追求的、行为性质所决定的后果,是该罪的既遂结果而非加重结果,行为人实施犯罪的目的也绝不仅仅是造成法定危险状态,而是要追求发生严重后果。

这里首先涉及另一个分歧,即是否存在故意造成危险状态,但对实害结果的出现是过失心态的情况?肯定说认为行为人完全有可能只对造成具体公共危险状态具有故意,而对严重后果只有过失,并以目前频繁出现的汽车碰瓷行为作为实例。理由是:在碰瓷案件中,行为人在公共交通道路上剐、碰他人机动车,其主观上希望或放任具体公共危险结果,这是没有疑问的,但是行为人对致人伤亡的严重后果是排斥的,客观上也是极力避免,因为发生这样的结果与其目的是背道而驰的。在这种情况下,如果发生致人重伤、死亡或者重大财产损失的后果,行为人对这种结果的发生只能是过失。

否定说认为,仅对具体的公共危险持故意而对实害结果持过失心态,这是非常不切实际的。正如刘明祥教授等多数学者所言,行为人的目的就是要追求实害结果的发生,不可能仅希望发生具体的公共危险。[①] 如果认为行为人可以仅希望发生具体的公共危险,那么这种希望的内容就是希望发生实害结果。因此,在行为人积极实施行为以追求实害结果发生的犯罪中,行为人的犯罪故意只有一个,就是对实害结果的故意,不可能在此之外另外存在一个对所谓"危险犯"的故意。所谓对公共危险的故意,实际上仍是对某种实害结果的故意,两者的内容是完全一样的。

本书观点是,在碰瓷案件中,只能说他对自己受伤等后果是反对的,但如果在交通繁忙的公共道路上碰瓷,作为一个心智健康的成年

---

① 参见刘明祥:《论危险犯的既遂、未遂与中止》,载《中国法学》2005年第6期。

人,他理应知道行为会对公共安全造成威胁,即使没有追求结果的发生也存在放任的间接故意,所以在交通繁忙的路段进行碰瓷的案件中行为人对实害结果所持的主观心态存在间接故意,因此危险犯并没有自己独立的脱离希望实害结果发生的犯罪故意。① 因此,本书认为结果加重犯说不合理。

第四种观点认为,危险犯是实害犯的未遂形态。其理由主要有:(1)如果认为危险犯也是既遂犯,势必认为其他犯罪的未遂犯都是既遂犯,因为任何犯罪的未遂犯都可以说是具体危险犯,并且,如果认为危险状态也是一种结果,势必认为"杀人未遂"也是一种基本结果。(2)《刑法》分则中为危险犯规定法定刑并不意味着它就属于既遂犯,因为《刑法》总则并未规定对未遂犯不能单独设置法定刑。(3)作为同一种犯罪的危险犯和实害犯,应当只有一个既遂标准,不能存在两种既遂标准。(4)危险犯实际上是实害犯的未遂犯,之所以独立设置,是"鉴于某些犯罪的危害性质特别严重,通过危险状态犯的方式将这些犯罪的既遂提前到发生危险的时刻",以加强同这些犯罪作斗争。

持未遂犯与既遂犯关系观点的学者认为将两个法条的关系理解为未遂犯与基本犯没有理论障碍。理由在于,未遂犯也是危险犯,《刑法》第 114 条的犯罪是危险犯,而第 115 条第 1 款的犯罪是实害犯。

此种主张符合一般人的法直觉,即发生了严重结果就是既遂,反之则是未遂。本书也倾向于这种观点,具体论证如下。

第一,《刑法》第 114 条中"尚未造成严重后果的",包括两种情形:仅威胁了法益,未造成任何实害结果,或者造成轻微的实害结果。

① 参见张兴慧:《〈刑法〉第 114 条与第 115 条第 1 款的关系探究——兼论具体危险犯的既遂、未遂与中止》,载《清华法律评论》2012 年第 2 期。

由此可以看出,《刑法》第114条并不是没有造成实害结果,它包含造成实害结果的情形,只不过造成的实害结果没有达到严重后果的程度。因为《刑法》第114条中也包含造成实害结果的情形,这么说《刑法》第114条也是实害犯,只认为《刑法》第115条是实害犯是不妥当的。《刑法》第114条相对于《刑法》第115条来说是人为地将但书以上程度严重后果以下程度的行为规定为单独的条目。因此,本书认为《刑法》第114条实质上是《刑法》第115条所规定的实害犯的未遂形态。

第二,从本质上看,此模式符合未遂犯的理论。未遂犯的处罚根据在于具有侵害法益的现实、紧迫危险,《刑法》第114条的犯罪也是以造成法益侵害危险,但未造成严重实害结果为构成要件的,将其理解为未遂犯与基本犯没有理论障碍。此观点遭到一些学者的批判:未遂犯也是危险犯,而《刑法》第114条的犯罪是危险犯,从而认为危险犯也是未遂犯,这种理解其实属于偷换了概念,未遂犯也是危险犯,并不能因此而得出危险犯就是未遂犯的结论。① 本书也赞成未遂犯的说法,但仍需进一步论证。综上所述,本书认为,《刑法》第114条并不具有独立的故意内容,并不存在故意造成危险状态,而对实害结果的出现是过失心态的情况,因此以危险方法危害公共安全罪的主观心态就只有一个,即对造成严重后果的希望或放任心态。在这种理论背景下,行为人追求造成危害公共安全的严重后果,但在行为仅造成法益侵害危险、实害结果发生前便停顿下来,此时当然没有达到行为人的既遂目的,相对于《刑法》第115条来看,《刑法》第114条是《刑法》第115条的未遂形态,即从本质上《刑法》第114条是《刑法》第115条的未遂形态,但是被人为地规定在两个法条里,并

① 参见张兴慧:《〈刑法〉第114条与第115条第1款的关系探究——兼论具体危险犯的既遂、未遂与中止》,载《清华法律评论》2012年第2期。

引起下一个问题。

第三,《刑法》第 114 条与《刑法》第 115 条内部是否各自存在既遂、未遂或中止形态?

上一部分是对《刑法》第 114 条本质上的分析,接下来看条文内部的犯罪形态,即尽管本质上《刑法》第 114 条是《刑法》第 115 条的未遂形态,但是由于立法技术,我国《刑法》对第 114 条和《刑法》第 115 条是直接根据后果是否严重来设置法定刑,撇开了犯罪既遂与未遂的刑罚规定。因此,对这类犯罪应根据其后果直接适用《刑法》分则中的刑罚规定,而不再适用《刑法》总则关于犯罪未遂的刑罚规定。[①] 立法将未遂形态单独列出来,这并不意味着《刑法》第 114 条所规定的犯罪就有了自己独立的既遂标准,因为本书并不认同"刑法分则的规定是以既遂为模式"的说法。

在德国、日本等国家的刑事法律中,确实是以处罚犯罪既遂为模式的,原则上仅处罚既遂行为,若要处罚未遂等特殊形态,需要予以特别规定,认为我国《刑法》分则是以既遂为模式的学者大多是受了德国、日本等传统大陆法系刑法理论的影响,[②]进而认为《刑法》第 114 条因为刑法的规定而升格为既遂,并且存在自己的未遂、中止等形态。本书认为此种说法有待商榷,我国刑法的体系设置和规定显然不同于大陆法系国家,犯罪的未完成形态在我国刑法中也具有一般意义上的非难可能性,因此可以否定"我国刑法分则以既遂为模式"的说法,进而可以否定《刑法》第 114 条独立的未遂、中止形态。加上上文已得出的《刑法》第 114 条中危害公共安全犯罪并不存在故意造成危险结果,对实害结果存在过失的结论,则可以认为,《刑法》第 114 条并不存在独立于《刑法》第 115 条的未遂、中止、既遂形态。本书尚不成熟的观

① 参见刘之雄:《犯罪既遂论》,中国人民公安大学出版社 2003 年版,第 197 页。

② 参见林东茂:《危险犯与经济刑法》,台北,五南图书出版股份有限公司 1999 年版,第 3 ~6 页。

点是,《刑法》第114条与《刑法》第115条如同结果加重犯理论,发生了加重结果就构成结果加重犯;反之则不构成。同样的,若发生了危险结果但未造成实害结果,直接构成《刑法》第114条,致人重伤、死亡或者使公私财产遭受重大损失的,直接构成《刑法》第115条。接下来才根据具体案情确定其犯罪形态。《刑法》第114条不存在独立的既遂模式,它本质上是"以危险方法危害公共安全罪"的未遂形态,但由于法条规定,我们所说的"依照刑法第114条之规定,认定被告人构成以危险方法危害公共安全罪",是指直接构成呈现在立法中的罪名,但《刑法》第114条与《刑法》第115条从属于"以危险方法危害公共安全罪"这个罪名,《刑法》第114条仍属于"以危险方法危害公共安全罪"这个罪名下的未遂形态,只是由于立法技术将其人为地独立规定出来而已,结果仅在于不能在《刑法》第115条的法定刑的基础上,参照《刑法》总则中有关未遂犯的规定。《刑法》第114条也不存在独立的未遂形态,因为《刑法》第114条本身就是"以危险方法危害公共安全罪"的未遂形态,没有独立的仅追求危险结果,但对实害结果是过失的情形,因此不存在未遂的未遂。《刑法》第114条也不存在独立的中止形态,因为立法将未遂形态单独列出来,并没有将中止形态也单独设条,中止形态仍然只存在于"以危险方法危害公共安全罪"这个罪名的统揽之下,即从属于《刑法》第115条的规定。(1)如果出现了危险状态,然后行为人自动中止,如何判断?第一,中止而避免《刑法》第115条规定的实害结果的发生,也符合尚未造成严重后果的条件,因此构成《刑法》第114条,但由于《刑法》第114条不存在独立的中止形态,此时构成"以危险方法危害公共安全罪"这个罪名的中止形态,即应当按照《刑法》第115条定罪,同时参照《刑法》总则中关于中止的规定。第二,从结果上看,并未发生行为人追求的实害结果,所以为未遂;从行为上看,是基于行为人自己意志而停止犯罪,所以为中止。但所有的中止犯罪都没发生实害结果,所以在定犯罪形态的时候,直接判定为中止犯。(2)如果出现了危险状态,在造成实害结果之前被外力阻止,如何判定?由于《刑法》将"以危险方法危害公共安全罪"的未遂形态独立规定,不可继续适用《刑法》第115条,应直接适用《刑法》第114条,并不得参照未遂犯减免处罚的规定。(3)如果没有出现危险状态,行为人自动中止,如何判定?要想成立《刑法》第114条,必须存在危险状态到实害结果发生之前。因为若没有危险状态,说明危害性没有达到具体的程度,而《刑法》第114条本质上是未遂形态,必须具有对公共安全的具体、紧迫危险,因此不构成《刑法》第114条。但行为在"以危险方法危害公共安全罪"总的行为链条中,即将其视为整个"以危险方法危害公共安全罪"的行为之一,其可构成"以危险方法危害公共安全罪"的预备阶段的中止,适用《刑法》第115条酌情处罚。

二、危险状态的定位:犯罪成立条件还是既遂标准

学界在探讨这种所谓危险犯的停止形态问题时,实际上都忽略了一个最根本的问题,即这种危险犯并没有自己独立地脱离希望实害结果发生的犯罪故意,而仅是在实害犯的实现过程中所出现的一种具体危险状态,只不过《刑法》分则为这种危险状态配置了法定刑而已。也有观点认为是实质的未遂犯,法定的既遂犯。

国内通行的观点认为,结果犯是指不仅要实施具体犯罪构成客观要件的行为,而且必须发生法定的犯罪结果才构成既遂的犯罪,即以法定的犯罪结果的发生与否作为犯罪既遂与未遂区别标志的犯罪。行为犯是指以法定的犯罪行为的完成作为既遂标志的犯罪。危险犯是指以实施的危害行为造成法律规定的发生某种危害结果的危险状态作为既遂标志的犯罪。从上述主流观点可以看出,行为犯与结果犯的区分是为了解决既未遂的认定问题,两者都对法益造成了实际的侵害。那么危险状态究竟是犯罪成立条件还是既遂标准?

国内有学者对上述"危险犯是指以实施的危害行为造成法律规定的发生某种危害结果的危险状态作为既遂标志的犯罪",提出了尖锐的批评。如果认为造成了危险状态就既遂,似乎没有造成危险状态就是未遂,这就很有问题。对于放火罪来说,出于意志以外的因素,造成了危险状态而没有造成严重后果的,才是放火罪的未遂。如果认为没有造成危险状态也是未遂,就出现了未遂的局面。再者,若认为危险犯一造成危险状态就既遂,无疑是告诉危险犯行为人:你即使奋力扑灭大火也不能构成犯罪中止,顶多是悔罪表现。这样恐怕少有人还会冒着生命危险去扑灭大火,因此反而不利于法益的保护。上述观点的错误在于,危险犯的危险状态只是犯罪成立的条件,是否既遂,还得根据一般既遂的判断标准来进行判断。比如放火,行为人所追求的显然是火灾结果的发生,绝不会仅追求危险状态的造成。因此,造成了危险状态但出于意志以外的原因未造成严重后果的,就构成未遂。

但是,若危险状态为犯罪成立条件,那么危险状态出现之前不成立犯罪,如果行为人在放火造成危险状态之前被发现,就不予以处罚。这明显不合理。

本书的初步看法如图 11 –1 所示。

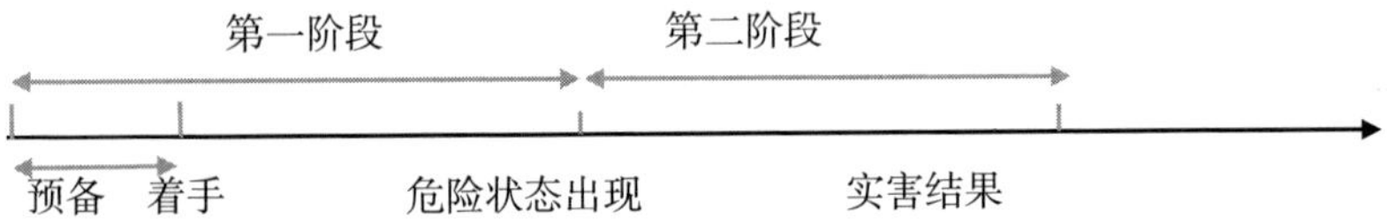

图 11 –1　危险犯的犯罪形态

(1)在危险状态出现之前,即处于图中第一阶段时,行为人的行为就被外力制止或基于自己意志中止,此时就直接构成具体罪名的预备阶段或实行阶段的未遂或中止。因为基于行为的客观危险性和行为人的主观恶性,即使危险状态没有出现也值得刑罚处罚,因此可以直接认定。比如,行为人手持爆炸物,在去仇人家的路上被群众制服,构成爆炸罪的预备。预备行为依法条规定符合《刑法》第114条,即尚未造成严重后果的预备行为,但将此行为融入整体视角,预备行为的实施肯定是为了造成某种后果,并非仅仅意图造成危险状态,此时没有危险状态,但也成立《刑法》第114条危险犯的预备,因为并不符合《刑法》第115条发生严重的实害结果的构成要件。这里的危险状态并不是成立条件,若危险状态为犯罪成立条件,那么危险状态出现之前不成立犯罪,这明显不合理。在行为与结果同时发生的场合,我们可以说:危险状态的出现就是既遂,这符合传统观点。但在这种行为与结果不同时发生,中间有一定时间间隔的情况下,则应当结合特定情境进行分析。(2)在危险状态出现后实害结果发生前停止,即第二阶段停止,由于并未造成严重后果,依据《刑法》第114条定罪处罚。此时危险状态出现之前就可以依据《刑法》第114条危险犯处罚,危险状态出现后严重后果出现前自然也构成《刑法》第114条危险犯,因此在行为与结果的发生存在间隔的情形下,危险状态并非危险犯的成立条件。

那么危险状态是不是危险犯的既遂标志?若由外力制止,如爆炸罪点燃导火索后被人浇灭,显然没有造成严重后果,符合《刑法》第114条的构成要件,直接定性为依据《刑法》第114条,构成爆炸罪;若基于意志以内的因素自动停止,因为尚未造成严重后果,也符合《刑法》第114条的构成要件。本书也不赞成危险状态是危险犯的既遂标志。因为可否做如下解释:造成的结果如同结果加重犯的加重结果一样,产生加重结果就构成结果加重犯,没有加重结果就不构成,造成严重后果就构成《刑法》第115条,没有严重后果就符合《刑法》第114条。《刑法》第114条和《刑法》第115条第1款将放火罪区分为“尚未造成严重后果的”和“致人重伤、死亡或者使公私财产遭受重大损失的”两种情形,并分别规定了不同的刑罚。其中,“尚未造成严重后果”的放火既包括已经造成了实际损害但后果尚不严重的情形,又包括已经着手实施犯罪但尚未造成实际损害的情形。因此，只要行为人着手实施放火行为，在尚未造成严重后果的情况下，就应适用《刑法》第114条规定的法定刑。“这就是说，我国刑法对放火罪是撇开了犯罪既遂与未遂的刑罚规定，而直接根据后果是否严重来设置法定刑的。因此，对这类犯罪应根据其后果直接适用分则中的刑罚规定，而不再适用刑法总则关于犯罪未遂的刑罚规定。”①

关于危险状态究竟是犯罪成立条件还是既遂标准，众说纷纭。传统观点认为危险状态为既遂标志，有了危险状态就已经构成既遂，即使在实害结果发生之前自动中止，并有效阻止结果的发生，仍然不可以改变行为的既遂性质。也有观点认为危险状态应当是成立条件。危险犯，并非刑法规定的以行为造成的危险为既遂标志的犯罪，而是刑法规定的以行为造成的危险为犯罪构成要件的犯罪。至于危险犯的既、未遂区分，应遵从我国《刑法》总则对犯罪未遂、既遂特征的规定，即看行为人是否得逞。②

没有危险状态，仍可能成立犯罪，当这种行为从整体来看如果不自动中止或被外力阻止，就会发生公共安全的侵害，即此时对公共安全的威胁还较远，但仍具有非难可能性和处罚必要性时，可以直接判断为《刑法》第115条的预备阶段的中止犯或未遂犯。有了危险状态，自动中止未造成严重后果的，则构成《刑法》第114条，实质上属于“以危险方法危害公共安全罪”这个罪的未遂，但由于人为地规定，应当按照《刑法》第115条定罪，同时参照《刑法》总则中关于中止的规定。造成危险状态，被外力阻止而没有发生实害结果的，是实质的未遂，触犯《刑法》第114条，同时不再参照《刑法》总则关于未遂的规定。因此，危险状态究竟是成立标准，还是既遂标准，不能一概而论，而是应

---

① 刘之雄：《犯罪既遂论》，中国人民公安大学出版社2003年版，第197页。

② 参见苏彩霞、齐文远：《我国危险犯理论通说质疑》，载《环球法律评论》2006年第3期。

当根据案情具体分析。

具体到本案,行为人点燃了导火索,加上还有讨价还价的时间,此炸药包的爆炸半径为7米,已构成对不特定人的身体健康、生命及重大财产的威胁,我们可以肯定存在危险状态。

三、危险状态下停止形态的认定

笔者认为,所谓故意犯罪停止形态的时空存在形式,实际上集中表现为故意犯罪的"停顿"状态。就此而言,我们完全可以得出这一结论:故意犯罪停止形态的本质特征就在于行为的"停顿"。笔者认为,故意犯罪停止形态并非一个行为过程,其本质特征理应是行为过程中的最后停顿状态。基于此,我们在分析具体案件的过程中,不能对行为人的完整行为进行人为的分割,而将行为中的一些过程误认为是某个犯罪形态。①

时下,理论上与实践中争议最大的,也就是本案的争点之一所在,主要集中在危险状态出现后是否存在中止的问题:在危险状态出现后但实害结果尚未发生前,行为人自动、积极地停止犯罪,并有效地防止实害结果发生的,能否成立犯罪中止?因为本案我们可以肯定危险状态已经发生。

第一种观点是"犯罪既遂说"。这一观点在相当长的一段时间里成为通说的观点,较普遍地被人们所接受。持这一观点的论者认为,犯罪既遂后不可能存在犯罪中止的形态。理由是:首先,危险犯中的危险状态出现后犯罪就已既遂,既遂之后出现中止违背我国刑法关于故意犯罪停止形态的排他性原理。在同一个犯罪中,任何犯罪形态都是排他的,不可能出现两种或两种以上的停止形态。其次,危险犯中的危险状态出现就属于犯罪完成状态,其后解除危险状态的行为就不

① 参见刘宪权:《故意犯罪停止形态相关理论辩证》,载《中国法学》2010年第1期。

能再视为“在犯罪过程中”,而是在“犯罪过程后”,因而不符合犯罪中止的时间性条件;“防止犯罪结果发生”的结果只是针对结果犯而言,危险犯的完成无实际结果,因而也不符合犯罪中止的有效性条件。

第二种观点是危险犯中止说。此说认为,应当成立危险犯的中止犯,理由主要有:(1)符合危险犯中止犯的实质条件,因为行为人自动停止了犯罪并且在客观上有效解除了法定的危险状态,防止了危害结果的发生;并且,借助对“放弃重复侵害行为”的认识,也能得出成立危险犯的中止犯的结论,因为它与放弃重复侵害行为在实质上是一样的,即行为人造成某种特定危险状态后,又接着自动解除了危险状态,有效地防止了危害结果的发生,与打一枪未把人打死,决定不再打第二枪以解除被害人生命危险,有效防止被害人死亡结果的发生,实质上并没有两样。二者都是在犯罪人有能力或有条件继续实行犯罪行为或放任其危险行为继续发展的条件下,自动有效地改变先行行为所引起的危险的进一步发展的方向,并最终防止了法定的犯罪结果的发生。但是本书认为不应将解除危险犯的危险状态的行为与自动放弃重复侵害的行为混为一谈。我国刑法理论的通说认为,自动放弃重复侵害的行为是犯罪中止,主要理由是:从时间上看,这种行为发生在犯罪实行未了的过程中;从主观上看,这种行为是自动的而不是被迫的;从客观上看,这种行为使犯罪结果没有发生。而解除危险犯的危险状态的行为,从时间上看,发生在危险犯的犯罪过程终结之后;从客观上看,危险犯的危险状态已经出现,尽管行为人自动解除了这种危险状态,但毕竟不能等同于行为人事先防止危险状态的出现。(2)危险犯是一种独立的犯罪类型,不会由危险犯的既遂摇身变成实害犯的中止,故只能属于危险犯的中止。(3)犯罪既遂以后仍可成立犯罪中止。这种观点是对犯罪停止形态不能共存的观点的颠覆,也应予以否定。

第三种观点是实害犯中止说。此说认为,应当成立实害犯的中止犯，理由主要有：危险犯既遂说的致命缺陷在于割裂了犯罪过程的整体性，将危险犯犯罪过程的终结视为整个犯罪过程的结束，从而将本来发生在实害犯犯罪过程中的消除危险状态的行为当作犯罪过程以外的行为；在法定危险状态出现之后，行为人所防止发生的是实害结果而非法定危险状态，故应就实害犯成立中止犯。本书赞成这种观点。

笔者的观点是，在危险状态出现后确实可能存在实害犯的中止形态（如图11－2所示），但是，这种中止形态不能理解为犯罪既遂以后的中止，而应该理解为排除未遂以后的中止。理由有以下几点。

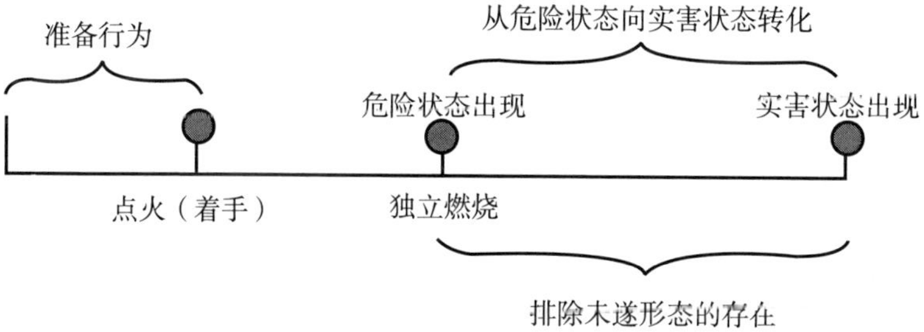

图11－2　以放火罪为例的危险状态出现后的犯罪形态

其一，犯罪既遂以后确实不应该存在犯罪中止形态。正如前文所述，一个故意犯罪行为只有一种形态，而各种犯罪形态彼此独立存在且不可能相互转化。

其二，排除未遂状态并不意味着就是犯罪既遂。正如前述，在存在危险犯和实害犯的犯罪中，危险状态出现之后，行为人的行为无论在哪个时间点上出现终结性停止，都应该排除未遂形态存在的可能。但是，需要指出的是，这里所谓的“危险状态出现后应排除犯罪未遂形态存在”，并不必然等于既遂状态已经出现。当危险状态出现后，在刑法理论上就应该排除未遂形态存在的可能性，但是，排除未遂形态并非意味着犯罪既遂即刻成立。事实上，在刑法规定危险犯的犯罪中，往往同时规定了相对应的实害犯,而危险状态与实害状态应该有一个可以转化的过程。在一个故意犯罪行为中,犯罪形态不能相互转化,但是,危险状态是完全有向实害状态转化的可能的。当刑法所规定的某一犯罪的危险状态出现后,我们不能说这就是既遂,而只能说是出现了排除未遂的情况,因为在行为尚未停顿时是不能确认犯罪形态的,即行为人的行为出于客观原因在危险状态出现后的任何一点停下来(只要不是行为人自动停止的),我们均可以将其认定为犯罪既遂。但是,在行为人的行为没有出现停顿时,尽管可以排除未遂,却很难判断这种行为究竟是何种形态。因为,此时行为还处于不确定的状态,即处于危险状态向实害状态转化过程中,没有停顿,我们就无法实际判断这种行为究竟是危险犯还是实害犯。这就是笔者主张应将这种情况视为排除未遂而非犯罪既遂的根本原因所在。就此而言,笔者认为,有些观点均混淆了在危险状态出现后"排除未遂"与"犯罪既遂即刻成立"两者之间的区别,其根本问题在于从动态角度判断故意犯罪的形态,而没有从静态(停顿)角度去考察故意犯罪的形态。

其三,危险状态出现后完全可能存在中止。笔者认为,这一观点本身并不违背犯罪既遂以后不存在中止的原理,也符合司法认定的需要。这是因为"危险状态出现后可能存在中止形态"与"犯罪既遂后不存在犯罪中止形态"并非同一层面的命题,两者并没有矛盾。当危险状态出现后,尽管我们应该排除犯罪未遂形态,但是,行为人的行为实际上还处在不确定的状态中,如果出于客观原因使危险状态停顿下来,无疑应该构成危险犯的既遂,而如果这种已经出现的危险状态进一步向实害状态发展下去,则可能构成实害犯的既遂。正是由于危险状态存在向实害状态转化的可能性,如果行为人在危险状态出现后,自动采取措施停止犯罪,并有效地防止实害结果的发生,否定犯罪中止的存在是没有道理的。在危险状态出现后,行为人基于自己的意愿停止犯罪并有效防止实害结果发生,理应以犯罪中止加以认定。这是因为,犯罪中止的最主要特征为“时间性”、“自动性”和“有效性”。在危险状态出现后,且在危险状态向实害状态发展过程中,行为人出于自己的意愿自动停止可以继续下去的犯罪,具备犯罪中止“自动性”的条件自不待言。

其四,危险状态出现后的犯罪中止形态应该是实害犯的中止。笔者认为,在危险状态出现后可能存在犯罪中止形态,但是,此时的中止认定,我们只能将其认定为造成损害的实害犯的中止,而不能将其视为危险犯的中止。这是因为如果将危险状态出现后的犯罪中止形态视为危险犯的中止,就必然会导致人们对这种中止是否存在“有效性”的质疑,因为在这种情况下,危险状态毕竟已经客观存在。众所周知,“有效性”是成立犯罪中止的最重要的要件,也是刑法设立犯罪中止法定情节的根本意图所在。犯罪中止形态中“有效性”的含义是,行为人成立中止必须有效地防止其已经实施的犯罪所可能导致的犯罪结果之发生。尽管在危险犯和实害犯共存的犯罪中,确实存在危险状态向实害状态转化的过程,但是,这种转化毕竟是建立在危险状态已经出现的情况下,而且刑法已将这种危险状态作为危险犯的法定后果规定在条文之中。在这种情况下,如果我们将危险状态出现后停止犯罪的行为认定为危险犯的中止,显然不符合犯罪中止“有效性”的特征。特别需要指出的是,在危险犯的刑法规定中实际上是将危险状态视为一种犯罪结果,也即从刑法理论上分析,我们不能否认刑法规定的危险犯中的危险状态实际上具有结果属性,因此,这种危险状态一旦出现,就很难想象行为人能自动、有效地防止危害结果发生,而犯罪中止又是以有效防止危害结果发生为必要要件的。另外,刑法中危险犯的成立是以危险状态结果的出现为标准的,那么,在危险状态已经出现的情况下,行为人又怎么可能有效防止“危险状态结果”发生呢?由此可见,将危险状态出现后的犯罪中止形态认定为危险犯的中止,本身存在明显的矛盾之处。另外,对危险状态出现后的犯罪中止形态以实害犯的中止认定,可以解决上述“有效性”上的矛盾,因为我们可以将这种犯罪中止中的“有效性”理解为“有效防止实害结果的发生”。毋庸讳言,在危险犯与实害犯并存的犯罪中,确实存在两种法定的犯罪后果。正如前述,在危险状态出现后,有效防止“危险状态结果”发生已经成为不可能,但是,从动态行为上分析,此时的结果还处于不确定状态,即处于由危险状态向实害状态转化的过程中。在此情况下,行为人采取措施停止犯罪,确实可能阻碍某些同样也是法律规定的“实害状态结果”的发生。由于此时“危险状态结果”已经出现,行为人防止的当然只能是“实害状态结果”,而不可能是“危险状态结果”。换言之,危险状态的出现标志着危险犯过程的终结,而实害犯的犯罪过程仍在继续,只有实害状态的出现才标志着实害犯过程的终结。可见,行为人对“实害状态结果”发生的阻止与否并不会影响危险犯的犯罪形态,但是,却完全可能影响实害犯的犯罪形态。

四、危险状态的判断标准

危险状态的判断在刑法理论上是一个相当复杂且颇具争议的问题,特别是针对危险状态的判断材料、判断时点、判断标准以及具体判断因素,争点纷呈,影响司法的具体约定。

1. 危险状态的判断材料

主观说、抽象危险说(计划)、具体危险说认为:“以行为当时行为人特别认识到的事实以及一般人预测认识到的事实为基准,从客观的见地、作为事后,判断有无发生结果的危险。”可以说,迄今为止,具体的危险说在日本是一种通说。具体的危险说虽然得到了许多权威学者的支持,但其同样也存在缺陷。第一,具体的危险说具有不明确性。首先,当行为人特别认识的内容与一般人可能认识的内容不一致时,不明确究竟应以什么事实作为判断资料。其次,具体的危险说实际上关于“一般人的判断”基准是什么并不明确。第二,具体的危险说主张以行为人特别认识到的事实及一般人可能认识到的事实为判断资料，因此在以行为人特别认识到的事实这一点上，与抽象的危险说得出的结论相同，容易导致根据行为人认识的有无来决定危险性的有无。第三，具体的危险说主张以行为当时一般人的判断为基准决定是否存在危险（事前判断），而完全不考虑事后判明的情况，这不科学。第四，具体的危险说以行为时一般人的危险感为基准，即只要一般人认为有危险就判断为存在危险，这有悖刑法保护法益的目的，连在科学上完全没有危险的行为也肯定其危险性，这扩大了处罚范围。

客观危险说认为，应以行为时存在的一切客观情况为基础，进行事后的判断。这又涉及行为无价值、结果无价值、行为规范、裁判规范、规范违反说、法益侵害说的问题。

2. 危险状态的判断时点

危险状态的判断时点，是指判断危险状态的基准时间，具体来说，对危险状态是站在行为时的立场进行（事前）判断，还是应站在行为后（判断时）的立场进行（事后）判断，应当瞻前顾后，将事前判断和事后判断有机地结合起来。

综上所述，在具体案件中，并不是只要行为人使用了法定的危险方法，或者危害了法定的对象，就达到了造成某种危害后果的危险状态而成立既遂。例如放火罪，行为人只要着手实施放火行为，行为就具有公共危险性，但是，通常认为只有达到"独立燃烧"程度，才视为放火罪的既遂。因此，对于法律规定的不同的危险犯，危险状态作为犯罪既遂标准的理解，不是机械的，而应当根据法律规定的不同条件判断、衡量。此外，要根据具体案情进行分析，得出科学的结论。这就需要借助有关部门的技术鉴定和检测。

五、犯罪停止形态界定

中止犯的成立要件：（1）主观要件：自动性——能而不欲；彻底

性——放弃犯意;(2)客观要件:时空性——中止犯成立的客观前提;中止行为——消极的放弃犯行与积极的防果行为;有效性——行为未至既遂。

本案究竟是犯罪未遂还是犯罪中止呢?笔者认为,关键就在于看犯罪停止在未完成形态的原因是什么,亦即犯罪分子是因其本意自动中止犯罪还是被迫中断犯罪行为。案例中的姜某伟,其主观上对自己所实施的犯罪行为显然是不存在任何认识错误、认知障碍的,其犯罪活动没有继续下去的客观原因是被害人丽某一家的妥协退让。有作者认为,被害人的妥协退让,是被告人意志以外的因素,因此被告人是犯罪未遂,也有观点主张成立犯罪中止,其认定的关键在于被害人的妥协退让是犯罪人意志以外还是意志以内。

1. 大陆法系国家或地区学者关于任意性的学说

(1)主观说。该说取决于行为人自己主观上的认识,即虽然客观上不存在外部障碍,但行为人主观上却误认为存在的场合,是未遂犯;反之,虽然客观上存在外部障碍,但行为人主观上误认为不存在的场合,是中止犯。在具体适用时,一般套用弗兰克公式即“欲达目的而不能(欲而不能),为未遂犯;能达目的而不欲(能而不欲),为中止犯”作为判断任意性的基准。弗兰克公式的“能”与“不能”的模糊性导致任意性的认定不具有明确性,弗兰克公式在日本缺乏法律依据。

(2)限定主观说。该说对主观的情状作出限制解释,即基于悔改、惭愧、同情、怜悯等否定自己行为价值的规范意识、感情或动机而中止犯行时,具有任意性。因为这一见解在主观说的基础上将中止的动机限定于广义的后悔,所以称为限定主观说。限定主观说存在3个明显的缺陷:一是将任意性与伦理性混同;二是从法条上并不能得出“广义后悔”的解释,因而缺乏法律根据;三是过于缩小了中止犯的成立范围。

(3)客观说。该说认为根据一般社会通念,未完成犯罪的原因,通常对犯罪既遂不具有妨害性质的,为中止未遂。反之,具有妨害性质的,则为障碍未遂。这一见解以形成中止动机内容的情势,依一般经验判断其是否对意思具有强制影响,来决定是构成中止未遂还是构成障碍未遂。由于该说以一般经验为基准进行客观的评价,称为客观说。学者对客观说的批评主要有两点:一是在"基于自己的意思"这一主观问题的认定上,撇开行为人主观意思而以一般经验为基准进行判断,在方法论上是错误的;二是一般人的经验的判断基准并不明确。这些批评意见不无道理。例如,屠夫或外科医师等,因职业关系,习以为常,虽目睹鲜血进出,心中全无所惧者,可能有之;胆大心狠之人,虽微受惊愕,唯对其杀人意思无多大影响者,或亦可能有之。

(4)折中说。该说将主观说和客观说折中,表现外部事实的结果,行为人感觉到能够实施,或感觉到不能实施,对行为人的现实意识进行客观判断,在虽然感到能够实施却仍然中止的场合,就是中止未遂的折中说。大谷实认为行为人对外部障碍认识的结果在于:第一,是不是觉得"想干的话,就能继续下去";第二,从一般人的立场来看,判定为"想干的话,就能继续下去",就可以认定具有任意性。从这一立场来看,折中说是妥当的。这样,在大谷实看来,对于外部障碍的认识,即使行为人有"想干的话就能继续下去"的感觉,也不一定能认定其具有任意性,还必须以一般人的立场来看该外部障碍是否对完成犯罪没有任何影响。在尽管存在外部障碍,但行为人仍然认为"可以继续下去"的场合,如果该障碍在一般人看来,通常会影响完成犯罪,就不符合任意性的条件;如果在一般人看来,也并不影响完成犯罪,应该能认定任意性。

2. 我国学者关于"自动性"的观点

关于犯罪中止成立的自动性条件,我国学者主要有以下几种观点:内因决定论,主要作用说,对自动性的认定。通说从以下两个方面进行考察:(1)行为人自认为当时可以继续实施与完成犯罪,这是成立自动性的前提条件。只要行为人自认为当时有条件将犯罪进行到底，即使在他人看来不可能继续进行和完成犯罪，或者犯罪虽在客观上实际已不能再继续实施和完成，但行为人确实不了解这种客观情况，那就均不影响行为人停止犯罪自动性的成立。此外，虽然犯罪在客观上尚可继续实施与完成，但行为人却误认为犯罪已不可能进行，这种情况下则不可能成立停止犯罪的自动性，行为人此时基于错误认识停止犯罪是被迫的而不是自动的。(2)行为人出于本人的意愿而放弃犯罪，是自动性的实质内容。也就是说，行为人不管受到什么因素的影响，基于什么考虑，最终都是在自认为可以继续实施和完成犯罪的情况下，在可以继续犯罪也可以停止与放弃犯罪这两条道路之间，出于其本人的主观意志，放弃了继续犯罪的意图，选择了停止与放弃犯罪的道路，并进而在此主观意志的支配下，在客观上停止和放弃了犯罪的继续实施与完成。通说基本上抓住了问题的实质，即行为人在自认为能够完成犯罪的条件下基于自己的意志而放弃犯罪，这是中止犯的主观要素，而这正是中止犯与未遂犯的本质区别。在认识到没有绝对障碍的情况下，行为人一般都有作出“可以继续实施与完成犯罪”这种判断的可能。中止行为是对已然犯罪的否定，那么，在决意放弃犯罪的“最后契机”，行为人必须在“放弃犯罪”或“不放弃犯罪”(继续实施犯罪)之间具有作出抉择的相对意志自由。“别无选择”，笔者认为，主要包括两种情形：一是在遇有绝对障碍的情况下，不管行为人是否愿意，他也只能放弃犯罪；二是行为人在实施犯罪的过程中突然遇到了“意识空白”或者精神上受到了强制等情况。如行为人绑架被害人后，被害人家属以暴制暴也绑架了行为人的家属而对之进行精神上的强制；有的人对鲜血有精神上的“过敏反应”，在看到被害人突然大量出血时，便失去了意思上的判断与抉择能力，此时的不继续犯罪，显然属于“别无选择”，应认定为“被迫性”。

我国《刑法》第24条第1款规定，在犯罪过程中自动放弃犯罪或者自动有效地防止犯罪结果发生的,是犯罪中止。根据这一规定并结合有关理论,犯罪中止是未完成犯罪的一种犯罪停止形态,发生原因是犯罪分子的自动中止犯罪,而只有在犯罪分子主观上认为完全有条件完成犯罪行为的情况下自觉自愿地放弃犯罪意图停止犯罪活动才是自动中止。任何客观上的阻碍或者被迫放弃犯罪都不是犯罪中止。再来看看本案中姜某伟的行为,姜某伟把炸药包带至被害人家中且点燃了导火索,爆炸犯罪已着手实行,而后在被害人一家客观上并未对其继续犯罪造成有力的阻碍的情况下,姜某伟用刀砍断了导火索,其并不是因客观上受到阻碍,或者说是被迫而为之,并且姜某伟当时主观上并未发生认识错误,误以为犯罪继续为不可能,相反被告人姜某伟是在当时主观上认为完全有条件完成犯罪行为的情况下自觉自愿地放弃了犯罪意图,停止了犯罪活动,并有效地防止了他已实施的犯罪的结果的发生,使犯罪未达既遂而停止下来,因而其行为是犯罪中止。

笔者认为,被害人的妥协退让、哀求或者在某种情况下的轻微挣扎,虽然是一些客观上不利于犯罪分子实施犯罪的因素,但这些因素本身尚不足以阻止犯罪的实施,犯罪分子完全可以继续实施和完成犯罪,正如本案中的情形,炸药包已被点燃,只要被告人姜某伟不将导火索砍断,爆炸顷刻之间就会发生,姜某伟本来完全可以任由这一后果的发生,而被害人一家的妥协退让,本身尚不足以阻止姜某伟犯罪的实施。因此,被害人的妥协退让不应该被视为“犯罪分子意志以外的原因”,被告人姜某伟的行为也并不具有“欲为而不能为”的特征,故而不是犯罪未遂。①

被告人姜某伟在着手实施犯罪后之所以停止在未完成形态,是被

① 参见帅国珍:《本案应为犯罪中止——与王媛、王全莹同志商榷》,载《人民法院报》2002年2月25日。

害人的妥协退让(同意丽某一同去姜某伟家)引起了其内心动摇,因而自愿地将炸药包导火索砍断,有效地防止了犯罪结果的发生,其行为完全符合我国刑法关于犯罪中止的规定,故应认定为犯罪中止。

综上所述,行为人只要没有遇到"绝对障碍",只要有作出抉择的意志自由而中止犯罪,就能成立"自动性",即可以认定"行为人是在自认为可以继续实施犯罪的前提下出于本人的意愿而放弃犯罪",成立中止犯。易言之,"在自愿与否的判断上,不得将所有因客观情状的改变而为的中止,均认定为非自愿,关键点乃在于行为经历这个外界客观情状的变动之后,是否仍旧是作成决定的主人,亦即行为人的客观情状虽然有所变动,但是行为人仍具有自我决定的自由而为的中止,则属自愿中止"。因此本案成立犯罪中止。

本案的结论

《刑法》第 114 条与《刑法》第 115 条是如同结果加重犯理论,发生了加重结果就构成结果加重犯;反之则不构成。以危险方法危害公共安全,造成了重伤死亡等严重后果,就构成《刑法》第 115 条,没发生就适用《刑法》第 114 条。《刑法》第 114 条并不具有独立的既遂、未遂、中止形态,因为主观上讲,其不可能怀有造成公共危险的心态而对造成的重伤死亡等严重后果持反对态度,所以其没有自己独立的主观心态。客观上,《刑法》第 114 条本质上是《刑法》第 115 条的未遂形态,是未遂的既遂化,即立法将以危险方法危害公共安全罪的未遂独立成条,而这种状态并未独立出来,因此,《刑法》第 114 条仅在未遂形态下适用,其他犯罪形态仍是统揽于一个罪名之下,仍应根据常规的法条论处,即依照《刑法》第 115 条处理预备、中止的问题。

所以,笔者认为本案中姜某伟构成《刑法》第 115 条规定的爆炸罪中止。姜某伟在被害人家中点燃炸药导火索的行为,已经对不特定人的身体健康、生命及重大财产造成了威胁,无疑构成爆炸罪。在爆炸结果出现前姜某伟将导火索砍断的行为应认定为犯罪中止,因为被害人丽某的哀求并不足以阻止犯罪的实施,即其并非由于"犯罪分子意志以外的原因"而停止犯罪行为,应认定为犯罪中止。

综上所述,《刑法》第 114 条仅为《刑法》第 115 条未遂的既遂化,因此在本案中行为人犯罪中止的形态下,应认定为《刑法》第 115 条规定的爆炸罪中止。

第十二章　罪刑法定与类推解释、合理的扩大解释

基本案情

自诉人曹某,男,39 岁,解放军驻青海某部队军医。被告人徐某,男,28 岁,原在株洲某工厂工作,后调到市人防办石峰山服务部任采购员。自诉人曹某与孙某(女,36 岁,株洲市某工厂出纳员)1974 年 2 月建立恋爱关系,同年 10 月结婚,婚后感情尚好。1976 年 1 月,孙某生一小孩。因家庭琐事,夫妻发生过争吵。

被告人徐某与孙某原在同一工厂工作。1980 年 4 月,徐某、孙某先后调到本厂供销股工作。孙某因不熟悉业务,常向徐某咨询,两人关系日渐密切,并一起看电影、逛马路。1981 年年初,孙某从原住地搬到新居后,两人来往更为频繁。1981 年 2 月某日,孙某打电话让徐某帮助买煤,又留徐某在家里午休,并主动与徐某发生两性关系。此后,徐某经常到孙某

的宿舍，给孙某买煤、买菜、买米，做饭等，帮助孙某料理家务事。两人多次发生两性关系，致孙某怀孕堕胎。1981 年 7 月，孙某骑自行车不慎摔伤，于是把徐某叫到家中住了几日。邻居都以为他俩是夫妻。有人问孙："他是小曹吗？"孙某默认；有的人问徐某："你姓曹吗？"徐某回答："是。"同年 9 月，徐某与孙某一起到武汉市，以旅行结婚的名义，在某旅社同居两夜。10 月初，曹某、孙某在上海市孙某的母亲家探亲期间，孙某多次吵闹，要与曹某离婚，拒绝与曹某同居，并独自返回株洲。11 月 22 日，曹某带着 5 岁男孩从上海到株洲。当曹某到建宁新村找孙某时，邻居对曹某说："她丈夫天天在家，怎么会是你呢？"后来邻居向曹某揭发了徐某、孙某同居的事实。12 月 2 日，曹某向法院起诉。

法院经审理认为，被告人徐某明知孙某是现役军人之妻而与之同居，已构成破坏军人婚姻罪，对被告人徐某予以刑事处罚。徐某没有提出上诉。

争议焦点

1979 年《刑法》第 181 条规定，明知是现役军人的配偶而与之同居或者结婚的，处 3 年以下有期徒刑。

《最高人民法院印发〈关于破坏军人婚姻罪的四个案例〉的通知》规定，行为人明知是现役军人的配偶而与之长期通奸，破坏军人的婚姻家庭，造成军人夫妻关系破裂等严重后果的行为，构成破坏军人婚姻罪。

那么，最高人民法院这一司法解释（《最高人民法院印发〈关于破坏军人婚姻罪的四个案例〉的通知》）是否涉嫌类推？对此主要有以下两种观点。

一、通奸行为不能视为同居，不能构成犯罪，即反对该司法解释的规定，认为其属于类推解释

首先，反对该司法解释的学者认为，通奸超出了同居的含义范围。从字面含义上来看，将通奸解释为同居，明显超出了同居的含义范围，因此有学者指出这种将通奸也算入破坏军婚罪的解释是一种典型的类推解释。

其次，该解释有违反平等原则的倾向。我国刑法并未规定所谓通奸罪，单独对军人婚姻中的通奸行为入刑有违反法律面前人人平等之嫌疑。

最后，法律是最低限度的道德。通奸行为更多是一种道德问题，而非法律问题，通过教育或者行政措施解决更加合适，将之入刑显然过重。将道德问题以刑法加以规制，也不利于保障个人的权利与自由。

显然，反对论者举出的理由基本上认定该解释属于类推解释。

二、与现役军人的配偶长期通奸，情节恶劣，后果严重的应以破坏军婚罪论处。该观点对该司法解释的规定予以认可

第一，与现役军人配偶长期通奸的社会危害性不亚于与现役军人的配偶同居或者结婚，并且在司法实践中，长期通奸的现象也要多于同居与结婚。与现役军人配偶长期通奸对法益的侵害性和与现役军人配偶同居或结婚的法益侵害性相当，从实质分析的角度出发，将其纳入破坏军婚罪的处罚范围内具有现实必要性。

第二，从立法目的考虑，刑法之所以在重婚罪外又特别规定了破坏军婚罪，是考虑到军人的特殊身份地位，从国防安全、社会稳定等角度出发，对军人的婚姻关系予以着重保护。因此，该司法解释有一定合理性。

从这两点理由来看,支持者基本不认为该司法解释是被理论界所禁止的类推解释,更倾向于将其视为一种扩大解释,即将通奸纳入同居范围之内。

相关法条

《中华人民共和国刑法》第259条 【破坏军婚罪】明知是现役军人的配偶而与之同居或者结婚的,处三年以下有期徒刑或者拘役。

【强奸罪】利用职权、从属关系,以胁迫手段奸淫现役军人的妻子的,依照本法第二百三十六条的规定定罪处罚。

学理分析

一、扩大解释与类推解释

扩大解释的定义本身就有3种主要的学说:一是认为扩大解释是根据立法原意,对刑法条文作超过字面意思的解释。这是我国刑法学界的通说,日本、俄罗斯等国也有学者持这种观点。二是认为扩大解释是在词语可能具有的含义范围内,作超出词语日常含义范围的解释。这是日本刑法学界一种很有影响的观点。三是认为扩大解释是指刑法条文的字面通常含义比刑法的真实含义窄,于是扩大字面含义,使其符合刑法的真实含义。①

这几种观点的共同点是,在承认扩大解释是对刑法条文作超出字

① 参见刘明祥:《论刑法学中的类推解释》,载《法学家》2008年第2期。

面含义的解释的基础上,同时要求对超出字面的含义有必要的限制,并认为该限制是与类推解释相区别的关键。但该限制应该如何把握呢?

根据各种标准相互组合的情况不同,主要有单一标准说、双重标准说和综合标准说。

1. 单一标准说

单一标准说认为,应以某一种具体的标准简单、明快地将类推解释与扩大解释区别开来。但是,由于每个人的主观见解不同,其相应所采取的具体标准也不相同。刑法理论界有以下几种不同的学说。

(1)推论形式区分说

该学说认为从推论的形式上可以将两者区别开来,扩大解释一般是从上位概念演绎推理出下位概念,也就是采取从一般到特殊的推论形式,扩大解释没有提升概念的位阶;类推解释则是在两个不同事实之间寻找共同要素,以此为基准,采取从特殊到特殊的推论形式。①

还有学者认为可以从其思考的先后顺序入手加以区分,类推解释先从国家社会的立场出发将决不能容忍的事项挑选出来,然后寻找相似法条加以规制。而扩大解释恰恰相反,是先从法律含义出发,考虑该行为是否能被该法条规制,并从此出发考虑社会上其他行为的一种思考方法。②

还有学者主张,依据类推这种论理解释本身就应该禁止,因为它已经隐含了不当扩大刑罚法规的危险。应把着重点放在实质上是否违反了罪刑法定主义原则这一点上。如果扩大解释违反了罪刑法定主义的基本原则,也应禁止,但是,即使依据类推这种论理解释形式,

① 参见刘明祥:《论刑法学中的类推解释》,载《法学家》2008 年第 2 期。

② 参见[日]曾根威彦:《刑法学基础》,黎宏译,法律出版社 2005 年版,第 14 ~ 15 页。

实质上也存在并不违反罪刑法定主义基本原理的判例，例如日本的窃电事件判决与汽油内燃车事件判决。[①]

还有观点认为类推解释是首先找出构成要件的规定事项与某一事实间的共同性与类似性，并以此为根据，把该事实套进构成要件概念里的解释方法。而扩大解释则侧重词语的范围，绝不把共同性、类似性作为根据扩大词语的范围。可见，比起解释或结论的正当性，解释的形式、过程更为重要。也就是说，在找不出理想的区别类推解释与扩大解释的方法时，只有通过慎用类推这种推论方式，才能把具体适用法律条文的法官约束在禁止类推的束缚中。[②]

考夫曼认为，在法学传统所称的类推与一般的法律发现的区分，也就是所谓的目的解释仅能透过伸张的程度区分，但不是透过程序的逻辑架构。通常性的包摄也是一种类推，人们仅能在当相同与相似性中有一种逻辑性的界限时，才能将包摄与类推逻辑性加以区隔。但这种界限并不存在，因为实质的相同，一直是一种相似。而形式的相同，在真实中是没有的。它只存在于数学的（形式的——逻辑）数字及符号中、图画中。在这种情形下所谓类推禁止是不可能的，或许有人会因为在客观上无法证立它，而更加激情地发誓类推禁止。[③] 那么类推解释与扩大解释的区别，只能以扩大程度来区分，而扩大程度的大小又缺少一个相对的基准，只好交给具体的法官来判断。由此可见，单纯依靠这种标准来区分类推解释与扩大解释有一定的困难。

---

① 参见郑泽善：《刑法总论争议问题比较研究Ⅰ》，人民出版社2008年版，第19～20页。

② 参见［日］川端博：《刑法总论讲义》，成文堂1995年版，第54页。转引自郑泽善：《刑法总论争议问题比较研究Ⅰ》，人民出版社2008年版，第21页。

③ 参见［德］考夫曼：《法律哲学》，刘幸义等译，法律出版社2004年版，第188页。转引自郑泽善：《刑法总论争议问题比较研究Ⅰ》，人民出版社2008年版，第22页。

(2)词语可能含义说

依据能否在“词语可能包含的意思”范围内解释法律来区分类推解释与扩大解释是德国的通说,而且在日本持这种观点的学者亦不少。德国刑法学者克劳斯·罗克辛提出:把可能的口语词义作为解释界限的方法。木村亀二认为:类推解释与扩大解释的区别在于,扩大解释把刑法解释限定在“词语可能包含的意思”范围之内,而类推解释则逾越了“词语可能包含的意思”范围。因此,类推解释对没有成文规定的事项也能适用刑法法规,两者区别的焦点就在于此。木村亀二也指出类推解释与扩大解释在目的论方法上有共同性,因此其并不否认两者的界限呈流动状态。但是,在“词语可能包含的意思”范围内解释法规与逾越这一范围的法规解释,不单单是量的差别,而是一种质的差别。所以,扩大解释是法律解释的一种,而由法官解释的类推解释,则是一种法官的造法、立法。

增田丰教授则在参考德国法的基础上,提供了一种更为细密的区分标准。他将法律概念从其适用可能性的关系上,分成“确实可以肯定”的“核心意义”领域和可能含有“疑义”的“周边意义”领域,在此基础上,就其适用可能性来讲,还有不属于两者的“确实可以否定”的“中性领域”。在适用法律于不属于“周边意义”的“确实可以否定”的事例时(作为法律规范的补充手段适用类推时),或者在不适用法律于属于“核心意义”的事例时(所谓目的论的缩小),“可能具有的词义”往往被忽视。与此相比,就其适用可能性而言,如果适用法律于可能含有“疑义”的中性事项,该适用是否具有正当性,确有商榷之余地。但是,从刑事政策的角度出发,否定适用法律于这种事项的正当性,也不能说“可能具有的词义”这种解释方法受到了冷落。总之,“可能具有的词义”这一界限是否被忽视,只能发生在适用该法律规范的可能性能够生效的确实性领域。比如,就汽油内燃车事件而言,这是典型的属于“周边意义”的中性事件,在适用法规时难免发生疑义,但适用也好,不适用也罢,至少不能认为这一判决忽视了“可能具有的词义”范围。①

此外,刑法中词语可能具有的含义,并不完全等同于该用语的日常含义或者口语含义,在一些情况下,按日常含义或者口语含义解释刑法用语,也有可能违反罪刑法定原则。克劳斯·罗克辛认为,行为人使用硫酸攻击被害人,可以适用《德国刑法典》第 224 条第 1 款第 2 项所规定的“使用武器”伤害他人,因为硫酸作为口语中的化学武器概念是众所周知的。但这并不意味着按照某种用语的口语含义解释刑法,都符合罪刑法定原则。例如,我国刑法中的“武器”不能包括日常生活中的“思想武器”与“精神武器”。“暴力”也不包括日常生活中提及的“冷暴力”“语言暴力”等概念,例如,父母因反对子女婚事而使用“冷暴力”,不能以此认定其为暴力干涉婚姻自由罪。②

按“词语可能含义说”从理论上说明类推解释与扩大解释的界限不会有太大问题,但是,“词语可能含义”会基于法官的价值观、个人素质、身份地位等社会原因得到不同的结论,仅依靠词语含义界限难以令人信服。此外,所有词语都具有丰富的含义,其界限在多方面呈开放状态,随着时代发展,其意义也会发生改变,且在同一时期,不同地区对同一词语的理解与应用也会存在不同。有学者指出,可以根据“文义最远射程”来划定词语含义之范围,但是“词语可能含义”范围的广阔导致“文义最远射程”仍然是一个模糊的概念,该学说仍然是用一种模糊的术语去解释另一种模糊的术语,并不能从实质上解决问题。

(3)国民预测可能性说

罪刑法定原则至今得以保持其长久生命力的一个重要原因就是

① 参见郑泽善:《刑法总论争议问题比较研究Ⅰ》,人民出版社 2008 年版,第 24 页。

② 参见张明楷:《罪刑法定与刑法解释》,北京大学出版社 2009 年版,第 121 页。

其建立在超越了三权分立思想与心理强制说的崇高的普遍原理——基本人权思想——之上。若一国无视其一般国民的预测能力就把某种行为定为犯罪,或对违反国民预测能力的种类和量科以刑罚,就是侵犯了国民的基本权利与自由。

该学说认为,从是否超出国民预测可能性的范围可以将两者区分开来,即一般国民认为某种行为可以按某条文来处罚,这就未超出预测可能性的范围,属于被允许的扩大解释;反过来,如果对某种行为按某条文来处罚,一般国民感到很吃惊,这就超出了国民预测可能性的范围,是不被允许的类推解释。日本学者西原春夫认为,关于扩大解释的合理限度,划分的基准不是国家维持治安的必要性,而应求诸国民的预测可能性。①

但是,如何把握预测可能性,学界对此仍然存在争议。有学者主张,"国民的当罚性意识与国民对法律条文的预测可能性是同一性质问题"②;也有学者主张,"只有在一般人能够接受那种行为依这种法律条文受到处罚,那么这种行为依那种法律条文理应受到处罚的范围内,才应允许扩大解释"③。大谷实教授认为:"从刑法应当严格解释的宗旨来看,就是在法律条文可能包含的意思范围内,存在处罚的必要性及合理性,如果其内容超越一般国民的预测可能性范围,那么,不应允许扩大解释。"④福田平教授认为:"罪刑法定主义最重要的机能是人权保障机能,以及保证此机能的预测可能性。剥夺国民预测可能性的刑法解释,也就是说给国民不教而诛之感的刑法解释是不应允许的。法律条文中的词语可能包含的意思,应当成为刑法解释是否剥夺

① 参见[日]西原春夫主编:《日本刑事法的形成与特色:日本法学家论日本刑事法》,李海东等译,法律出版社、成文堂 1997 年版,第 126 页。

② [日]町野朔:《刑法总论讲义Ⅰ》,信山社 1995 年版,第 74 页。

③ [日]西原春夫:《刑法总论》,成文堂 1977 年版,第 34 页。

④ [日]大谷实:《刑法讲义总论》,成文堂 1994 年版,第 74 页。

国民预测可能性的判断材料。”①

但是,也有学者对国民预测可能性说提出了质疑。阿部纯二教授认为,依据国民预测可能性区分类推解释与扩大解释不太现实。首先,预测可能性具体指的是什么本身就是个模糊的问题,假设指的是“一般国民读法律条文时所能联想到的事项范围”,那么这一预测可能性只能在通常的词义、日常用语的意思范围内考虑。其次,实质上保障预测可能性不应局限于“国民的”预测可能性,也应该考虑行为人的预测可能性,其局限于“国民的”预测可能性之理由令人费解。不过,重视行为者个人的预测可能性,得出行为者在预测可能的情况下作出的行为才能受处罚的结论,那只能说是对罪刑法定主义原则的无限夸张。②

综上,笔者认为,单独依据国民预测可能性说来区分类推解释与扩大解释同样存在一些问题,该标准也需要结合一些更为实质的判断标准。

(4)犯罪定型说

该学说认为从是否超出法条预定的犯罪定型可以将两者区分开来,因为法律关于构成要件的规定具有定型性,超出预想到的法律意义上的犯罪定型的解释是类推解释,在犯罪定型范围内的解释则是合理的扩大解释。例如,团藤重光认为:应当禁止逾越法律规定,依靠解释扩大罪与刑的范围的类推解释,尤其是构成要件,绝对不能允许超越“具体条文所能预想到的法律意义上的犯罪类型”的类推解释。该学说从刑事政策的角度出发来判断某种行为是否有充分的当罚性,虽然这其实属于立法上的问题,但这并不意味着对构成要件的解释必须限制在形式上的文理解释范围之内,而应当通过合理的解释发现具体

① [日]福田平:《刑法解释学的基本问题》,有斐阁 1975 年版,第 13 页。
② 参见[日]阿部纯二:《刑法的解释》,成文堂 1977 年版,第 117 页。

条文所能预想到的法律意义上的犯罪定型，必要时在这一定型范围内对其文理进行扩大解释。

该观点同样受到了质疑。木村龟二指出：所谓构成要件定型性的“型”，指的是单纯的平均型，本质上绝不具有封锁性、限定性和制约性的内容。只有把这一内容封锁化、限定化、制约化后的禁止类推解释才是罪刑法定主义的原则。应当严格区分作为罪刑法定主义结论的禁止类推解释与构成要件定型性。构成要件以及包括构成要件的刑法规范本身并不具有封锁性、限定性、制约性的内容，因此才有类推解释存在的空间，从而引出允许或禁止类推解释的争论。所以，木村龟二认为从构成要件“型”概念的性质引申出禁止类推的原则本身就是错误的。

从罪刑法定主义的原则出发，刑法必须在合理的范围内依据某一基准解释。虽然不能否定罪刑法定主义与刑法解释合理性的关联性，但究竟采用哪一个合理性解释不可能从罪刑法定主义原则阐释出来则是不容置疑的问题。因此，通过合理的解释发现逸出犯罪定型的事例，假设适用刑罚且适用得不当，也不应归咎于违反罪刑法定主义原则。另外，即使承认“具体条文所能预想到的法律意义上的犯罪定型”范围，应当怎样界定这一范围也是一个弹性很大的问题，因此可以得出依据犯罪定型说区分类推解释与合理的扩大解释是不大可能的结论。①

此外，定型说无法解决对法定加重情节的解释如何区分扩大解释与类推解释的问题。例如，“持枪抢劫”是抢劫罪中的加重情节，将“持管制刀具抢劫”解释为属于“持枪抢劫”，因为并不存在超出构成要件的问题，所以单纯根据“犯罪定型说”无法判定其到底是类推解释还是扩大解释。最后，具体条文所预想到的法律意义上的犯罪类型范

① 参见郑泽善：《刑法总论争议问题比较研究Ⅰ》，人民出版社2008年版，第28页。

围本身就是模糊的,如何界定这个范围也是犯罪定型说难以解答的问题。

(5)存疑有利于被告人利益说

该学说同样认为其法理与罪刑法定主义原则有着相同的宗旨,运用该法理就可以将类推解释与合理的扩大解释区分开来。具体来说,存在"疑问"的场合其疑问程度大小主要有 3 种情况:一是存在重大疑问;二是存在轻微疑问;三是居于前两者之间,即中等程度的疑问。存在轻微疑问时,应当认为是合理的扩大解释,这是在允许限度之内的。当存在重大疑问或中等程度的疑问时,就应当根据"存疑有利于被告人利益"作出有利于被告人的判断,从而认定其为应当被禁止的类推解释。

长冈龙一教授认为"存疑有利于被告人利益"的法理与罪刑法定主义原理具有同样的宗旨,因此用这一法理区别类推解释与扩大解释较为合理。该学说的区别标准简言之就是区分是否存在存疑和存疑程度。若不存在存疑问题,则不存在解释上的难题。若存在存疑,则将存疑程度分为三级:存疑程度重大,存疑程度轻微,以及介于两者之间的中间状态。在程度轻微时,通常应允许扩大解释;在存疑程度重大或处于中间状态时,就应该根据存疑有利于被告人利益原则,判成有利于被告人利益而禁止类推解释。但疑问程度是大还是小采用何种标准来判断,这本身就是一大疑问。例如,把制造枪支罪中的"枪支"解释为包含用于人工降雨的迫击炮,这种存疑程度只能由法官来作具体的判断,难免会因法官的主观差异而产生不同的判断,这就不能避免在判断时出现主观随意性。

与长冈龙一观点相近的还有,"难以区分某一解释是类推解释还是扩大解释时,扩大的范围可以放宽到不违反宪法这一界限上"①,以

---

① [日]内田文昭:《改定刑法Ⅰ》,青林书院 1986 年版,第 63 页。

及关注刑法规定的假设性特点，主张刑法解释应依照“存疑有利于被告人利益”原则。所谓刑法规定的假设性特点指的是：①从形式上来讲，“窃取他人财物者，处十年有期徒刑”中，“窃取他人财物”作为条件，得出“有期徒刑十年”效果，但假设性特点并不仅指这一点。②“窃取他人财物”这一行为本身，在裁判时就具有如果是这样就应该怎样处罚这种假设性特点。这种情形称为“假设性判断”亦是可以。然而，裁判中的论证过程难免会出现错误，为了尽可能避免错误的发生，在错误仍未被避免时的最后手段便是“存疑有利于被告人利益”原则和“无罪推定”原则。因此，假如承认法律解释是假设性判断过程中的假设设定行为，那么，应当预料到这种行为可能是错误发生的根源，对这种错误发生的方法和对策应有所准备。可见，这同事实认定没有什么不同之处，在法律解释时适用这一原则也是理所当然。①

针对上述观点，有主张认为，当刑法解释存在疑义时，其意义并不只限于一个意思。首先，当意义逾越词语可能包含的含义或者超出了预测可能性时，视为存有异议未尝不可，但这意味着长冈龙一的学说不过是用“存疑”一词替代“词语可能包含的含义”或“国民预测可能性”，若认为其观点比后两者的学说更为精准，显然也难以令人信服。其次，当词语包含的含义中存在多种解释时，认为其存有“疑义”当然没有问题。此种情况下，应当选择有利于被告人利益的解释。但是有利于被告人利益的解释不一定就是正确的解释，因此，有学者主张在这种情况下应当选择最为合理的解释，而非有利于被告人的解释。此外，事实认定的错误与法律解释上的错误，在这个问题上并不相同。法官对事实认定难免发生错误，法律解释则是在词语可能包含的含义范围内寻找哪一个解释是这多种解释中最为合理的，解释本身并没有

① 参见［日］村井敏邦：《应当依据存疑有利于被告人的利益原则解释刑法》，载《福田平、大冢仁古稀祝贺论文集》；《刑事法学的综合研究》（下），有斐阁 1993 年版，第 187 页。转引自郑泽善：《刑法总论争议问题比较研究Ⅰ》，人民出版社 2008 年版，第 30 页。

绝对的正确与错误。[①]

“存疑时”能否有利于被告？对此，学者们的看法并不相同。部分学者认为，“存疑时有利于被告”仅适用于对案件事实存在合理疑问的情况。例如，张明楷教授认为，当各种解释方法得出不同的解释结论时，最终起决定性作用的是目的论解释，而不是有利于被告。如果说解释目标是有利于被告，则意味着只有缩小解释是可能的，其他解释方法都得舍弃，但这显然是不可能的。所以，当出于法益保护的目的，需要对刑法条文作出必要的扩大解释时，即使不利于被告人，也适用这种解释结论。[②] 有些学者则认为在法律解释中，也应当适用存疑时有利于被告的原则。例如，时延安博士认为，存疑有利于被告原则，是指在适用法律和认定案件事实存在模糊之处时，应作出有利于被告人的结论。[③] 笔者更倾向于前一种观点，即存疑时有利于被告原则只能适用于对案件事实存在合理怀疑的情形。选择有利于被告人利益的解释未必就是正确、合理的解释，在这种情形下，盲目适用存疑有利于被告人利益说就显得不合理了。有利于被告人是一个需要被考虑的因素，但不是最终决定性因素。

(6)处罚要求和人权保障的调和说

该学说立足于罪刑法定主义原则和要件解释的实质性，主张作为刑法解释之必要一部分，解释构成要件时，其解释有必要同实质性的当罚性判断比较、衡量。首先，应确认构成要件解释实际上是审判时的判断基准。根据罪刑法定原则，国民有按照法律条文规定作出行为的要求，由此得出对法律条文的解释应当在国民预测可能性范围之

① 参见[日]荻原兹:《罪刑法定主义与刑法解释》,成文堂 1998 年版,第 141 页。

② 参见张明楷:《“存疑时有利于被告”原则的适用界限》,载《吉林大学社会科学学报》2002 年第 1 期。

③ 参见时延安:《试论存疑有利于被告原则》,载《云南大学学报(法学版)》2003 年第 1 期。

内,由此引申出来的表示处罚范围的“构成要件”,首先是审判的判断基准,称“构成要件”是针对法律专家的“构成要件”有一定道理。构成要件不仅要让国民易懂,更需要引申出妥当的解释。所谓“禁止类推解释,但允许适当的扩大解释”,其实是平衡具体的妥当性即当罚性的要求和法律的安定性要求。其结果就是,“刑法解释的容许范围,不得不以同实质性的正当性即当罚性成正比,与词语的中心意义之距离成反比”这一标准来判断。在此基础上,实现“实质性正当性”的客观化,就有必要探讨犯罪理论的体系化、保护法益的分析、社会必要性等问题。①

还有学者从刑罚的目的、机能出发讨论如何区别类推解释与扩大解释。刑法的目的、机能可以分为刑法的保障性机能与刑法的保护性机能。保障性机能在于防止国家的不当裁判和滥用刑罚权侵犯被告人的人权,其目的在于针对罪刑擅断主义,以罪刑法定原则保障人权。刑法的保护性机能在于保护法益,打击犯罪,其目的在于维护社会秩序。刑法的机能在于社会秩序之维护和人权保障,调和这二律悖反的目的才是其最终目的。从保护法益的必要性出发,通过扩大解释刑法条文惩罚犯罪时,如果在某种程度上侵犯了被告人的人权,根据社会一般观念和法律常识来看,这种侵犯超越了被告人忍受的限度,这种解释就应该被禁止。若其程度可以被被告人忍受,这种解释应当被允许。通过禁止类推解释来保障人权时,人权保障只要达到“普通人的人权保障”水平即可。通过目的解释,结果受到处罚时,如果这一处罚没有超越“侵害普通人人权的程度”,从调和维持社会秩序这一宗旨出

① 参见[日]前田雅英:《现代社会与实质性犯罪概念》,东京大学出版社 1992 年版,第 48 页;《刑法总论讲义》,东京大学出版社 2001 年版,第 85 页。转引自郑泽善:《刑法总论争议问题比较研究 I》,人民出版社 2008 年版,第 32 页。

发必须要求忍受。①

还有一种观点是从个人利益与社会利益的调和、统一角度出发,认为罪刑法定主义的宗旨在于保护个人利益,尤其是保护被告人利益,但随着时代发展,也应随着社会的变化而产生一些改变,必须从社会的调和、综合的角度出发重新掌握应用。罪刑法定主义确实不能被否定,诸如1935年《德国刑法典》第2条公然否认罪刑法定的做法确实不可取。但在保障人权理论无法得出合理的结论时,应以法律规定为前提,在具体适用法律时,应当依据实质性的论理解释与符合刑法目的的解释原则来解决具体问题。该观点认为日本的窃电判决、汽车内燃油事件判决都是符合法律原意的扩大解释。②

反对该标准的学者指出,正如上述学者所论,刑法的目的在于保护法益与保障被告人的人权,有必要在刑法解释时调和这两个相互对立的利益,因此应当排斥教条、死板的刑法解释,在合理的范围内允许扩大解释。不过,解释应限制在法益保护机能不侵犯人权保障机能的范围内进行,正如李斯特所说,刑法只能是刑事政策不可逾越的栅栏。因此,以保护法益的必要性和社会利益为理由,逾越依据法律设定的形式上的处罚范围,实施罪刑法定主义原则的相对化是不应允许的。实际上,一个刑法条文可能存在多种解释,而各种解释从解释者的立场来看各有其理论性和合理性基础时,对特定行为的刑法适用是否有侵犯人权的客观判断材料只能在法律条文中寻找,而非他处。③

我国刑法学界也有几种与上述相类似的主张。

一是"法律条文逻辑含义许可范围"说。该说认为区分类推解释

① 参见[日]西山村夫:《刑法解释的论点》,载《名城法学》第43卷1、2合并号,第206页。转引自郑泽善:《刑法总论争议问题比较研究Ⅰ》,人民出版社2008年版,第33页。

② 参见[日]下村康正:《刑法的目的与罪刑法定主义》,载《八木国之先生古稀祝贺论文集》,《刑事法学的现代展开》(上),成文堂1992年版,第12页。转引自郑泽善:《刑法总论争议问题比较研究Ⅰ》,人民出版社2008年版,第33页。

③ 参见[日]荻原滋:《罪刑法定主义与刑法解释》,成文堂1998年版,第144页。

与扩大解释的关键要看是否在法律条文逻辑含义许可范围内,如果所要解释的条款或用语与被解释对象是种属关系或包含与被包含关系,那就是符合立法原意的扩大解释;如果是并列关系,那就是超出了立法原意的类推解释。这种观点与上述“推论形式区别说”相似,只不过在一定程度上吸收了上述“词语可能含义”的内容。该学说无法解决法条词语“边缘含义”部分难以区分类推解释与扩大解释的问题。

二是“文义最远射程”说。该说认为区分两者的关键是看是否在文义最远射程范围内,在此范围内的是扩大解释,超出了此范围的是类推解释。此说与上述“词语可能含义说”基本相同,只是将“词语可能含义”具体化为“文义最远射程”。但“文义最远射程”究竟如何界定,该学说也没有较好的解决方法,实质仍是用模糊的概念去解释模糊的概念。

三是“核心属性”说。该说认为如果解释后新纳入的事项具有所解释的词语在特定刑法规范中的核心属性,那就是合理的扩大解释;如果解释后新纳入的事项不具有该词语在特定刑法规范中的核心属性,而彼此之间仅有一种近似性,该事项不在法律规定的范围之内,这就是类推解释。扩大解释与类推解释的区别仅在于解释结论是否超出了刑法规范本身的蕴含范围。但什么是“特定刑法规范中的核心属性”,这仍然是一个难以回答的问题,也很难找到一个合适的判断标准。①

此外,还有立法精神说(未脱离法律条文的立法精神的是扩大解释,否则是类推解释②)、事实模型说(现实发生的案件中的事实要素符合法律条文中的事实模型的是扩大解释,否则是类推解释③)等学说。

---

① 参见刘明祥:《论刑法学中的类推解释》,载《法学家》2008 年第 2 期。

② 参见陈朴生、洪福增:《刑法总则》,台北,五南图书出版股份有限公司 1982 年版,第 6~9 页。

③ 参见赵秉志主编:《刑法解释研究》,北京大学出版社 2007 年版,第 425 页。

2. 双重标准说

双重标准说认为,类推解释与扩大解释的界限较为复杂,难以用某一种标准将其严格地区分开来,因此,应“双管齐下”同时适用两个不同的标准。概括起来主要有以下 3 种观点。

一是词语可能含义说和预测可能性说。该说主张应以是否超出刑法用语可能具有的意义范围和国民的预测可能性为标准,凡是在此范围之内的解释就是扩大解释;反之则是类推解释。笔者较为赞同这种观点,当单独适用词语可能含义说与国民预测可能性说都具有适用标准模糊的问题时,两者之结合可以使标准更为清晰,从而得到更为具体的结论,有利于在实践中区分类推解释与扩大解释。

二是合法限度和合理限度说。该说主张扩大解释应以不违背立法基本精神(合法限度)和字义所能扩大的合理程度(合理限度)作为限度,凡超出刑法立法基本精神和字义所能扩张的合理程度的扩大解释就属于违背了罪刑法定;而不违背刑法基本精神和不超过字义所能扩张的限度的扩大解释则符合罪刑法定。

三是思维模式和认识方法说。该说主张扩大解释与类推解释的实质区别在于解释的思维模式和认识方法不同;扩大解释是对立法意旨最大限度地追问,并不是针对某一具体行为而设定的,所以从逻辑上看,是先有扩大解释,以此根据某一具体行为的社会危害性来分析该行为是否与解释内容相契合,即先有法律解释的存在后有行为的适用;而类推解释则是先有对某一具体行为的社会危害性的客观评价,再找出刑法上相类似的条款而加以适用,即先有行为后有法律解释,是一种本末倒置的操作方法,从这一点上说,类推解释完全违背了罪刑法定原则,应予以摒弃。[①]

---

① 参见利子平:《论刑法中类推解释与扩张解释的界限》,载《华东政法大学学报》2010 年第 4 期。

3. 综合标准说

综合标准说认为，如何厘定类推解释与扩大解释的界限是一个难题，应综合诸多方面才能得出结论。可以综合考量用语含义、概念相互关系、着重点、伦理方法、预测可能性进行区分。

还有学者认为，“某种解释是类推解释还是扩大解释，并不是单纯的用语含义问题。换言之，某种解释是否被罪刑法定原则所禁止，要通过权衡刑法条文的目的、行为的处罚必要性、国民的预测可能性、刑法条文的协调性、解释结论与用语核心含义的距离等诸多方面得出结论。在许多情况下，甚至不是用语的问题，而是如何考量法条目的与行为性质，如何平衡法益保护机能与人权保障机能的问题”。具体来说包括以下几个方面。

(1)某种解释是否属于类推解释，在考虑用语可能具有的含义的同时，还要考虑处罚的必要性。对一个行为的处罚必要性越大，将其解释为犯罪的可能性越大，这种解释被认定为类推解释的可能性就越小。当然，无论如何不能超出刑法用语可能具有的含义。

(2)某种解释是否属于类推解释，在考虑用语在该条文中可能具有的含义的同时，还要考虑该用语与相关条文的关系。解释结论与刑法的相关条文的内容以及刑法的整体精神相协调时，不宜认定为类推解释。根据这种方法，《刑法》第259条是将“同居”与“结婚”并列规定的，而且法定刑相同，这表明“同居”与“结婚”的危害相当。如果将通奸行为解释为“同居”，则意味着通奸与结婚行为相当，这显然是不协调的。

(3)某种解释是否属于类推解释，在考虑一般人能否接受该解释的同时，还要考虑犯罪的类型。例如，对有关自然犯的法条的解释的扩大程度与范围可以略为缓和、宽泛；对有关法定犯的法条的解释则相反。

(4)某种解释是否属于类推解释，在考虑本国刑法规定的同时，还要考虑本国刑法规定与外国刑法规定的区别。例如,德国、日本刑法严格区分了财物与财产性利益,将财产性利益解释为财物无疑属于类推解释。但在我国,刑法未做此区分,故有可能将财产性利益解释为财物。只是这种通过平和手段从他人那里获取财产性利益的行为,是否能构成我国《刑法》第264条所规定的盗窃罪,需要探讨。

(5)某种解释是否属于类推解释,在考虑用语现有含义的同时,还要考虑用语的发展趋势。如果解释结论符合用语的发展趋势,一般不宜认定为类推解释。例如,信件原本是书面邮件,但随着网络发展,国民普遍使用电子邮件,于是认为破坏通信自由罪中的信件包括电子邮件,就成为符合用语发展的解释,因而不是类推。[①]

4. 否定说

除上述观点外,还存在一种否定说。该学说认为,类推解释与扩大解释仅存在论理形式上的差异,既然刑法解释论容许扩大解释,那么也应容许类推解释。[②] 因此,解决两者的界限问题没有什么实际意义,解决与否以及如何解决均无关紧要。其区别的标准也就是想法的不同,因而应当在一定限度上允许类推解释,根据注重刑法整体目的的目的论解释,合理确定类推解释的范围。例如,将类推视为法之本质的亚图卡夫曼即持这种观点。笔者认为,类推解释与扩大解释的界限确实模糊,加上在现实生活中,二者其实发挥的作用相近,运用的哲学原理也相仿,都是利用不同事物的类似性,所以从社会学的实际意义角度出发,该学说具有一定的合理性,但从保护人权角度出发,该观点还是存在较多问题的。

---

① 参见张明楷:《罪刑法定与刑法解释》,北京大学出版社2009年版,第120~128页。

② 参见利子平、竹怀军:《刑事司法解释瑕疵探析》,中国刑法学研究会2003年年会论文。

二、通奸与同居

关于同居的含义，主要有以下 3 种观点：第一种意见认为，“同居”是指行为人与军人配偶之间所形成的事实婚姻，即认为“同居”就是事实婚姻。第二种意见认为，“同居”是指行为人与军人配偶通奸的行为，即认为“同居”就是通奸。第三种意见认为，“同居”既不同于事实婚姻，又与通奸有别，它是与此二者有严格区别的概念，“同居”是指行为人与军人配偶互以姘头相待，公开在一起生活的行为。①

笔者赞同第三种观点。同居有两层含义，一是指共同居住，二是指夫妻共同生活，也指男女双方没有结婚而共同生活。该“共同生活”并非指单纯的共同性生活。例如，行为人为了与现役军人配偶发生性关系，于晚上进入现役军人配偶的住宅，发生性关系后，仍然与现役军人配偶同睡一床；半夜，行为人对现役军人配偶进行盖被子、倒水等照顾，次日早晨离开，这种行为依然只是共同性生活，不能认定为存在“共同生活”的事实。张明楷认为，同居的实质意义主要包括 3 方面内容：第一，有长期、多次发生性关系的事实。第二，共同居住的事实，即使不发生性交，也共同居住在一起。共同居住的时间不必很长，但是仅共同居住一两天的，难以认定为共同居住。共同居住是否具有公开性，不对同居的认定产生影响。第三，在经济上或者生活起居上有共同关照的事实。即使不发生性交，双方也在经济上或者生活起居上像配偶、家庭成员那样关心、照顾对方，形成某种程度的相互依赖关系。②

通奸是男女双方和奸，这是相对于强奸的一个概念，是指男女双方（多指一方或双方已有配偶）没有夫妇关系而发生性行为。由此可见，同居与通奸在词语含义上存在不同，但也同时存在一定的相似性。

---

① 参见叶三芳：《试析构成破坏军婚罪的“同居”》，载《法学评论》1985 年第 5 期。

② 参见张明楷：《罪刑法定与刑法解释》，北京大学出版社 2009 年版，第 193 ~ 194 页。

同居要求有共同生活的事实,而通奸并不要求共同生活,只要是没有夫妇关系的二人合意发生性关系即为通奸。但是两者也具有一定的相似之处,即发生性关系的事实。

笔者认为,不能简单将通奸解释为同居,两者在词语含义上虽有相似之处,但是词语含义范围明显不同。同居从字面上已然有“共同居住”之意,这是其最基本的含义,而这个含义是通奸所不能包括的。通奸关系下的行为人,因其缺少共同居住的事实,其关系的紧密程度应弱于同居关系下的行为人。

那么司法解释中所引用的“长期通奸”可否被纳入“同居”范围内呢?笔者认为,不能仅因为给“通奸”加上了“长期”的时间限制,就将其纳入“同居”范围。长期通奸,必然是长期在同一地点或不同地点经常性地发生性关系,这种情况仍然不存在共同居住的事实,依然不能认定为同居,虽然两者此时对军人婚姻家庭关系的破坏程度已经基本相当了。长期通奸和同居的性质虽不一样,但二者有密切的联系。前者是违法行为,后者是犯罪行为,他们之间没有不可逾越的鸿沟。行为人与现役军人配偶同居,往往从通奸开始,通奸发展到同居,通常有一个过程,这个过程往往需要一定的时间,这段时间内的行为即为长期通奸。这个过程既包含行为人双方对相互关系的意志的发展过程,又包括他们之间的关系的暴露过程,重要的是还包括人们对他们的行为性质的认识过程。

三、该司法解释之定性

最高人民法院之所以出台该司法解释,是行为人与现役军人配偶长期通奸对现役军人婚姻家庭关系的破坏性不亚于直接与现役军人配偶同居或结婚,且司法实践中,直接与现役军人配偶同居或结婚的情况较少,与现役军人配偶通奸的情况远远多于前者。从实质分析的角度出发,长期通奸与同居对军人婚姻家庭关系破坏性相当,将长期通奸纳入破坏军婚罪的处罚范围内具有一定合理性。而且正如上文所言,长期通奸和同居两个行为之间并不是有着不可逾越的鸿沟,长期通奸往往可以转化为同居行为,本案例中即有这种情况,其虽然在词意上有着不同,但是长期通奸常常是同居的先前阶段,具备继续恶化发展的可能性。此外,有学者指出,该解释并非简单地将通奸纳入破坏军婚罪的处罚范围内。其规定的是"长期通奸"加上"造成严重后果"才会构成破坏军婚罪,该规定已区分了长期通奸与通奸,并且要求造成严重后果。其将单纯的几次通奸排除出了处罚范围,是因为单纯的几次通奸行为,其危害性确实不如与现役军人配偶同居、结婚的危害性大,但长期通奸不仅严重破坏军人的婚姻家庭关系,还有进一步恶化发展的可能性,其危害性不亚于与现役军人配偶同居、结婚的危害性,加上司法实践中与现役军人配偶长期通奸的情况要多于与现役军人配偶同居、结婚,所以该司法解释有其存在的现实必要性。

另外,从立法目的考虑,刑法之所以在重婚罪外又特别规定了破坏军婚罪,是考虑到军人的特殊身份地位,从国防安全、社会稳定等角度出发,对军人的婚姻关系予以着重保护,从而稳定军队,巩固国防,这反映了国家的整体利益,且军人经常因为军事任务要求而长期离家,对军人婚姻进行特殊保护也符合军人生活与工作的要求。针对普通人的重婚罪,仅包含结婚一种情形,而破坏军婚罪则在条文中包含结婚与同居两种情形,足以见得对其着重保护的立法态度。现实中,对军婚的侵犯形式也多为比同居和结婚更具隐蔽性的长期通奸,在该条司法解释出台之前,基层司法机关很少受理破坏军婚罪案件,并不是说这类案件很少,而是很多基层司法机关因其是通奸行为而不予受理,或要求行政部门进行处理。个别立案处理的,也多为发展成同居或事实婚姻的案件。若不对这种情形加以处理,不仅不利于维护法律的尊严,而且不利于融洽军民关系,更会对当事军人造成严重的精神打击,从而不利于巩固国防。从对军婚进行着重保护的目的出发,将其纳入破坏军婚罪范围有利于军队稳定、国防建设和社会安定。所以从立法目的考虑，该司法解释有合理性。关于该解释被认定为类推解释，也有学者认为，长期通奸与同居在危害性上具有相同的性质，在这种情况下，可以将长期通奸纳入同居的范围内，因而可以将其视为扩大解释。

笔者认为，即使该司法解释存在现实必要性与合理性，仍不能掩盖其类推解释的本质。首先，从通奸与同居的含义来看，同居要求有共同生活的事实，无论是短期通奸还是长期通奸，其明显不包括在同居的范围内，若在通奸过程中存在共同生活的事实，则已经由通奸发展成为同居，按照刑法规定直接定罪处罚即可。而且将长期通奸解释为同居，也超出了一般国民的预测可能性，因其含义的差异性，正常人很难将通奸与同居画等号。其次，也不能仅因两者在危害程度上具有相同的性质就简单地将长期通奸解释为同居。两者在危害性上具有相同的性质，是指长期通奸和同居都会对军人婚姻家庭关系产生不利影响，但这并不意味着前者可以被解释为后者，例如持刀抢夺与持枪抢夺都应当按照抢劫罪论处，两者都属于持凶器抢夺，难道按照两者在危害程度上的相似性就可以将刀解释为枪了吗？正如刀和枪都属于凶器，两者具有相同的上位概念，属于两个完全不同的具有相同级别的下位概念，长期通奸与同居都属于对婚姻的不忠行为，亦是级别相同的下位概念，因此仅从危害程度具有相似性认为长期通奸可以纳入同居的范围是站不住脚的。

认定该司法解释为类推解释并不意味着与军人配偶长期通奸并造成严重后果的行为不具备法益侵害性。因为结婚需要行政程序，同居需要共同生活的事实，通奸行为比前两者更具备隐蔽性，犯罪分子出于防止他人发觉的目的也多采取通奸方式满足自己的不法需求，实际上破坏军人婚姻的行为以这种长期通奸为多数。而且，无论是长期通奸还是同居，其对军人婚姻的破坏程度是相当的，对国防建设的危害程度亦是相当的。尽管刑法对破坏军婚罪只规定了结婚与同居两种情形,但这种与军人配偶长期通奸并造成严重后果的行为具备刑法可罚性。处理这个问题不应该依靠类推解释将长期通奸纳入处罚范围,而应当从修改刑法条文即刑法修正案的角度出发,填补相应的法律漏洞。

在归纳总结前文的基础上,本书认为最高人民法院将“长期通奸”纳入“同居”的范围内实为类推解释。即便在社会公众看来“长期通奸”与“同居”的性质与危害性并无太大的区别,都会对军人婚姻家庭关系造成侵害,但这并不能成为超越对法律条文解释的限制的理由。

具体在本案件中,被告人徐某构成破坏军人婚姻罪。虽笔者认为该司法解释为类推解释,但被告人徐某与军人之妻孙某之间的关系确实属于现行司法解释规定的“长期通奸,破坏军人的婚姻家庭,造成军人夫妻关系破裂等严重后果”的情形,徐某与孙某长期的通奸行为,破坏了孙某与军人曹某的婚姻关系,导致婚姻关系走向破裂。

虽与军人配偶通奸确实具有法益侵害性,但通过具有类推解释性质的司法解释来规定并不妥当,因此应从刑法条文中下手,对相关通奸情况加以刑法的明文规定以满足罪刑法定的要求。

第十三章　绑架罪、抢劫罪与敲诈勒索罪的界限研究

基本案情

白某某、刘某某、赵某某等7人(均具有完全刑事责任能力)于2006年1月8日以发生同性性关系为名将被害人李某某骗至大兴区旧宫一队一平房内,对李某某实施殴打,并要挟李某某给妻子打电话说出车祸了,把钱汇到某账户,否则就将其是同性恋的事实告知其妻子。李某某无奈给妻子打电话声称出车祸需要钱,李某某妻子将人民币10000元汇到某账户,犯罪嫌疑人提款后将李某某放回。

争议焦点

本案中,犯罪主体为白某某、刘某某、赵某某等7人,且7人均具有完全刑事责任能力,对于主体的定

性并无争议之处,属于一般主体共同犯罪;该7人主观上具有侵害他人人身权的直接故意,而最终目的是非法占有他人财物,因此白某某等人的主观方面应定性为直接故意;客观上,白某某等人控制李某某的人身自由并对其进行殴打,侵犯了李某某的人身权,同时通过要挟等手段取得10000元人民币,侵犯了李某某的财产权。由此观之,白某某等人的行为侵犯的是双重客体,即人身权和财产权。本案中犯罪嫌疑人实施了暴力侵犯人身权利和索要钱财的行为,这在绑架罪、抢劫罪和敲诈勒索罪中都可能存在,那么认定犯罪嫌疑人成立何种罪名,就需要具体分析比较相关罪名的客观方面,最终科学定性。

相关法条

1.《中华人民共和国刑法》第14条　【故意犯罪】明知自己的行为会发生危害社会的结果,并且希望或者放任这种结果发生,因而构成犯罪的,是故意犯罪。

故意犯罪,应当负刑事责任。

2.《中华人民共和国刑法》第239条　【绑架罪】以勒索财物为目的绑架他人的,或者绑架他人作为人质的,处十年以上有期徒刑或者无期徒刑,并处罚金或者没收财产;情节较轻的,处五年以上十年以下有期徒刑,并处罚金。

犯前款罪,杀害被绑架人的,或者故意伤害被绑架人,致人重伤、死亡的,处无期徒刑或者死刑,并处没收财产。

以勒索财物为目的偷盗婴幼儿的,依照前两款的规定处罚。

3.《中华人民共和国刑法》第263条　【抢劫罪】以暴力、胁迫或者其他方法抢劫公私财物的,处三年以上十年以下有期徒刑,并处罚金;有下列情形之一的,处十年以上有期徒刑、无期徒刑或者死刑,并处罚金或者没收财产：

（一）入户抢劫的；

（二）在公共交通工具上抢劫的；

（三）抢劫银行或者其他金融机构的；

（四）多次抢劫或者抢劫数额巨大的；

（五）抢劫致人重伤、死亡的；

（六）冒充军警人员抢劫的；

（七）持枪抢劫的；

（八）抢劫军用物资或者抢险、救灾、救济物资的。

4.《中华人民共和国刑法》第 274 条　【敲诈勒索罪】敲诈勒索公私财物，数额较大或者多次敲诈勒索的，处三年以下有期徒刑、拘役或者管制，并处或者单处罚金；数额巨大或者有其他严重情节的，处三年以上十年以下有期徒刑，并处罚金；数额特别巨大或者有其他特别严重情节的，处十年以上有期徒刑，并处罚金。

5.《中华人民共和国刑法》第 25 条　【共同犯罪的概念】共同犯罪是指二人以上共同故意犯罪。

二人以上共同过失犯罪，不以共同犯罪论处；应当负刑事责任的，按照他们所犯的罪分别处罚。

6.《中华人民共和国刑法》第 289 条　【故意伤害罪】【故意杀人罪】【抢劫罪】聚众"打砸抢"，致人伤残、死亡的，依照本法第二百三十四条、第二百三十二条的规定定罪处罚。毁坏或者抢走公私财物的，除判令退赔外，对首要分子，依照本法第二百六十三条的规定定罪处罚。

7.《全国人民代表大会常务委员会关于严惩拐卖、绑架妇女、儿童的犯罪分子的决定》第 2 条　以出卖为目的，使用暴力、胁迫或者麻醉方法绑架妇女、儿童的，处十年以上有期徒刑或者无期徒刑，并处一万元以下罚金或者没收财产；情节特别严重的，处死刑，并处没收财产。

以出卖或者勒索财物为目的，偷盗婴幼儿的，依照本条第一款的规定处罚。

以勒索财物为目的绑架他人的，依照本条第一款的规定处罚。

学理分析

有学者认为类似本案的犯罪情形称为“拘禁敲诈型犯罪”。“拘禁敲诈型犯罪”具有以下特征：第一，主观上具有非法占有他人财物的目的。至于行为人非法占有的目的在哪个阶段产生在所不问。第二，客观上行为人往往借被害人有所谓的违法犯罪事实或者隐私之名，先对其进行殴打，但这种殴打并非出于伤害他人的目的，一般是为了泄恨或者给被害人“下马威”，为以后的索财创造有利条件，并且殴打一般也不会致被害人重伤或轻伤，大多是轻微伤或者不形成伤害。由于行为人掌握了被害人的隐私或“违法犯罪”的事实或证据，此时的被害人处于被威胁、恐吓的境地。此外，行为人在实施敲诈行为的同时控制着被害人的人身自由，并且在得到钱财之前绝不会放人，即“不给钱就不放人”。第三，行为人勒索的对象是被害人本人，而不是向被害人亲友提出要求，威胁内容是揭露被害人的隐私、违法犯罪事实，而不是以关押被害人不放为威胁内容。①

针对该种类型的犯罪定性，存在 3 种不同的观点：其一，构成绑架罪；其二，构成抢劫罪；其三，构成敲诈勒索罪。依据第一种观点，白某某等人采用非法拘禁被害人的手段从与被害人相关的第三人处取得财物的行为构成绑架罪中的绑架勒索罪；依据第二种观点，白某某等

① 参见郑晓红：《拘禁敲诈型犯罪定性研究》，载《浙江审判》2002 年第 9 期。

人当场对被害人实施暴力胁迫,并当场取得财物的行为符合抢劫罪的构成要件;依据第三种观点,白某某等人以被害人是"同性恋"的事实相要挟非法取得财物的行为构成敲诈勒索罪。

一、本案不构成绑架罪

我国《刑法》第239条第1款规定,"以勒索财物为目的绑架他人的,或者绑架他人作为人质的,处十年以上有期徒刑或者无期徒刑,并处罚金或者没收财产;情节较轻的,处五年以上十年以下有期徒刑,并处罚金"。第3款规定,"以勒索财物为目的偷盗婴幼儿的,依照前两款的规定处罚"。

1. 绑架罪的客观特征

犯罪构成的客观方面,是指犯罪活动的客观外在表现,具体说明犯罪是通过什么样的行为对刑法所保护的社会关系即犯罪客体进行侵害,以及这种侵害造成了什么样的后果的事实特征。

刑法理论上对绑架罪的客观要件应包括哪些内容有很大的争论。主要包括以下3点:绑架罪的行为方式是否应限于暴力、胁迫或者麻醉3种手段;本罪的客观行为是单一行为还是复合行为;侵犯的对象是否包括第三人。

首先,绑架罪的行为方式是否仅限于暴力、胁迫或麻醉3种。有学者对此持肯定观点,主张本罪的行为方式只能是该3种。[①] 但也有学者对此持异议,主张本罪的行为方式应包括暴力、胁迫或其他方法。绑架的实质是将他人劫持,并置于行为人的控制之下,绑架人质通常是用暴力、胁迫或麻醉方法,但实施绑架的方法远不止这些,还有些行为人以欺骗、引诱等手段将被害人劫持。只要劫持并限制了被害人的自由,并将其置于行为人控制之下,不论使用什么手段和方法,均符合

① 参见张明楷:《论绑架勒赎罪》,载《法商研究(中南政法学院学报)》1996年第1期。

该罪的客观特征,均应属于绑架,可以构成绑架勒索罪。①

笔者认为,将绑架的方法仅限于暴力、胁迫和麻醉 3 种是不全面的。支持该观点的学者的基本依据是 1991 年《全国人民代表大会常务委员会关于严惩拐卖、绑架妇女、儿童的犯罪分子的决定》第 2 条及 1992 年《最高人民法院、最高人民检察院关于执行〈全国人民代表大会常务委员会关于严惩拐卖、绑架妇女、儿童的犯罪分子的决定〉的若干问题的解答》(已失效)第 5 条的规定。绑架罪是目的犯罪,其与非法拘禁罪的区别就在于绑架罪的行为人在主观上存在勒索财物或其他目的,其达到目的的手段同时构成非法拘禁罪。从这个角度讲,凡是非法拘禁可以使用的方法,应当也可以成为绑架罪的方法。日本刑法中规定绑架、诱拐犯罪,是将绑架和诱拐区分作为该罪的行为方式。日本有学者指出,"所谓绑架,是以暴力、胁迫为手段,违背被绑架、被诱拐者或监护人的意志而实施行为的场合;而诱拐是以欺骗、诱惑为手段的场合"②。我国刑法中绑架罪的行为方式包含了暴力、胁迫手段,然而并没有提及欺骗和诱惑的手段,如果只能利用暴力、胁迫或麻醉的手段控制被害人的人身自由,那么可以拟制本案件事实为白某某等以发生同性性关系为名将被害人李某某骗至某地,与此同时联系其妻子,若不给钱就将李某某杀害,李某某的妻子由于担心丈夫的人身安全,不得不将 10000 元打入白某某的账户。在这个拟制的案件中,白某某等人并没有采用暴力、胁迫或麻醉 3 种方法中的任何一种,但不可否认的是其行为构成绑架罪。因此,将绑架的行为方式限制在暴力、胁迫或麻醉这 3 种情况下是不合理的。事实上,绑架的手段并无限制,可以是秘密或公开的,通常行为人要使用程度较高的暴力,但也

---

① 参见孟庆华:《关于绑架罪的几个问题——兼与肖中华同志商榷》,载《法学论坛》2000 年第 1 期。

② [日]大谷实:《刑法各论》,黎宏译,法律出版社 2003 年版,第 71 页。

包括使用轻微暴力、胁迫、欺骗以及其他方法的情形。[①] 违反他人的意思,将其置于自己实力的支配之下,使其丧失人身自由的一切行为都应当属于绑架罪的手段。本案中,白某某等人以发生同性性关系为由欺骗被害人李某某,进而将其控制在一平房内,并进行殴打,其行为手段是符合绑架罪要求的。

其次,本罪的客观行为是单一行为还是复合行为存在较大的争议。主张单一行为说的学者认为,行为人只要以强制行为实际控制他人,即构成绑架罪的既遂,而是否实施勒索财物或者提出其他要求,"并不影响本罪的成立,只是量刑的情节"[②]。单一行为说是我国刑法学界的主流观点。支持复合行为说的学者主张,绑架罪的客观行为是由绑架行为(或偷盗婴幼儿行为)与勒索财物或提出不法要求行为(当行为人绑架他人作为人质时)两方面组成的,绑架罪是由两部分的行为构成的,[③]第一部分是其达到目的的手段行为,第二部分是其真正的目的行为,两者缺一不可地构成绑架罪的客观实行行为。支持复合行为说的学者还认为,主张单一行为说无法解决两个问题,即绑架罪的犯罪中止问题和共同犯罪问题。按上述"单一行为说",行为人一经实施绑架他人或偷盗婴幼儿的行为,即构成绑架罪的既遂,行为人即使主动放弃勒索财物或达到其他不法目的的行为,也不可能构成绑架罪的中止,这样的设置不符合立法精神和情理。同时在司法实践中,有的行为人在其他犯罪分子实施了绑架行为之后加入实施勒索财物的行为,在此种情况下,按照"单一行为说",绑架行为已经既遂,后加入的行为属于事前无通谋的事后行为,不可能构成绑架罪的共同犯

① 参见《俄罗斯联邦刑法典释义》(下册),黄道秀译,中国政法大学出版社 2000 年版,第 559 页。

② 高铭暄、马克昌主编:《刑法学》,北京大学出版社、高等教育出版社 2000 年版,第 484 页。

③ 参见肖中华:《绑架罪略论》,载《山东法学》1999 年第 5 期。

罪,这也是不符合法律精神的。

在笔者看来,“复合行为说”对“单一行为说”的质疑存在一定的缺陷。我国《刑法》第239条明确规定,绑架罪行为人的主观目的必须出于勒索财物或者满足其他不法要求。该情形在刑法理论中被称为目的犯。刑法理论中的目的犯,“是指具有一定的目的为其特别构成要件的犯罪”①。一般认为,“目的犯的目的属于超过构成要件客观要素范围的主观要素,即主观超过要素”②,并不要求有具体的客观行为与之相对应。在绑架罪中亦是如此,如果没有以勒索财物或其他不法要求为目的,就不构成绑架罪,单纯的绑架行为只能成立非法拘禁罪。在司法实践中一定要有相关的证据证明存在该不法目的,才能认定行为人构成绑架罪。有学者认为以下3种方式可以证明行为人有勒索财物的犯罪目的:(1)行为人已向被绑架者亲属或其他关系人索要过财物。(2)行为人已向被绑架者亲属或关系人索要钱财并实际取得该财物。(3)行为人绑架被害人后,警方及时介入,虽未提出勒索财物的要求,但有充足证据证明行为人意图取得财物的,可以认定为以勒索财物为目的的绑架他人。③

所谓复行为犯是指“在一个独立的基本犯罪构成中包含数个不独立成罪的实行行为的犯罪”④。如果把以勒索财物为目的的绑架罪视为复行为犯,那么勒索财物的行为就是构成要件之一,在行为人只实施了绑架行为,尚未向第三人提出财产要求的情况下,由于构成要件的缺失,属于绑架罪的未遂。我国司法实践一般认为,行为人只要将

---

① [日]福田平、大冢仁编:《日本刑法总论讲义》,李乔、文石、周世铮译,辽宁人民出版社1986年版,第227页。

② 刘明祥:《论目的犯》,载《河北法学》1994年第1期。

③ 参见陈兴良、周光权:《刑法学的现代展开》,中国人民大学出版社2006年版,第563~564页。

④ 王明辉:《复行为犯研究》,载陈兴良主编:《刑事法评论》第4卷,中国政法大学出版社1999年版。

他人劫持并实际控制就构成绑架罪的既遂，如果基于被害人的反抗或者他人及时进行解救等客观方面的原因，绑架没有得逞，则构成绑架罪的未遂，[①]这与“复合行为说”的观点相左。同时，按照“单一行为说”，绑架罪仍存在犯罪中止和共同犯罪的余地。绑架的行为是一个过程，而非一实施即完成的举动犯，行为人在准备实施绑架行为时，出于自身的原因而放弃控制他人人身自由的，即可构成绑架罪的中止。例如，行为人为了勒索某厂长，在厂长的孩子放学时谎称厂长让其来接，并给小孩买冰激凌，意图绑架，可在此过程中，由于小孩的天真善良，行为人不忍心控制其人身自由，而放弃实施绑架行为，将其安全送回家，在这种情况下，就可以构成犯罪中止（是否处罚该情形，则不在讨论之列）。同时，由于绑架罪属于继续犯，即使绑架被害人后，又有行为人加入参与犯罪行为，被害人的人身自由被限制的状态仍在继续，该行为人仍可能构成绑架罪的共犯。

由此观之，以勒索财物为目的的绑架罪，其客观行为只需要绑架他人，而不包括向他人勒索财物。勒索财物只是行为人的主观目的，不能理解为绑架罪构成要件的行为，因而该罪的客观行为是单一行为。

2. 侵犯对象的特殊性

绑架罪的犯罪对象存在特殊性，这是分区本罪与他罪的关键之一，绑架罪的行为对象是人而不是财物，这里的人包括被绑架者，也包括被勒索要挟的人，而且这两种人不能是同一个人，被勒索要挟的人只能是被绑架者之外的第三人。因此，在主体上绑架罪存在绑架人、被绑架人、被绑架人之外的第三人这样的“三角关系”，不符合这一模型的犯罪不成立绑架罪。

---

① 参见周道鸾等主编：《刑法罪名精释：对最高人民法院 最高人民检察院关于罪名司法解释的理解和适用》（第3版），人民法院出版社2007年版，第438页。

第一,绑架罪侵犯了被绑架人的合法权益,至于该合法权益包含哪些内容,对此目前刑法理论界存在 3 种学说,即简单客体说,复杂客体说和并存说。“简单客体说”认为,本罪侵犯的是被害人的人身自由权利。[①] 复杂客体说存在两种观点,第一种观点认为,本罪侵犯的客体是他人的人身权利和财产权利,[②]有的学者将这一观点表述为“既侵犯了被害人的财产所有权或其他财产性权利,又侵犯被害人的人身权利”[③];第二种观点认为,“绑架罪侵犯的客体是复杂客体,包括公民的人身权利和公私财产权利或其他权利”[④]。“并存说”认为,以勒索财物为目的绑架他人或偷盗婴幼儿的,侵犯的是他人的人身权利和财产权利,属复杂客体;以作为人质为目的绑架他人或偷盗婴幼儿的,侵犯的是他人的人身权利,为简单客体。

日本刑法学界的通说认为,“被拐取者的自由是保护法益,但是在被拐取者是未成年人、精神病人时,监护人等的保护监督权(监护权)也属其法益”,“另外,在赎金目的略取·诱拐罪中,也要考虑其作为财产刑的一面”[⑤]。俄罗斯刑法学界认为,“绑架罪侵害的主要直接客体是人的人身(身体)自由,其补充客体往往是人的生命和健康的安全、所有权关系等等”[⑥]。由此可见,刑法学界一般都将绑架罪的侵害客体视为复杂客体,不仅包括公民的人身自由权利,还包括财产权益或国家安全等其他合法权益。

---

① 参见陈正云、黄河、钱舫编著:《中国刑法通论》,中国方正出版社 1997 年版,第 498 ~ 499 页。

② 参见杨春洗、杨敦先主编:《中国刑法论》(第 2 版),北京大学出版社 2001 年版,第 456 页。

③ 何秉松主编:《刑法教科书》,中国法制出版社 2000 年版,第 872 页。

④ 赵秉志主编:《刑法相邻相近罪名界定与运用》(上册),吉林人民出版社 2000 年版,第 714 页。

⑤ [日]大冢仁:《刑法概说》(各论)(第 3 版),冯军译,中国人民大学出版社 2003 年版,第 92 页。

⑥ 《俄罗斯联邦刑法典释义》,黄道秀译,中国政法大学出版社 2000 年版,第 340 页。

笔者赞同上述学说中复杂客体说的第二种观点。首先,绑架罪侵犯的主要客体是公民的人身自由权。这是我国《刑法》将该罪列入"侵犯公民人身权利、民主权利罪"这一章的主要原因。行为人无论出于何种目的,其实施手段必须是将被绑架人置于自己的控制之下。易言之,行为人必须非法控制被绑架人的人身自由,并以此为筹码达到自己的不法目的。因此,绑架罪首先侵害的客体就是公民的人身自由权利,这也是该罪比以一般手段谋取财产或其他利益的犯罪社会危害性高的原因。其次,绑架罪还侵犯了其他客体。如前所述,单纯的非法控制他人的人身自由并不能构成绑架罪,而只能构成非法拘禁罪。绑架罪的成立还必须存在一定的目的。也就是说,控制他人的人身自由只是手段,这一手段的实施背后还存在最根本的目的,而这一目的就侵害了其他的权益。正如上文所言,绑架罪包括绑架勒索和绑架人质两种表现形式,在绑架勒索中,行为人的最终目的是财产性利益,因而其侵犯的客体是财产性权益。而绑架人质的情况就相对比较复杂,行为人可能出于危害国家公共安全的目的,或者危害司法公正的目的,也可能出于其他目的。正是由于情况的复杂特殊,绑架罪侵犯的客体应当包括所有这些可能涉及的权益。由此,笔者认为绑架罪侵犯的客体是复杂客体,包括公民的人身权利,公私财产权利或者其他权利。

第二,绑架罪还侵犯了第三人的自主决定权。理论界的主流观点认为勒索财物或提出不法要求的对象不包括被绑架人本人,应当是针对行为人及被害人之外的第三人。① 也有较少学者认为包括被绑架人本人。

笔者赞同主流观点,勒索财物或提出不法要求的对象应当是且只能是除被害人之外的第三人,这也是司法实践中区分抢劫罪和绑

① 参见高铭暄、马克昌主编:《刑法学》,中国法制出版社 1999 年版,第 838 页。

架罪的主要特征之一。立法者对此问题的解释为:以勒索财物为目的的绑架他人的,也称为掳人勒赎或者绑票,即以暴力、胁迫或者麻醉方法强行掳走他人,以此向被害人亲友索取钱物的行为。[①] 正是因为绑架罪中的勒索财物等不法目的是向第三人提出的,所以勒索型绑架罪同时侵犯了人身权、财产权和第三人的自主决定权,其社会危害性也大大提高。正如有学者所言,"当罪犯以虐待人质的方式,甚至以杀害、伤害人质的方式向第三人勒索时,对第三人的影响是巨大的。第三人必须在满足犯罪人的非法要求与解救人质之间做出艰难的选择,这不仅是救人还是破财的两难选择,而且涉及更为深远的道德、法律问题"[②]。若行为人只是向被害人提出财产或其他不法要求,其危害的影响范围就相对缩小,且这种情况就成了行为人和被害人双方的较量,被害人的命运就掌握在自己的手中,其情形更类似于抢劫罪。

在国外,也同样将利用近亲属和其他对被绑架人的安危表示担心的人的担忧,作为以勒索赎金为目的的绑架罪的构成要件,如《日本刑法典》第225条之2第2款也规定,"利用近亲属以及其他对被绑架或诱拐的人的安危表示担心的人的担忧,为了获取财物而绑架他人,或诱拐他人的,处无期徒刑或3年以上有期徒刑"。

本案中,白某某等人要挟李某某给妻子打电话说出车祸了,把钱汇到某账户,并没有以伤害李某某的人身为要挟直接向被害人的妻子提出勒索,李某某的妻子也只是在丈夫的要求下汇的款,汇款时并不知道李某某被威胁的事实。就算李某某的妻子对李某某的人身安全存在担忧,也是出于误以为李某某发生车祸的原因,其意志并没有受

① 参见胡康生、郎胜主编:《中华人民共和国刑法释义》,法律出版社2006年版,第370~371页。

② 阮齐林:《绑架罪的法定刑对绑架罪认定的制约》,载《法学研究》2002年第2期。

到来自行为人的强迫。换句话说,白某某等人的行为并没有侵犯第三人的自主决定权,本案并不存在双重被害者。因此,本案不构成绑架罪。

二、本案不构成抢劫罪

对于抢劫罪的定义,有很多种不同的学说,《中国刑法词典》将抢劫罪定义为,以非法占有为目的,以暴力、胁迫或者其他方法,强行劫取公私财物的行为。[①] 该说是我国刑法理论学界的通说。有学者主张,抢劫罪是指以非法占有为目的,以暴力、胁迫或者其他方法强行将公私财物抢走的行为。[②] 还有学者认为,抢劫罪是指以非法占有为目的,对财物的所有人、保管人或其他在场人当场实施暴力、以当场实施暴力相胁迫或者采用其他当场侵犯人身的方法,迫使被害人交出财物或者当场夺走其财物的行为。[③]

综合众多学者的观点,抢劫罪的主要特征包括:(1)行为人以非法占有他人财物为目的。(2)行为人当场使用了暴力、胁迫或者采用其他方法达到足以压制被害人反抗的程度,这是抢劫罪区别于其他财产犯罪的重要标志。(3)行为人当场取得财物。(4)抢劫罪侵犯的是双重客体,既侵害了公私财物的所有权,又侵犯了公民的人身权利。抢劫罪和绑架罪一样,都侵犯了公民的人身权利和财产权利双重法益,社会危害性较大,因而属于我国刑法中的重罪之一。

抢劫罪的客观方面表现为使用暴力、胁迫或其他方法强取财物的行为。其手段行为是暴力、胁迫或其他方法,且该方法必须达到抑制

---

① 参见《中国刑法词典》编委会编:《中国刑法词典》,学林出版社 1989 年版,第 648 页。

② 参见高西江主编:《中华人民共和国刑法的修订与适用》,中国方正出版社 1997 年版,第 594 页。

③ 参见赵秉志主编:《侵犯财产罪研究》,中国法制出版社 1998 年版,第 51 页。

被害人反抗的程度,其结果行为即当场强取财物。

1.“取财”的当场性

我国《刑法》第263条关于抢劫罪的规定并未表述“当场”一词,但无论是在刑法理论还是在司法实践中,都认为构成抢劫罪必须要具备当场劫取财物这一构成要件。有学者认为,抢劫罪中的“当场”应理解为“抢劫罪中的强制行为与抢走财物的行为在发生的时间场合具有统一性”[①]。也有学者认为,“当场”是指在案件发生时,行为人和被害人都应当在现场。我国《刑法》第263条中的强行劫取财物,主要包括4种情况:一是行为人自己当场直接夺取、取走被害人占有的财物;二是迫使被害人当场交付财物;三是实施暴力、胁迫等强制行为,趁被害人不注意时当场取走财物;四是在使用暴力、胁迫行为之际,被害人由于害怕而逃走,将身边财物遗留在现场,行为人当场取走该财物。[②] 但实践中的情况要复杂得多,不能简单认为不属于这4种情况就不符合抢劫罪的“当场”要件。一般认为,抢劫罪的当场取财是指暴力、胁迫等手段行为和取财的结果行为在时间上和空间上具有紧密的联系性。对时间和空间的限制不能过于狭窄,否则会缩小抢劫罪的成立范围,但也不应过于宽泛。有学者认为“当场”还存在时间的延长和空间的延伸,在行为人实施暴力、胁迫等手段过程中,即使时间延续较长,空间也发生了一定转换,只要其暴力或胁迫处于持续过程中,符合抢劫罪以暴力或胁迫方法非法占有他人财物的特征,即应视为“当场”。[③] 对此笔者表示赞同,判断取财的当场性,应当综合整个案件的发生过程,联系暴力、胁迫等行为与取财行为的联系性,如果取财的行为伴随暴力、胁迫等行为,则应认定为当场。若取财的行为当时虽未伴随暴

① 王作富主编:《刑法》(第2版),中国人民大学出版社2004年版,第425页。

② 参见张明楷:《刑法学》(第2版),法律出版社2003年版,第753页。

③ 参见陈凌:《论抢劫罪中的“当场”》,载《政法论丛》2006年第3期。

力、胁迫等行为,但这些手段行为与财物的取得有内在的紧密联系,也应认定为符合抢劫罪的"当场"要件。例如,行为人先出于借用的目的,取得被害人的财物,后被害人索还,行为人使用暴力、胁迫等行为使被害人无法要回自己的财物,该行为也应当认定为抢劫罪。

抢劫罪的结果行为就是"强取",强取是行为人在实施手段行为之后强行夺取被害人财物的行为,对于实施暴力、胁迫等行为和强取之间是否需要存在因果关系,存在一定的争议。不要说认为,实施暴力、胁迫后才产生了强行夺取财物的意思,只要是利用自己的行为压制了被害人的反抗,就应当视为基于抢劫的意思实施暴力、胁迫;但是大多数学者认为,暴力、胁迫等行为和财产的强取之间应当存在因果关系,行为人的最终目的是夺取财物,暴力、胁迫等行为只是其达到目的的手段。如果行为人暴力的程度达到了一般人的社会认知标准,但由于被害人的反抗能力高于一般人,实际上并没有被压制,被害人出于怜悯或厌烦等主动交付财物,行为人的行为是否构成抢劫罪?对此情况,成立抢劫罪的观点是毋庸置疑的,通说认为由于暴力行为和强取财物之间的因果关系欠缺,抢劫罪未得逞而成立未遂。因为被害人的人身权和财产权现实上并未受到抢劫罪要求的非法侵害,首先,被害人事实上可以反抗行为人的暴力,没有不能反抗或不敢反抗;其次,被害人的财产损失是基于自己内心的意思表示,被害人当时可以选择交付财物或者不交付。由此观之,在此情况下对行为人的行为认定为重罪的抢劫罪既遂可能加重刑罚。少数学者认为,行为人采取客观上足以压制被害人反抗的强硬的暴力、胁迫手段,然后取得财物,具有抢劫的客观违法性,即使只是使对方产生一点恐惧而交付了财物,也应当认为转移财物是抑制被害人反抗的结果,构成抢劫罪既遂。少数说的依据是对犯罪的定性以客观评价行为人的犯罪事实,被害人的内心想法不是刑法评价行为人犯罪行为的依据,行为人客观上当场实施了足以压制一般人反抗程度的暴力,事实上当场非法占有了他人的财物,就满足了抢劫罪既遂的客观要件。从这一角度而言,少数说也无可厚非,只是笔者认为将此行为认定为抢劫罪已经是对行为人行为的客观评价了,由于被侵害的法益较轻,或者对被害人造成的伤害较小,对其适用处罚较轻的未遂犯罪也没有违反罪刑法定原则。

本案中,白某某等人取得财物是由李某某打电话给妻子之后,李某某的妻子将钱汇到某账户,再由白某某等人提款,最终非法取得财物,从白某某等人胁迫李某某到该7人取得财物中间存在一定的时间间隔,但此时被害人李某某的人身自由仍持续被控制,直到白某某等人取财后才被释放。由于行为人非法占有财物的行为伴随暴力、胁迫的实施,不能否认该取财行为的"当场性"。

2."暴力"的当场性

作为抢劫手段的暴力、胁迫或其他手段是否要达到相当程度,有的国家的刑法有明文规定,如《俄罗斯刑法》第162条规定,抢劫罪的成立以"使用危及生命或健康的暴力,或以使用这种暴力相威胁"为成立条件。这些国家一般都会在判例或学说中对条文的规定作出一定的扩张解释,以弥补条文的僵硬性。但更多国家的刑法对暴力、胁迫的程度没有作限制性的规定,如日本、意大利。虽然在刑法条文上并未对此作出明文规定,但这些国家都通过判例或学说等对此问题作出了一些限制性的解释。我国通说的刑法理论和司法实践对此也未作出明确要求,其主要理由是:同样的暴力对不同的主体产生的影响不同,不能用一个固定的标准来判断暴力、胁迫等是否达到了抢劫罪所要求的程度。① 但是有学者认为,抢劫罪中的暴力、胁迫必须达到足以

① 参见高铭暄主编:《新编中国刑法学》(下册),中国人民大学出版社1998年版,第764页。

压制被害者反抗的程度,[①]这一观点得到了大多数学者的认同。因为我国刑法学界在论及抢劫罪的手段行为时,并非形式性地理解暴力、胁迫或者其他方法,而是加以实质性的判断。例如,我国学者指出:"(抢劫罪的)强制性行为足以压制被害人的反抗。上述三种强制性行为(暴力、胁迫或者其他方法)并不是一般性的强制,要求具有足以压制被害人反抗的属性,具有能够造成被害人不能反抗、不敢反抗、无法反抗的因果力量,至于上述三种强制性手段行为是否实际压制了被害人的反抗行为,不影响本罪的构成。"[②]笔者认为,只有达到了这一程度,被害人才处于人身和财产不能两全的境地,具有高度的社会危害性,若该暴力并未达到这一程度,被害人仍可以反抗,如两个体型相当的人,行为人打了被害人两拳,并要求被害人交出财物,此时被害人完全可以还手,和行为人抗衡,人身自由和安全都未受到现实或立即可能遭受的现实侵害,行为人的社会危害性并没有达到处以抢劫罪的刑罚程度。而且,不同的地点和不同的对象,对其施加的暴力程度要求应当是存在区别的,青少年、妇女和老年人等相对弱势群体和体型健壮的中年男子,其反抗的程度存在很大的区别,制定一个具体的标准并不科学,因此达到足以抑制被害人反抗程度的限制标准是必要的。

(1)暴力行为

作为成立抢劫罪主要手段的"暴力",一般是指行为人对被害人的身体实施打击或者强制,达到使其不能反抗的程度。从广义上讲,暴力是采取非法的手段,对人身或财物施加的有形力,但抢劫罪中的暴力对象是否应包括财物,存在一定的争议。有学者主张,抢劫罪的暴力有时不一定要直接针对人体实施,即行为人的暴力要最终指向人,

---

① 参见刘明祥:《财产罪比较研究》,中国政法大学出版社 2001 年版,第 120 页。

② 曲新久主编:《刑法学》(第 2 版),中国政法大学出版社 2009 年版,第 420 页。

但是可以不直接针对人,即便是对物施加有形力,只要其能抑制被害者的意思、行动自由,就是抢劫罪中的暴力。[①] 我国《刑法》第 289 条规定,聚众“打砸抢”过程中,毁坏或者抢走公私财物的,对首要分子以抢劫罪定罪处罚,就体现了这一点。但也有学者认为,抢劫罪的暴力是用来排除被害人反抗的,而对财产实施暴力(如砸毁等),并不能直接排除被害人的反抗,只可能使被害人产生恐惧而不敢反抗,也就是说,其为实质的胁迫。[②]

抢劫罪是以“暴力”为基础而成立的,这是刑法理论和司法实践的共识。“暴力”一词在我国刑法多处罪名中都有体现,如暴力干涉婚姻自由罪,妨害公务罪等,但其中的“暴力”程度却有着极大的差别。作为侵犯财产的重罪,抢劫罪中的“暴力”程度要求显然远远高于上述列举罪名中的“暴力”程度。作为侵犯财产的犯罪,抢夺罪和敲诈勒索罪的犯罪客观方面同样可以由“暴力”构成。由于抢劫罪属于我国刑法中为数不多的重罪,其法定刑起点即为 3 年,作为本罪主要客观行为方式的“暴力”,其程度应当有一定的限制。将一切暴力行为都纳入抢劫罪的规制范围,会导致罪责刑不相适应,也不利于区分本罪和其他以“暴力”为构成要件或要素的罪名。法律要有一定的确定性,否则就形同虚设,因此抢劫罪中“暴力”程度的要求应该有上下限。我国《刑法》第 263 条规定,抢劫致人重伤或死亡的,处 10 年以上有期徒刑、无期徒刑或死刑。由此观之,致人死亡结果的出现作为抢劫罪的加重结果被该罪名包含。因此,抢劫罪“暴力”程度的上限应当是“致人死亡”。至于抢劫罪“暴力”程度的下限,大部分学者赞同应达到“足以压制被害者反抗的程度”,即使被害人不能反抗。

---

① 参见[日]大冢仁:《刑法概说》(各论)(第 3 版),冯军译,中国人民大学出版社 2003 年版,第 213 页。

② 参见刘明祥:《财产罪比较研究》,中国政法大学出版社 2001 年版,第 118 页。

(2)胁迫行为

胁迫也是成立抢劫罪的实行手段之一,是指行为人为了压制被害人的反抗,以便当场占有其财物,以当场实施暴力相威胁。胁迫的方式可以是语言也可以是其他某种动作。相比暴力手段而言,胁迫的强制程度应低于暴力,然而也必须达到足以压制被害人反抗程度的下限。同时,胁迫必须是现实的,针对人身安全的,即如果被害人不满足行为人的要求,被害人的人身安全将立即受到严重的伤害,假使行为人以被害人的名誉等作为威胁,就不应构成抢劫罪的胁迫;胁迫的内容应当是实际存在的,即被害人当场就能感受到来自行为人的暴力压迫,如果行为人以将来的暴力作为胁迫,该行为也不应构成抢劫罪。作为胁迫内容的加害种类、性质,各国的规定存在差异。有的国家的刑法规定只限于以暴力相威胁,如俄罗斯,也有的国家的刑法如日本虽并未规定胁迫的种类和性质,但判例和学说都认为胁迫的种类和内容不受限制,不论行为人是否真正实施胁迫内容的意思和能力,只要达到被害人不敢反抗的程度即可。[①] 我国刑法虽未明确规定胁迫的种类和性质,但结合《刑法》第 269 条关于转化型抢劫罪须"当场使用暴力或者以暴力相威胁"的明文规定以及抢劫罪的犯罪特点,我国的司法实践和理论通说都认为只能以实施暴力相威胁。

(3)其他行为

由于现实情况的复杂性,暴力和胁迫并不能涵盖所有构成抢劫罪的客观行为方式,其他手段是指除了暴力、胁迫之外,足以压制被害人反抗的手段,如用酒灌醉、用药物麻醉、用毒药毒晕等方法。这些方法应具有以下 3 个特点:第一,侵犯了被害人的人身权利,这是所有抢劫

① 参见[日]大冢仁:《刑法概说》(各论)(第 3 版),冯军译,中国人民大学出版社 2003 年版,第 213 ~ 214 页。

罪的手段的共性;第二,该手段的实施达到了使被害人不知反抗的程度;第三,行为人采取该手段的目的是非法占有他人的财物。行为人为了夺取被害人的财物而将其灌醉,后“拿走”财物的行为,也应认定为抢劫罪。然而,如果被害人不知反抗或丧失反抗能力不是行为人造成,或行为人在实施使被害人陷入意识障碍的行为时并未有夺取他人财物的意思,直到被害人失去意识时才“临时起意拿走”被害人的财物,则该行为应成立盗窃,而不构成抢劫罪。

如何判断“足以压制被害者反抗的程度”,成为认定抢劫罪的棘手问题之一。理论界对此问题存在两种不同的观点,主观说认为,应根据被害人的主观心理来判断,即行为人认识到只要使用轻微的暴力就能够抑制对方的反抗,就应当认定为抢劫,日本的宫本英修就是该说的倡导者,主观说从行为人、被害人的主观感受的角度出发判断暴力程度。而客观说主张,被害者的反抗是否足以被压制,要从一般人认同的社会观念出发,结合犯罪者和被害人的人数、年龄、性别、犯罪行为的时间、场所以及附随状况,凶器的有无、使用方法等具体事项对暴力、胁迫的性质进行客观判断。[①] 客观说得到了日本大多数学者的支持,也被日本法院判例所采纳。[②] 两者在大部分情况下得出的结论是一样的,但在特殊情况下也会出现分歧。例如,行为人在夜晚用语言恐吓被害人交出财物,对于年老体弱者而言,这一程度足以压制他们的反抗,而对于身强体壮者而言,语言的恐吓并不能压制他们的反抗。依据主观说,由于被害人的不同,同样的行为前者成立抢劫罪,后者却不成立,这显然是不正确的。然而,还存在这样一个问题,就一般人而言,暴力、胁迫没有达到足以抑制反抗的程度,但由于被害人特别胆小,且行为人对此知情,实施程度低于抢劫罪要求的暴力、胁迫,是否

---

① 参见陈兴良、周光权:《刑法学的现代展开》,中国人民大学出版社 2006 年版,第 582 页。

② 参见[日]大谷实:《刑法各论》,黎宏译,法律出版社 2003 年版,第 105 页。

能构成抢劫罪？按照主观说或因果关系折中说，“行为人具有抑压反抗的意思，又现实地压抑了被害人的反抗，那么，就可以认为存在作为强盗罪手段的暴行·胁迫”①。依据客观说，对暴力、胁迫程度的衡量必须以其是否达到足以抑制普通人反抗的程度作为标准。行为客观上没有达到足以抑制被害人反抗的程度，即使行为人明知被害人的特殊情况，主观上有抢劫的故意，但由于暴力的程度未达到要求，也不能成立抢劫罪。

笔者认为，对暴力程度的认定应以一般人的社会认知为标准判断行为人的暴力行为是否达到了足以抑制被害人反抗的程度。一般应从暴力、胁迫的形态、手段、时间、场所、被害人的年龄、性别、体力等因素出发，结合犯罪分子是否准备以实施暴力为取财的前提、有无预谋实施暴力、有无为实施暴力积极准备工具、在犯罪时有无以行为或者语言表现出即将实施暴力、在被害人反抗时有无使用暴力手段制止被害人的反抗、在被害人失去反抗能力或者不敢反抗时有无强拿硬要等实际情况综合认定。如果坚持主观说，正如上文所述，在一些特殊案件中会导致同一行为不同的罪名定性，不符合罪刑法定原则，不利于刑法的统一性。

首先，不可否认本案件中白某某等人对被害人实施了殴打，存在暴力的因素，但仅凭此就认定白某某等人的行为构成抢劫罪是失之偏颇的。有观点认为，当时的情况，白某某等有 7 人，且在一个偏远的地区，被害人处于孤立无援的绝对弱势地位，同时行为人对李某某已经实施了殴打，对被害人的心理已经造成了绝对的压迫，足以抑制被害人的反抗，因此构成抢劫罪。但笔者认为，认定本案中白某某等人是否构成抢劫罪不仅要考虑行为人是否实施了暴力行为，还要考察该暴

① 参见［日］大冢仁：《刑法概说》（各论）（第 3 版），冯军译，中国人民大学出版社 2003 年版，第 213 页。

力行为是否达到了“足以抑制被害人反抗的程度”。而本案中白某某等人的殴打行为明显没有达到该程度要求，否则行为人完全不需要多此一举地用同性恋的事实来威胁李某某，使其交出财物。李某某面对当时的环境或许有一定的精神强制，但最终决定其作出交出财物决定的，是担心同性恋的事实被妻子知道，“无奈”之下才欺骗自己的妻子交出财物，并不是害怕白某某等人对他实施暴力。其次，白某某等人的最初和最终目的一直都是非法占有他人财物，并没有伤害（此伤害为达到故意伤害罪标准的伤害）或杀害李某某的故意。因此，认为构成抢劫罪的观点不成立。

三、本案构成敲诈勒索罪

本案是否能构成敲诈勒索罪需要考虑两个因素，首先，当场使用暴力能否成为敲诈勒索罪的实施手段？其次，如何区分敲诈勒索罪的恐吓与抢劫罪的胁迫？只有回答这两个问题，才能对本案科学定性。

1. 敲诈勒索罪的实施手段是否包括“当场使用暴力”

关于敲诈勒索行为是否包括当场的暴力以及其所允许的暴力程度，各国支持不同的主张。在刑法中明确规定了敲诈勒索手段的国家，其规定存在差异，如《德国刑法典》中将“违法地使用暴力”和“威胁恐吓”并列规定为本罪的行为手段；《意大利刑法典》规定，敲诈勒索的行为表现形式为“以暴力或威胁手段强迫某人做或者不做某事”；然而《俄罗斯刑法》规定，敲诈勒索的行为只限于威胁，实际使用了威胁受害人的暴力，不包含在勒索罪的构成中，应该根据所使用暴力的性质或者按第 163 条第 2 款第 2 项，或者按第 163 条第 3 款第 3 项定罪。[1] 很多国家对敲诈勒索罪的手段并没有在刑法中

① 参见《俄罗斯联邦刑法典释义》（下册），黄道秀译，中国政法大学出版社 2000 年版，第 433 页。

明确定义，如日本，但日本的判例和通说都认为，恐吓除了胁迫外，还包括没有达到抑制被害人反抗程度的暴力。在以取得财物为目的而使用暴力的场合，区分本罪与抢劫罪的关键是看暴力的程度。①

我国刑法也没有明确规定敲诈勒索的手段，但判例（最高人民法院在“何某生抢劫案”的“裁判理由”中对区分抢劫罪和敲诈勒索罪的论述）②和理论界通说都认为“敲诈勒索仅限于威胁，不当场实施暴力”③。但也有学者对此持异议，认为敲诈勒索罪的本质固然是采用胁迫手段使他人产生畏惧而交付财产，但在现实生活中，行为人当场实施暴力、并以今后会进一步实施暴力相威胁的敲诈勒索案件时有发生；该当场实施的暴力并不像抢劫罪那样是为了排除被害人的反抗做出的，而是作为实施胁迫的手段，且该当场暴力的程度并没有达到足以抑制被害人反抗的程度，该类情形的犯罪应认定为敲诈勒索罪。④笔者支持该观点，若排除“当场实施暴力”作为敲诈勒索罪的实施手段之一，在现实案件中就会出现这样的法律空隙：例如，某甲对某乙实施了程度较轻的殴打，并威胁某乙说，“要是不给钱，就把你偷了某丙自行车的事宜扬出去，到时公安就会抓你，你也会身败名裂”。某乙怕事情败露，只好给某甲5000元的“封口费”。该案件中，某甲当场实施了暴力，但该暴力尚未达到抑制某乙反抗的程度，且某甲的行为并不属于抢劫罪中的胁迫手段，因此不能构成抢劫罪；同时，若支持敲诈勒索只限于威胁，不包括当场实施暴力，某甲的行为包含了暴力，因此

---

① 参见[日]大冢仁：《刑法概说》（各论）（第3版），冯军译，中国人民大学出版社2003年版，第265页。

② 参见中华人民共和国最高人民法院刑事审判第一庭、第二庭：《刑事审判参考》（第3卷·下），法律出版社2002年版，第145～149页。

③ 高铭暄、马克昌主编：《刑法学》（下编），中国法制出版社2000年版，第927页。

④ 参见刘明祥：《财产罪比较研究》，中国政法大学出版社2001年版，第294页。

也不构成敲诈勒索罪。这样就使抢劫罪和敲诈勒索罪之间形成了一个法条的空隙,不利于解决现实生活中类似的案件。可能正是为了避免该漏洞的存在,日本的判例和通说都支持未达一定程度的当场暴力属于敲诈勒索的手段之一,笔者认为这是合理科学的,值得我们参考。

本案中,有观点认为白某某等人对李某某实施了殴打,已是暴力手段,应构成抢劫罪,因为当场的暴力不能成为敲诈勒索罪的实行行为。笔者认为该观点存在不妥之处,只要行为人实施的暴力程度没有达到足以抑制被害人反抗的程度,就不能认定该行为构成抢劫罪。而轻微的暴力即便是当场实施的,也可以构成敲诈勒索罪的实施手段。本案中白某某等人对李某某的殴打行为显然没有达到足以抑制李某某反抗的程度,该状况类似于前文所论及的"拘禁型敲诈勒索"的情形,由于拘禁时间较短,虽然存在拘禁行为,但并未达到非法拘禁罪的程度。白某某等人的殴打并非出于伤害李某某的目的,可以理解为"下马威",为后面的要挟取财创造有利的条件。而且就本案而言,白某某等人的殴打并没有造成李某某轻伤以上的伤害,最多为轻微的创伤。因而,白某某等人的殴打行为仍可视为其敲诈勒索的辅助手段。

2. 敲诈勒索罪中的要挟手段与抢劫罪的胁迫手段

敲诈勒索罪的行为表现为要挟他人,使之交付财物或财产上的利益。有学者主张,"所谓恐吓(要挟——笔者注),通常是指为了使他人交付财物或财产上的利益对之实行胁迫,而尚未达到抑制他人反抗的程度。如果胁迫达到了抑制他人反抗的程度,则构成抢劫罪"①。此时的要挟行为与抢劫罪中的胁迫行为具有相似性,都是对被害人的

① 刘明祥:《财产罪比较研究》,中国政法大学出版社 2001 年版,第 294 页。

精神或心理产生一定程度的影响,使被害人为了更重要的利益而放弃自己的财产利益。《日本刑法》中,恐吓犯罪与强盗犯罪的不同之处在于,强盗犯罪是以达到抑压被害人反抗程度的暴行、胁迫为手段,恐吓犯罪则是以未达到该程度的恐吓行为为手段。① 我国有学者认为,区分敲诈勒索罪的威胁、要挟方法与抢劫罪的胁迫方法的关键在于:第一,抢劫罪必须是行为人当着被害人的面发出威胁,而敲诈勒索罪可以是当面,也可以不当着被害人的面发出威胁。第二,抢劫罪必须以当场实现威胁的内容相恐吓,敲诈勒索罪可以当场或日后实现威胁的内容相恐吓。第三,抢劫罪必须是当场夺取财物或使被害人交付财物,而敲诈勒索罪可以使被害人当场交付财物也可以是日后交付财物。只要其中一个不符合以上3个抢劫罪的特点,就应认定为敲诈勒索罪。② 陈兴良教授针对此观点提出了自己的见解,认为“两个当场”对区分敲诈勒索罪与抢劫罪虽然具有一定的帮助,但它只是一种形式特征,据此还不足以区分敲诈勒索罪与抢劫罪。要从两罪的本质特征出发,考虑暴力是否达到致使被害人不能反抗或者不敢反抗的程度,以及被害人是在丧失意志自由的情况下,财物被劫取,还是在意志被胁迫但尚未完全丧失意志自由的情况下,交付其财物两个因素。③ 也有学者主张,区分两者的关键要综合考虑暴力当场实施可能性(不包括非暴力威胁内容当场实施的可能性)要素和行为人实施的暴力、胁迫程度是否足以抑压被害人的反抗。④

正如前文所述,当场的暴力也可以成为敲诈勒索的实施手段,暴

① 参见[日]大冢仁:《刑法概说》(各论)(第3版),冯军译,中国人民大学出版社2003年版,第80页。

② 参见高铭暄主编:《新编中国刑法学》,中国人民大学出版社1998年版,第805页。

③ 参见陈兴良:《敲诈勒索罪与抢劫罪之界分——兼对“两个当场”观点的质疑》,载《法学》2011年第2期。

④ 参见张明楷:《刑法学》(第2版),法律出版社2003年版,第763~765页。

力和恐吓都能成为抢劫罪和敲诈勒索罪的客观行为,因此,利用“当场”为标准区分两罪,存在缺陷,这也使两者的界限更加模糊。笔者认为,以胁迫是否能压制被害人反抗来区分两罪名即可。而如果当场实施暴力的胁迫内容能当场实现,完全可以认为行为人事实上已经达到了足以抑压被害人反抗的程度,因此不需要这一标准的存在。同时,被害人是否完全丧失意志自由本质就是恐吓或胁迫的程度是否达到了足以抑制被害人反抗的程度,只是考虑的角度或者称谓不同而已。综上所述,以恐吓或胁迫的程度能否抑制被害人的反抗作为区分敲诈勒索罪的恐吓与抢劫罪的胁迫等的标准是科学合理的。当然,“足以抑压被害人反抗的程度”如何界定,是司法实践中的棘手问题,对此程度的认定应参照抢劫罪暴力程度的认定,以一般人的社会认知为标准。

对于本案的定性关键是判断行为人的行为属于敲诈勒索罪中的要挟,还是抢劫罪中的暴力、胁迫。

虽然白某某等人存在欺骗,但李某某去大兴区旧宫一队的平房是出于自己的意愿。同时白某某等人以“将其同性恋的事实告知李某某的妻子”为由,要挟李某某交付财物,并最终迫使李某某交付了财物,该行为完全符合敲诈勒索罪的犯罪构成。虽然白某某等人对李某某实施了殴打,但正如上文所述,存在当场的殴打行为同样可能构成敲诈勒索罪,判断两罪的关键在于暴力的程度。本案中白某某等人的暴力或者胁迫程度并没有达到足以抑制李某某反抗的程度,白某某等人的威胁内容并不是对李某某人身安全或自由的进一步侵害,李某某在当时并未感受到来自行为人的财产和人身难以两全极度紧迫的危险。白某某等人对李某某的胁迫虽然带有一定程度的暴力,但其主要的胁迫内容是“将其同性恋的事实告知妻子”,该胁迫内容既没有以当场实施暴力威胁,又不直接针对李某某的人身安全。正如耶赛克和魏根特所言,“抢劫针对自由、所有权和占有权;勒索针对意志自由和财产”①。李某某是出于怕妻子知道自己是同性恋的事实而“无奈”打电话给妻子,谎称出车祸要求其汇款,其受到侵害的是选择自由和财产权,并不是因为白某某等人的胁迫使其面临被伤害甚至被杀害的危险而被逼做出的选择,因而不符合抢劫罪的构成要件要素,应当构成敲诈勒索罪。

本案的结论

综合上述分析,本案中白某某等人的行为应构成敲诈勒索罪的共同犯罪。针对前文所述的拘禁敲诈型犯罪的定性,笔者主张应认定为敲诈勒索罪。行为人取财的要挟是向被害人本人发出,不涉及第三人的自主决定权,因此该种犯罪类型不构成绑架罪。虽然行为人对被害人实施了拘禁和殴打行为,但不能因此武断地认定行为人构成抢劫罪,而要仔细分析该暴力或胁迫是否达到了“足以抑制被害人反抗的程度”。本案中,李某某前往平房完全是出于自己的意愿,虽然白某某等人在开始时对其施加了殴打,但并没有达到抢劫罪要求的暴力程度,否则白某某等人也无须多此一举地以将李某某为同性恋的事实告知其妻子这一隐私作为要挟,最终非法取得财物。白某某等人的威胁内容是揭露李某某为同性恋的事实,而不是人身安全或自由。同时,我们不能忽略李某某交付财物的真正原因是什么这一关键的问题。依据案情简介,李某某是出于无奈,才给妻子打电话声称出车祸要用钱,并将钱交给白某某等人的。李某某

① [德]汉斯·海因里希·耶赛克、[德]托马斯·魏根特:《德国刑法教科书》,徐久生译,中国法制出版社 2001 年版,第 324 页。

做出这一决定并非由于白某某等人对其施加的殴打,而是出于对自己隐私即将泄露的担忧,即害怕“身败名裂”,因此并不满足抢劫罪的犯罪构成要求。

第十四章　诈骗罪的认定

基本案情

2004年4月5日，犯罪嫌疑人李某找到从事个体租赁业务的孙某，冒充某工业园工地负责人。自称“王军”，要处分工地上一批龙门架、架子管、铁卡子等建筑设备，并且要求孙某自己雇人去工地拉东西。该工地已经停工一年多了，许多设备仍然留在原地，实际负责人是樊某，停工时樊某曾委托宋某代为看管工地。4月6日孙某带人去拉工地设备时，告诉宋某工地负责人欲出售该工地的设备。宋某信以为真，且丢失了樊某的联系方式，遂没有进行阻拦。后孙某分三次（第一次李某在场，后两次李某不在场）拉走价值人民币10292元的建筑设备，李某得赃款共计人民币8500元（第一次在工地现场得7000元，第二次在孙某的个体租赁站得1500元）。2008年4月8日，事主樊某知情后报案。

争议焦点

关于本案中各个主体的行为如何定性,主要存在以下5种意见。

第一种意见认为李某和孙某的行为成立盗窃罪,李某与孙某成立盗窃罪共犯。理由是:首先,犯罪嫌疑人李某以非法占有为目的,利用收购人孙某因过失而产生的购买行为、代为看管人宋某的行为而取得他人财产。其次,孙某在本案中存在过失行为,即其在买卖中未尽到检查李某身份的义务,进而产生了接下来的购买行为,给樊某带来了实际的经济损失。最后,该损害结果是李某的故意行为和孙某的过失行为共同造成的,危害行为与损害结果之间具有因果关系,故将李某与孙某的行为认定为盗窃罪,成立共犯。

第二种意见认为李某的行为应当认定为盗窃罪,在本起案件中李某的行为实际上成立盗窃罪的间接正犯。理由是:首先,李某主观上具有非法占有他人财产的目的;其次,李某利用孙某的过失行为实施了犯罪;最后,李某的行为导致了樊某财产损失的后果,据此李某的行为成立盗窃罪的间接正犯,其利用的是个体租赁户孙某的过失行为。

第三种观点认为本案中李某的具有两种行为并且分别定性为盗窃罪与诈骗罪。前者是指李某以非法占有樊某的财产为目的,在樊某不知情的情况下将其财产变卖并获利的行为;后者是指李某实施欺骗行为使看管人宋某产生认识错误并交付财产的行为;两种行为应当分别进行定罪量刑,并实施数罪并罚。

第四种观点认为李某的行为应当定性为诈骗罪。理由是:李某制造工地负责人将相关建筑设备变卖的假象,使得看管人宋某产生错误认识,并在此错误认识的基础上产生了相应的交付行为,最后导致了财产损失。这完全符合普通诈骗罪的行为模式,因此应当按照普通诈骗罪来处罚李某。

第五种观点认为李某在案件中的行为构成三角诈骗。理由是：本案中李某谎称其为工地负责人的行为具有欺诈性，在其欺诈行为的实施过程中以个体租赁户孙某的行为为工具，使得财产的看管人宋某在因此种欺骗行为产生错误认识的基础上交付了其代为保管的他人财产，使实际财产所有人樊某遭受财产损失。这符合三角诈骗中被骗人与被害人不具有同一性的要求，因此应当按照三角诈骗对李某的行为进行认定。

相关法条

1.《中华人民共和国刑法》第 25 条　【共同犯罪的概念】共同犯罪是指二人以上共同故意犯罪。

二人以上共同过失犯罪，不以共同犯罪论处；应当负刑事责任的，按照他们所犯的罪分别处罚。

2.《中华人民共和国刑法》第 264 条　【盗窃罪】盗窃公私财物，数额较大的，或者多次盗窃、入户盗窃、携带凶器盗窃、扒窃的，处三年以下有期徒刑、拘役或者管制，并处或者单处罚金；数额巨大或者有其他严重情节的，处三年以上十年以下有期徒刑，并处罚金；数额特别巨大或者有其他特别严重情节的，处十年以上有期徒刑或者无期徒刑，并处罚金或者没收财产。

3.《中华人民共和国刑法》第 266 条　【诈骗罪】诈骗公私财物，数额较大的，处三年以下有期徒刑、拘役或者管制，并处或者单处罚金；数额巨大或者有其他严重情节的，处三年以上十年以下有期徒刑，并处罚金；数额特别巨大或者有其他特别严重情节的，处十年以上有期徒刑或者无期徒刑，并处罚金或者没收财产。本法另有规定的，依照规定。

4.《中华人民共和国刑法修正案(八)》第39条 将刑法第二百六十四条修改为:“盗窃公私财物,数额较大的,或者多次盗窃、入户盗窃、携带凶器盗窃、扒窃的,处三年以下有期徒刑、拘役或者管制,并处或者单处罚金;数额巨大或者有其他严重情节的,处三年以上十年以下有期徒刑,并处罚金;数额特别巨大或者有其他特别严重情节的,处十年以上有期徒刑或者无期徒刑,并处罚金或者没收财产。”

5.《最高人民法院关于审理盗窃案件具体应用法律若干问题的解释》(已失效)第1条 根据刑法第二百六十四条的规定,以非法占有为目的,秘密窃取公私财物数额较大或者多次盗窃公私财物的行为,构成盗窃罪。

(一)盗窃数额,是指行为人窃取的公私财物的数额。

(二)盗窃未遂,情节严重,如以数额巨大的财物或者国家珍贵文物等为盗窃目标的,应当定罪处罚。

(三)盗窃的公私财物,包括电力、煤气、天然气等。

(四)偷拿自己家的财物或者近亲属的财物,一般可不按犯罪处理;对确有追究刑事责任必要的,处罚时也应与在社会上作案的有所区别。

学理分析

一、须排除的罪名

正如前文所述,本案涉及5种认定方式,主要涉及盗窃罪和诈骗罪两个具体罪名。下面,根据我国刑法具体规定和相关理论观点,分别对其进行分析。

1. 盗窃罪

根据2011年2月25日《刑法修正案(八)》的修改,我国刑法上规定的盗窃罪是指:盗窃公私财物,数额较大的,或者多次、入户盗窃、携带凶器盗窃、扒窃的行为。这里所说的“盗窃”一般被认为是行为人以非法占有为目的,秘密窃取公私财物,数额较大或者多次窃取的行为。

在本案中关于盗窃罪的观点有两个,一是李某与孙某成立盗窃罪共犯,二是李某成立盗窃罪的间接正犯。本案中能够认定为盗窃罪,存在如下几方面的障碍,必须要一一对其加以解决才能最终判断。

(1)盗窃罪是否以行为人存在非法占有目的为必要

虽然学界通说认为取得型财产罪的成立,需要行为人具有非法占有目的,但是不管是在国内还是国外都有部分学者认为取得型财产犯罪不需要规定非法占有目的。由于我国《刑法》并没有明确规定将非法占有目的作为取得型财产犯罪的必要条件,在我国关于非法占有目的是否必要,即盗窃罪是否为目的犯的争论从来就没有停止过。

①“非法占有目的”的含义。

要明确非法占有目的是否为盗窃罪的必要条件,首先要明确何为“非法占有目的”。关于非法占有目的的解释我国学界主要有4种主要观点:一是认为“非法占有目的”指的是行为人意图排除财物所有人(包括非法所有人),将他人的财物作为自己的所有物而取得事实上的支配权的意思。[①] 持该种观点的学者认为“非法占有目的”就是指这样一种意图:永久性地排除掉财物所有人对财物的所有权限。与这种观点类似的有域外的“排除意思说”,这种观点认为,非法占有目的是指将自己作为财物的所有人进而对财务进行支配的意思。而且这里的支配不仅包括遵从财物的实际用途进行占有、使用、收益、处分行

① 参见吴学斌、俞娟:《论我国刑法中的“以非法占有为目的”》,载《当代法学》2005年第2期。

为,而且还应当包括不遵从其实际用途的毁弃行为,[①]持这种观点的代表人物之一是日本的福田平教授。二是认为“非法占有目的”指的是按照财物本身具有的经济用途或者本来用途加以处分的意思。[②] 与前一种观点不同的是,该种观点认为行为人以非法占有为目的并非在于其意图排除原权利人对财物的支配,而是在于取得财物本身的价值。与这种观点类似的域外观点是“利用意思说”,这种学说的代表人物是日本的前田雅英教授,他指出,非法占有目的不在于是否具有“作为所有人进行支配的意思”,而在于行为人意图遵从财物的本性对其进行利用并取得其价值。[③] 三是认为“非法占有目的”是指排除权利人、将他人财物作为自己的所有物,并遵从财物可能具有的用法进行利用、处分的意思。也就是说,非法占有目的包括两方面的目的,一方面是排除他人权益的目的,另一方面是自己处分财物的目的。与这种观点类似的域外学说有“折中说”,该说的代表人物是日本的大谷实教授,他认为支配意思是主观的违法要素,利用处分意思是主观的责任要素;为了证明行为人具有非法占有的意图,像合法占有人一样支配的意思和利用处分的意思二者都必须具备,缺一不可,但是这并非要求行为人具有永久保持该物经济利益的意图。[④] 四是认为“非法占有目的”就单纯地指行为人具有永久性地占有他人财物的目的,不必对其附加任何其他的限制条件。也就是说,单纯地从字面意义上来理解“非法占有目的”,无须对其进行任何超出字面的解释。

笔者比较赞同上述第三种观点,即“非法占有目的”指行为人具有

---

① 参见[日]福田平:《刑法各论》(增补第3版),有斐阁2002年版,第230~231页。转引自张明楷:《论财产罪的非法占有目的》,载《法商研究》2005年第5期。

② 参见林学飞:《论刑法中的占有——〈最高人民法院公报〉相关案例的回顾与评析》,载《浙江社会科学》2011年第5期。

③ 参见[日]前田雅英:《刑法总论讲义》,东京大学出版社1998年版,第161页。转引自吴贵森:《非法占有目的的法律地位探究》,载《中国刑事法杂志》2005年第6期。

④ 参见[日]大谷实:《刑法讲义各论》(新版第2版),黎宏译,中国人民大学出版社2008年版,第179~180页。

两个方面的意图,一是排除原权利人对财物的占有进而占有或控制财物的意图,二是对财物进行利用和处分的意图。首先,我国刑法规定盗窃罪是故意犯罪,也就是说要求行为人明知自己的盗窃行为会发生侵害公私财产的危害结果,并且对该种结果的发生持希望或者放任态度。而这种故意就包含了原所有人对财产的所有权益。如果按照上述第一种观点单纯地认为"非法占有目的"就是指永久性地排除财物所有人对财物的占有权、使用权、收益权和处分权,就没有必要另行要求行为人具有非法占有目的了。其次,如果将"非法占有目的"理解为永久性地剥夺财产权益的意图,在司法实践中将会把现实生活中很常见的盗用行为、骗用行为排除在盗窃罪的处罚范围之外,这样就会使盗窃罪处罚的范围过窄,不利于维护社会秩序总体的稳定。例如,行为人乘人不备将停放于修理厂的汽车开走兜风,一个月后又将汽车送回原处,这一行为就不能按照盗窃罪进行处罚,如果这样的话,对于此类案件我国的刑法就出现了立法空白。因此,笔者赞同前述第三种观点,认为"非法占有目的"包含两个方面,一是排除权利人权益的意图,二是将自己作为财产的所有权人,并对其进行支配的意图。并且这种支配行为必须是符合财产原本用途的或者大致符合财产原本用途的支配。因为,如果认为无须规定这种支配行为须遵从财物既有用途,会使盗窃罪与故意毁坏财物罪难以区分。

②"非法占有目的"是否为盗窃罪成立的必要条件。

关于取得型犯罪是否需以"非法占有目的"为必要条件,国内外学者都有争论。

在日本刑法理论中,虽然不法取得意思不要说有一定的影响,但是同我国一样,通说仍然坚持认为盗窃等取得罪中行为人要具有不法取得的意思,这里的不法取得不仅包括将他人财物非法占为己有,也包括占为第三人所有。按照多数人所接受的观点(上文论及的折中说),不法取得意思是指永久性地排除原占有权力者,将他人之物作为自己之物,并遵从财物的经济价值加以利用或者处分的意思。①

我国学者关于该问题的观点主要存在“不要说”“必要说”两种观点。下文将分别论述其理由。

支持“不要说”的学者认为盗窃等取得型犯罪的成立无须要求行为人主观上具有非法占有目的。其理由如下:首先,支持“不要说”与支持“必要说”观点的学者对“非法占有目的”内涵的理解是不同的,持“不要说”观点的学者往往主张应当从字面意义上理解非法占有目的,正如前文所述,其认为盗窃罪等取得型财产犯罪的故意因素已经包含了这层意思,所以没有必要再对其另加规定。其次,持该种观点的学者认为非法占有目的没有起到如何区分罪与非罪、此罪与彼罪的作用,按照上述方式理解的“非法占有目的”不具有区分取得型财产犯罪与毁弃型财产犯罪的功能,也不具有区分盗窃罪、诈骗罪与不可罚的盗用、骗用行为的功能,同样也不是取得型财产犯罪刑罚重于毁弃型财产犯罪刑罚的关键原因。② 再次,将“非法占有目的”作为盗窃罪的必要条件是与罪刑法定原则的要求相悖的。罪刑法定原则的基本要求是犯罪成立的条件只能由法律明文规定,在适用或者解释法律时无论是放弃犯罪成立的某种条件,还是给犯罪增加某种成立条件,都与罪刑法定原则的基本要求相违背。我国刑法对盗窃等取得型财产犯罪进行规定时,并没有明文规定非法占有目的,因此认为盗窃罪行为人需要具备非法占有目的是缺乏有效的法律依据的。最后,正如前文论及,中外学者对非法占有目的的理解存在很大差异,在这种情况下如果肯定“非法占有目的必要说”将会导致司法适用的混乱。③

---

① 参见周光权:《刑法各论》,中国人民大学出版社 2008 年版,第 99 页。

② 参见张红昌:《财产罪中规定非法占有目的的质疑》,载《中南大学学报(社会科学版)》2009 年第 6 期。

③ 参见刘明祥:《财产罪比较研究》,中国政法大学出版社 2001 年版,第 79 ~ 81 页。

支持"必要说"观点的学者提出如下理由：首先，盗窃等取得型犯罪的行为人主观要件除了故意外，还要求必须具有非法占有的意思。毁弃罪是单纯导致对财产不能利用的犯罪，取得罪则是意图取得财产的利用价值的犯罪，所以后者的实行行为必须具有利用的目的。在此种意义上，非法占有目的是区分毁弃罪与取得罪的关键，而且也能就此说明二者在法定刑方面的差异。① 其次，行为对法益的侵害达到了一定程度后，才能成立犯罪，但是现实生活中经常出现的暂时性的占用他人财物的行为例如前文提及的盗用、骗用行为对法益的侵害还没有达到值得科处刑罚的程度，所以，将非法占有目的作为盗窃等取得型犯罪的必要条件是具有区分罪与非罪的功能的。最后，财产罪的本质是侵犯所有权与其他本权，这就要求以侵犯所有权的样态实施行为，因此，单纯的侵害占有的意思还远不够达到成立财产罪的程度，所以必须具有作为所有权者对相应财产进行处分行为的意思。也就是说，缺乏这种意思的行为并不能成立盗窃等取得型犯罪。

比较上述两种观点，笔者较赞同第二种，即"必要说"。首先，虽然罪刑法定原则要求法无明文规定不为罪，但是这并非意味着各个罪名的成立所需要的构成要件都需要刑法进行详细而明确的规定。在我国的刑法中规定的几种取得型财产犯罪一般都在理论界被归为自然犯的范畴。而所谓的自然犯罪就是指所有文明国家都毫不困难地确定其为犯罪并用刑罚对其加以镇压的行为。② 这些罪的特征往往很容易被人理解和把握，所以立法者便没有必要在立法上对其构成要件进行详细的描述，只需要采用简单罪状进行描述即可。盗窃罪就属于最典型的自然犯罪，所以支持"不要说"观点的学者提出的对"非法占有

---

① 参见张明楷：《论财产罪的非法占有目的》，载《法商研究》2005 年第 5 期。

② 参见[意]加罗法洛：《犯罪学》，耿伟、王新译，中国大百科全书出版社 1996 年版，第 20 页。

目的"的承认违背罪刑法定原则的说法并不成立。其次,关于在刑法中没有明确规定目的要素,如何确定某种目的是否成为该罪的构成要件,张明楷教授指出,应当根据构成要件要素的实质与机能,如果某种要素对说明行为的法益侵害性与主观罪过性有重要意义,需要通过该要素来区分罪与非罪、此罪与彼罪,那么该要素就应当成为构成要件要素。在确定不成文的目的犯时,必须牢记这一点。① 最后,针对"不要说"最后一点理由,笔者认为并不成立。因为不能因为非法占有目的内涵不清而否定非法占有目的在取得型财产犯罪中的地位,如果这样的话就无异于因噎废食、舍本逐末。

(2)秘密性是否属于盗窃罪成立的必要条件

在本案中要确定李某和孙某的行为是否构成盗窃罪,很重要的一点在于其公开与看管人宋某交涉并将建筑设施运走的行为是否能够成立盗窃,也就是盗窃罪的成立是否要求行为具有秘密性。盗窃行为的秘密性与一般意义上的秘密不同,它包括两方面的含义:首先,这里所谓的秘密并不是针对任何人的秘密,而仅仅针对窃取财物时财物的实际控制人,也就是说只要行为人的窃取行为没有被财物的实际控制人发觉,就算被第三人发觉,我们仍然认为其行为具有秘密性;其次,这里的秘密性是指盗窃行为人主观上的自我认识,即行为人自认为其行为是在财物控制人不知道的情况下进行的,客观上该财物实际控制人是否真的不知道,对秘密性的成立无影响。

我们一般认为盗窃罪为秘密窃取行为,即盗窃行为的秘密性是盗窃罪成立的必要条件。但关于这个问题理论上是存在争议的,理论界存在"肯定说"和"否定说"两种观点。

首先,持"肯定说"观点的学者认为盗窃罪的行为只能表现为秘密窃取他人财物的行为,不包括公然夺取的行为。这是我国理论和司法

① 参见张明楷:《论财产罪的非法占有目的》,载《法商研究》2005 年第 5 期。

实践中的通说。其理由主要包括如下几点：一是秘密窃取是盗窃罪的本质特征，取财方式的秘密性是盗窃罪区别于其他财产犯罪的本质特征之一。[①] 二是我国刑法虽然没有明确规定“秘密窃取”的行为要件，但是1998年出台的《最高人民法院关于审理盗窃案件具体应用法律若干问题的解释》(已失效)第1条规定：“根据刑法第二百六十四条的规定，以非法占有为目的，秘密窃取公私财物数额较大或者多次盗窃公私财物的行为，构成盗窃罪。”可见，盗窃行为的秘密性已经为司法解释明确认可。

其次，持“否定说”的代表人物张明楷教授认为，“盗窃罪的行为是窃取他人占有的财物。窃取是指使用非暴力胁迫(和平手段)，违反财物占有人的意志，将财物转移为自己或者第三者(包括单位)占有。首先，窃取行为虽然通常具有秘密性，其原本含义也是秘密窃取，但是，如果将盗窃限定为秘密窃取，则不然存在处罚上的空隙，造成不公正现象。所以国外刑法理论与司法实践均不要求秘密窃取，事实上完全存在公开盗窃的情况”[②]。

关于盗窃行为秘密性的问题，笔者赞同肯定说。首先，国外很多国家之所以不要求盗窃行为具有秘密性是其本国的刑法中没有规定抢夺罪，因此将我国刑法中由抢夺罪规制的行为也纳入盗窃罪的范畴，因此其盗窃行为包含公开的盗窃。但是我国法律具有特殊性，规定了抢夺罪，而抢夺罪就是指公然采用非暴力的形式夺取他人财物的行为。这就表明，区分抢夺罪与盗窃罪的关键因素是行为是否具有秘密性。其次，从我国的历史上来看，自古以来我国普通民众对盗窃行为的理解都具有秘密因素，例如《唐律疏议》中规定的盗窃的含义：所谓盗窃，就是隐藏、掩盖其自己的身型或者面目而取走他人财物的行

---

① 参见赵秉志主编：《侵犯财产罪》，中国人民公安大学出版社2003年版，第164页。

② 张明楷：《刑法学》(第2版)，法律出版社2003年版，第769页。

为。所以,盗窃行为须具有秘密性是符合国民的普遍理解能力的,如果将以公开和平手段进行的取得他人财物行为也认定为盗窃,则会使刑法关于盗窃罪的规定超出民众的可预测性。①

综上,笔者认为,在本案中李某与孙某三次将建筑设备从财物的实际控制人宋某处运走的行为是在宋某明知的情况下进行的,相对于财物的实际控制人宋某而言是公开的行为,因此该行为不具备盗窃行为的秘密性,所以不符合盗窃罪的成立要件。

(3)盗窃罪侵犯的客体是公私财产所有权还是公私财产占有权

本案中宋某的身份是受建筑设备所有人樊某委托对财产进行代管的人,其对该建筑设备具有实际上的占有权。李某与孙某将财产从其看管范围内运走侵犯了财产所有人樊某的所有权是毋庸置疑的,但是其对看管人宋某的占有权的侵害是否也属于盗窃罪所要保护的对象,这便引出了接下来要谈论的问题——盗窃罪的侵犯的客体是公私财产所有权还是公私财产占有权。

按照我国刑法学界的通说,盗窃罪的客体要件是公私财产所有权,任何盗窃行为都是侵犯财产所有权的行为。但是也有一部分学者对此提出了不同的观点,认为盗窃罪侵犯的客体是公私财产的占有权。

关于此类问题日本学界大体主张分为两种,一是"本权说",二是"占有说"。"本权说"的主张与我国刑法学界通说大体一致,认为盗窃罪侵犯的法益是他人财产的所有权以及其他"本权",这里的"本权"指基于一定法律上的原因而享有的占有权利,例如所有权、留置权等被法律正当化了的实质性权利。② 据此,如果行为人窃取的仅是他人单纯事实上占有或者持有的财产,而没有侵犯他人的所有权或者其

① 参见李媛:《论盗窃行为的"秘密性"》,载《中国-东盟博览》2012年第1期。

② 参见梁慧星、陈华彬编著:《物权法》,法律出版社1997年版,第409页。

他本权,其行为是不能按照盗窃罪来处罚的。例如,行为人将自己享有所有权的财物从没有权利来源的占有者手中取回的行为不能认定为盗窃罪。“占有说”认为盗窃罪所保护的法益本身是单纯对财物的占有。持此种观点的学者认为,刑法规定盗窃罪的宗旨并非保护财产所有权,而是维护更为重要的被占有财物的财产秩序。根据此种观点,行为人对自己所有的为他人不法占有的财物进行窃取,仍然认定为盗窃罪。

对于上述两种观点和立场,笔者比较赞同后者即盗窃罪侵犯的客体是公私财产的占有权而非所有权。因为司法实践中会遇到很多特殊的问题,例如秘密窃取属于自己的财物的行为是否应当以盗窃罪来处罚?如果不认定为盗窃罪,对此种行为将以何种方式进行规制?虽然任何性质的财物都有其适格的所有权人,但是在现实生活中,对财物进行事实上的管理和支配的人,并不都是所有权人本人,财物的非所有人也会基于各种合法的或者非法的原因而对物形成事实上的占有状态。[①] 在行为人秘密窃取所有人控制下的财物时,当然可以认定所有权受到了侵害,但是现实生活中行为人秘密窃取非所有人占有下的财物时,如果仍然认定其为盗窃,侵犯财产所有权显然有些牵强。所以,如果将盗窃罪的客体确定为占有权则无论是盗窃所有人占有的财产还是盗窃非所有权人占有的财产,在法律上都能解释得通,因为在这种情况下即使盗窃他人所有的财物,盗窃行为所影响或者改变的实际上也是他人对财物的占有状态。综上所述,笔者认为,为了把盗窃罪的犯罪客体统一起来,正确反映盗窃行为人所影响或者改变的社会关系,只能将盗窃罪的客体认定为公私财产的占有权。

从上面的分析来看,盗窃罪侵犯的客体应当由公私财产的所有权扩大到公私财产的占有权,那么在本案中樊某对建筑设备具有所有

① 参见蔡英:《盗窃罪犯罪客体及对象研究》,载《西南政法大学学报》2005 年第 4 期。

权，由于宋某是受樊某委托看管建筑设备的人，其对该财产享有实际上的占有权。李某的行为侵犯所有权人樊某的所有权是毋庸置疑的，根据上述观点，其行为实际上也侵犯了宋某的占有权，而且李某是采用欺诈的手段使实际占有人明知并自愿将财产交给孙某，所以不符合盗窃罪的犯罪特征和犯罪构成。

(4)本案中李某与孙某能否成立共犯

前文论及的关于本案的分歧意见中第一种意见认为案件中李某与孙某成立盗窃罪的共犯。

①共犯的概念。

通说认为共犯是指二人以上共同实施的犯罪，[①]即存在二人以上的行为主体，各个行为人主观上是故意，并且各行为人之间具有意思联络，客观上二人以上的行为人共同实施了犯罪行为并且其行为共同侵犯了刑法所保护的某种社会关系。可见共同犯罪的最主要的特征就是共同性。如果按照通说的观点，案例中李某主观上具有非法占有他人财产的故意，但是孙某并没有这种故意，所以不能成立共犯。

②共犯的本质。

共犯的共同性是区别于单独犯罪的最根本的特征，关于共同犯罪的共同性也就是共犯的本质问题，直接涉及共同犯罪概念的确定进而影响到共同犯罪的认定。对此，学界主要有两种主要学说：一是犯罪共同说，二是行为共同说。下面将分别论述。

首先，犯罪共同说。该种学说认为共犯就是数人共同实施特定的犯罪。这种关系的成立必须以各个共犯人所成立的犯罪罪名同一为基础，也就是我们通常所说的“数人一罪”。在该学说内部又分为完全犯罪共同说和部分犯罪共同说两种主张。前者认为成立共犯关系必须是数人共同实施特定的犯罪，不但犯罪需要特定，而且涉及的罪名

① 参见陈兴良：《共同犯罪论》，载《现代法学》2001 年第 3 期。

也须同一,也就是要求数人基于同一故意而共同实施犯罪行为,所以该种学说又被称为“犯意共同说”。[1] 例如甲出于伤害的故意,乙出于杀人的故意,共同将丙殴打致死。针对该案件支持完全犯罪共同说的学者将会有两种不同的判断,一种是完全严格地遵循该种学说的原则,认为甲乙二人的故意内容不同,不具有共同的故意,也就是犯意不同,所以二者不能成立共犯,而是同时犯,只能各自单独定罪。一种是将该学说作比较宽泛的理解,认为甲乙成立故意杀人共犯,但是对乙在具体刑罚上应当按照故意伤害致死来处罚。持这种观点的学者虽然认识到了严格依据完全犯罪共同说的弊端,试图通过第二种扩大的解释缓解这种问题,但会导致行为人乙的罪名与其法定刑不一致的现象产生,有违罪刑法定原则。部分犯罪共同说是指数人共同实施的犯罪,即使不属于相同的构成要件,但是在不同的构成要件之间,如果存在同质重合的关系,则在同质重合的限度内,成立共同正犯。同样以上例论述,如果按照部分犯罪共同说的观点则对甲乙二人在故意伤害的范围内认定其成立共犯,但是由于甲本身具有杀人的故意,甲成立故意杀人罪。无论完全犯罪共同说与部分犯罪共同说有多大的差别,其有一点是一致的,那就是共犯关系的成立必须具有共同的故意,无论该故意的内容是部分相同还是完全相同。

其次,行为共同说。行为共同说在历史上分为主观主义的行为共同说和客观主义的行为共同说两种。前种观点在现代几乎已经无人主张,现状所说的行为共同说是指客观主义的行为共同说。该种学说认为成立共犯关系的行为必须是以构成要件实行行为的共同为基础的。行为人主观上需要有共同的意思,但是并不要求这种意思必须都是故意。所以依据此种观点如果甲出于伤害的故意对丙进行的殴打

---

① 参见阎二鹏:《共犯本质论刍议》,载《昆明理工大学学报(社会科学版)》2009 年第 7 期。

行为与乙出于过失对乙的殴打行为相互作用，并且最终致丙死亡，甲、乙仍然是可以成立共犯的。①

本案中，李某具有犯罪的故意是毋庸置疑的，但是孙某是否具有主观上的过失并且出于该种过失的主观罪过与李某共同实施了犯罪行为是认定二者是否成立共同犯罪的关键。而在本案的案情介绍中我们可以看到，孙某是从事个人租赁业务的个体户，如果认为其具有过失，也就是其在买卖过程中没有尽到检查李某身份的义务。但是这种义务并非刑法上规定的行为人必须履行的强制性义务，所以不会由此产生刑法上的责任承担问题，即使认为孙某有过失，这种过失也并非刑法中罪过的过失而是一种不可由刑法来处罚的过失行为。所以即使按照部分犯罪共同说来解释，也不能认定李某与孙某成立共同犯罪。

③共犯的罪过形式。

从上述分析可以看出，行为共同说主张行为人之间不必然在主观上都是出于故意，即使出于过失，一旦数行为人的符合构成要件的实行行为具有同一性，仍然可以认定其具有共犯关系。就此便引出另一个非常重要的问题——共犯的罪过形式。

关于共犯的罪过形式，我国的通说认为行为人之间需要存在共同的故意。但是近年来，也有一些学者提出了共同过失也可以构成共犯的主张，更有人提出了共同混合罪过形式能否成立共同犯罪的问题。共同故意作为学界通说，本书就不在此赘述。下面将依次对共同过失和共同混合罪过进行论述。

首先，共同过失，也就是当数个行为人进行共同的行为是出于共同的过失罪过时是否能成立共同犯罪的问题。在我国现行立法中，共

① 参见阎二鹏：《共犯本质论：基于“个人责任”的反思性检讨》，载《刑法论丛》2009年第3期。

犯是指二人以上共同故意犯罪,二人以上共同过失犯罪,不以共同犯罪论处。由此可以看出,我国现行立法对共同过失罪过下的行为成立共犯是持否定态度的。但是从应然的角度来看,共同过失行为并非没有成立共同犯罪的必要。因为现实生活中确实会出现共同过失的行为,而且这些共同过失行为也具有一定的社会危害性,所以对其进行合理的规制是必须在立法上解决的问题。按照传统观念,共同过失行为不能成立共犯关系,是因为行为人之间如果主观上是出于过失,就没有办法产生意思联络,而共犯的一个重要的特点就是行为人之间需要有意思联络。但是笔者认为对意思联络的理解不能太硬化,共同故意行为人之间当然可能产生意思联络,这种意思联络是指犯罪的意思联络。共同过失行为人因为各自都是出于过失的罪过进行相应的犯罪行为,所以行为人之间产生犯罪的意思联络是不可能的,但是却能够产生另一种意思联络——对共同注意义务的违反。如果对意思联络不做太僵化的解释,共同的过失行为也当然能够成立共同犯罪。

其次,共同混合罪过是指二人以上的行为人分别出于故意与过失共同造成某种危害结果的情形。① 正如前文所述,如果按照行为共同说的观点进行考察,只要行为本身具有同一性,一个主观上出于过失一个主观上出于故意也是可以成立共犯关系的。我国通说认为,在这种情况下不能成立共同犯罪,而应当根据各人的行为分别论罪。在实践中,关于此种混合过错的罪过形式出现的情形无外乎如下 3 种:一是先过失后故意的共同混合罪过,也就是说故意方利用过失方的过失行为造成的危险状况进行犯罪。例如,国家工作人员甲违反保守国家秘密的规定,过失泄露国家秘密,乙得知后为境外的机构非法提供该国家秘密,甲、乙二人的行为便属于这种先过失后故意的混合罪过形

---

① 参见姜伟:《共同过失与共同混合罪过》,载《法学评论》1994 年第 3 期。

式。二是先故意后过失的共同混合罪过,即故意方促成某种危险状况,诱使过失方的过失行为产生并与之共同犯罪。例如,医生甲发现病人乙是自己的仇人,将给乙的药换成毒药,护士丙因为疏忽没有检查直接将其给乙服用,造成了乙的死亡。三是故意与过失共同造成某种危害结果的发生,也就是故意方与过失方同步行为产生危害后果。例如,甲、乙二人都是建筑工人,一天甲乙欲将某大型板材扔到楼下空地,甲看到楼下有自己的仇人丙经过,乙没有低头查看,二者一起将板材扔下砸到丙使其重伤。① 笔者认为在这种混合罪过的情况下,行为人之间几乎没有可能达成意思联络。即使对意思联络作出扩大化的解释,也不能囊括上述情形,所以这种混合过错形势下的犯罪行为,只是偶然的同时犯,而不是个人共同犯罪,应当对各个行为人分别定罪量刑。

本案中犯罪嫌疑人李某与孙某的情况就属于共同混合罪过的形式,二者之间不可能具有共同的意思,即不可能形成意思联络,所以不能成立共犯关系,认为二人成立共犯的理由并不充分。

(5)李某是否成立盗窃罪的间接正犯

关于本案认定的另一种观点是李某的行为成立间接正犯。间接正犯是指利用不为罪或者不发生共犯关系的第三人实行犯罪。② 通过前述论证我们已经知道李某与孙某之间不存在共犯关系,而且孙某的行为并非犯罪行为,所以李某利用孙某的过失行为进行的犯罪能否认定为间接正犯便成为另一个值得研究的问题。

要研究孙某的行为是否构成间接正犯,首先要明确间接正犯的构成。间接正犯的成立必须满足以下 4 个要件:第一,间接正犯的主体是利用者本人,而且该利用者必须是具备相应刑事责任年龄具有刑事

---

① 参见韩玲:《共同犯罪的罪过形式研究》,吉林大学 2006 年博士学位论文,第 140 页。

② 参见陈兴良:《共同犯罪论》,载《现代法学》2001 年第 3 期。

责任能力的主体。第二,间接正犯在主观方面具有单独实施某种犯罪的罪过。凡是正犯,都得具有自己去实行犯罪的意志,该意志必须是构成要件中包含特别的(超过)主观要素在内的完整的犯意。不具备这些条件的场合,就不可能考虑间接正犯问题。① 第三,客观方面的表现在于被利用者实施了符合间接正犯所犯之罪客观要件的活动。第四,间接正犯侵犯的客体是刑法所保护的并且为该犯罪行为所侵害的社会关系。在本案中孙某是具有刑事责任能力的适格主体,主观上具有非法占有他人财产的目的和故意,客观上其利用孙某的行为骗得了樊某的财产,达到了犯罪的目的,侵害了被害人的财产权益。可见李某的行为是符合间接正犯的构成要件的。

从基本案情看,李某利用的是个体户孙某的过失行为(交易中未对卖方的身份进行核实)达到了取得他人财产的目的。这就涉及另一个值得关注的问题——间接正犯的类型或者称为间接正犯的形式。

在司法实践中间接正犯表现为各种形式,根据利用的他人犯罪的情形的不同,可以将之分为如下5种。

第一,利用无刑事责任能力人实施犯罪。刑事责任能力有无的判断取决于两个方面,一是生理上的成熟度,二是心理上的成熟度,前者代表的是年龄,后者代表的是精神状况。所以这里所说的利用无刑事责任能力的人实施犯罪也包括两种情形:一是利用未达到刑事责任年龄的人实施犯罪,二是利用精神病人实施犯罪。这两种情况比较容易理解,因为我国刑法规定未达到刑事责任年龄的人和无刑事责任能力的精神病人实施犯罪行为不构成犯罪。所以行为人利用该类人实施犯罪应当由其本人承担刑罚处罚,属于间接正犯。

第二,利用有故意的工具实施犯罪。这里所谓有故意的工具是指

---

① 参见[日]小野清一郎:《犯罪构成要件理论》,王泰译,中国人民公安大学出版社1991年版,第56页。

被利用者具有刑事责任能力并且故意实施了某种犯罪行为，但是缺乏目的犯中的必要目的或者缺乏身份犯中的特殊身份的情形。前者是指在目的犯的情况下，利用有故意无目的的工具。被利用者由于无特定目的而不构成法律要求特定目的的犯罪，但是因为有故意而构成一般故意犯罪。基于共同犯罪是共同触犯同一罪名，共同实施同一犯罪行为的理念，利用者与被利用者并非共犯关系，利用者是利用他人的故意犯罪行为实施其具有特定目的才构成的犯罪，应当以间接正犯论处。后者是指在身份犯的情况下，利用有故意但是无身份的工具，实施特定的身份犯罪，应当以间接正犯论处。[①] 例如，国家工作人员的妻子不具备国家工作人员的身份，但是她可以代其丈夫收受贿赂或者索取贿赂，在这种情况下，有国家工作人员身份的人就能够教唆无此身份的人实施身份犯罪，这便构成了间接正犯。

第三，利用他人过失行为实施犯罪。虽然有些过失行为是可以独立成立犯罪的，但是对于那些无法成立犯罪的过失行为，一旦被人有意利用，便会产生前文论及的混合罪过形式。正如前文所述，混合罪过形式不能成立共犯，如果行为人故意利用他人过失行为实施某种犯罪，就应当成立间接正犯，由利用者本人承担相应的刑事责任。

第四，利用他人合法行为实施犯罪。利用他人的合法行为实施犯罪包括两种情形，一种是被利用的行为本身不符合犯罪构成要件，所以利用这种合法行为实施某种犯罪的行为人应当承担该犯罪的刑事责任。另一种是被利用的行为本身符合相关犯罪构成要件，但是由于法律的个别规定认定其为正当化行为即存在正当事由（违法阻却事由）的行为，[②]包括正当防卫、紧急避险等。这种行为依法不承担刑事责任，属于合法行为。但是利用该种合法行为实施犯罪的行为是违法

---

① 参见陈兴良：《间接正犯：以中国的立法与司法为视角》，载《法制与社会发展》2002年第5期。

② 参见马克昌：《关于共犯的比较研究》，载《刑法论丛》1999年第3卷。

的，构成间接正犯。

第五，利用与自己犯罪故意内容不同的人实施犯罪。利用者在自己真实的犯罪故意的支配下，诱使不了解实情的被利用者实施一个与利用者故意内容不同的犯罪，同时该犯罪不单能够实现利用者的目的，也能实现被利用者的犯罪目的。例如，某甲意图杀死在屏风后的某乙，命令不知情的某丙向屏风开枪，丙本身具有毁坏财物的故意，但是没有杀人的故意，因此，丙开枪的行为对于杀人行为而言仅是工具，甲才是间接正犯。①

综观上述 5 种类型的间接正犯，与本案有关的是第三种。正如前文所述，由于孙某没有尽到核实卖方身份的义务，其本身存在一定的过失，但是这种过失并不能单独构成犯罪，而李某利用了孙某这一过失行为实施了该种财产型犯罪，符合间接正犯的构成要件，但是并非盗窃罪的间接正犯。

2. 诈骗罪

本案中关于诈骗罪的争论主要在于认定为普通诈骗还是三角诈骗。关于三角诈骗文章将在下一部分全面论述，本节主要涉及的是有关诈骗罪的整体问题。

诈骗罪是指以非法占有为目的，用虚构事实或者隐瞒真相的方法，骗取数额较大的公私财物的行为。诈骗罪与盗窃罪一样都是取得型财产犯罪，所以都必须具有非法占有目的，这在前文已经进行了充分的论述。而诈骗罪在罪状表述上与盗窃罪最主要的区别在于其客观行为表现，张明楷教授曾提及诈骗罪的行为发展过程的概况：行为人实施欺骗行为——对方产生或者继续维持认识错误——对方基于认识错误处分（或交付）财产——行为人获得或者使第三人获得财

① 参见［日］大谷实：《刑法总论》，黎宏译，法律出版社 2003 年版，第 121 页。

产——被害人遭受财产损失。[①] 由此可见,诈骗罪一个重要的特征就在于被害人具有由于行为人的欺骗行为产生认识错误并因此交付财产的行为。

本案中关于普通诈骗罪的观点主要涉及如下两种。

(1)李某对宋某是否成立普通诈骗罪

诈骗罪成立必须具备的要件之一就是由于行为人的欺骗行为产生认识错误,被害人基于此种认识错误处分财产。本案中,李某对宋某确实实施了欺骗的行为,让其相信自己是工地负责人并将财产转移给孙某。但是在认定诈骗罪时存在这样两个问题:一是宋某对财产是否具有处分权限,其行为是否属于处分行为;二是宋某并非被害人,即本案中被害人与被骗人并不同一,在这种情况下如何认定诈骗罪。

①宋某对财产是否具有处分权限,其行为是否属于处分行为。

我国刑法在对诈骗罪进行规定时并没有明确处分或者交付,但是刑法理论界大多数学者认为诈骗罪成立必须以被害人基于错误认识而处分财产为必要,[②]因此在分析此案时首先要明确的是处分行为的内涵。

首先,关于处分行为的内涵的争论有 3 种,分别是所有权转移说、占有权转移说和持有转移说。第一,所有权转移说顾名思义,就是认为只有被害人具有将财产的所有权转移给行为人的意思才能够认定成立处分行为。按照此种观点分析本案,宋某作为受委托看管人本身不享有建筑设备的所有权,所以他并没有将上述财产所有权转移给他人的权利,因此李某不能成立诈骗罪。但是笔者并不赞同所有权转移说,该种观点混淆了民法上的处分行为与刑法上的处分行为。民法上的处分行为就是所有权中的处分权,在民法上所有权包括占有、使用、

① 参见张明楷:《论三角诈骗》,载《法学研究》2004 年第 2 期。
② 参见蒋铃:《论诈骗罪中处分行为的内涵》,载《法治研究》2012 年第 9 期。

收益、处分4项权利,其中处分行为单指所有权发生转移或者销毁的行为。但是刑法并不同于民法,刑法上的处分行为也相应地不同于民法上的处分行为,其范围要远远大于民法上的处分行为,只要被害人在“自由意思”支配下转移了财物使财物失去了控制最终导致财产的损失,就属于刑法上的处分行为。如果以民法处分权的标准来规定刑法上的处分行为,很多以借用为诈骗手段的案件都不能认定为诈骗罪,因为在这种情况下被害人往往并不具有转移财产所有权的意思,而是单纯地转移财产的使用权或者占有权。第二,占有权转移说认为,被害人有将财产转移给行为人占有的意思就能成立处分行为。例如有学者指出,要认定存在处分行为,首先必须存在基于被骗者的瑕疵意思表示,财物的占有发生了终局性的转移。[①] 例如借手机打电话案中,行为人谎称信号不好出门趁机逃跑的行为是否属于诈骗罪,如果根据占有转移说来分析,被害人并没有将手机转移占有的意思,所以不能成立处分行为,因此对于行为人不能按照诈骗罪处罚而是按照盗窃罪处罚。这种观点属于我国学界的通说,笔者比较赞同此种观点。对于本案来说如果采用占有转移说判断,则由于宋某与财产所有权人樊某之间具有事实上的委托看管关系,宋某对建筑设备具有占有权限,案件中宋某允许财产被孙某、李某运走卖掉的行为就是转移占有的行为,可以认为宋某具有处分权限并且也实际上进行了处分行为。第三,最近有学者提出了另一种观点即持有转移说,该种观点认为只要被害人丧失了对财产的持有就是刑法上的处分行为。[②] 笔者认为此种观点值得推敲,因为一旦将刑法上的处分行为扩大解释为转移持有的行为,则现实生活中很多本来不应由诈骗罪规制的案件都将被认定为诈骗罪,这样便会严重扩大诈骗罪的范围,而诈骗罪是一项严

---

① 参见[日]西田典之:《日本刑法各论》(第3版),刘明祥、王昭武译,中国人民大学出版社2007年版,第152页。

② 参见蒋铃:《论诈骗罪中处分行为的内涵》,载《法治研究》2012年第9期。

重的财产型犯罪，国家应该对此类犯罪的处罚范围进行严格的限制而非扩大。

其次，另一个较有争议的问题是在诈骗罪的认定中被害人的处分意思是否必要。关于这一问题，在中外刑法理论界主要有处分意思必要说和处分意思不要说以及折中说 3 种观点：第一，处分意思必要说。该种学说认为处分行为的成立不仅要符合在客观上具有处分财产的实施行为，被害人主观上还需具有处分财产的意思。这里的处分意思是指对转移财产占有所引起的结果的认识。如果只有表面上的处分形式而没有真正的基于意思的处分，就不构成诈骗罪。[①] 第二，处分意思不要说。该种学说认为诈骗罪的成立，只要被害人在客观上具有处分行为即可，无须具备处分意思。也就是说，只要具有事实上的处分行为，无论被害人是否对此行为具有明确的认识都能成立诈骗罪。第三，折中说。持这种观点的学者主张处分行为通常要具备处分意思。但是在特殊的情形下可能发生无意识的处分现象，此种情形下可以通过缓和处分意思内容的途径，将其解释为有处分行为而肯定诈骗罪的成立。[②]

对此，笔者较为赞同处分意思必要说。而且这里的处分意思还要求对交付的具体财产具有明确的认识，如果受骗人对所交付的财产缺乏明确的认识，也不能成立诈骗罪中的处分行为。例如，行为人甲在超市购物期间将价值较高的商品藏于其他商品的包装中拿去收银台结账。虽然表面上看收银员按照物品外包装上的价格结算后将商品交付给了甲，但是收银员并不了解此商品中还包含另外一种商品，在这种情况下，对于收银员来说，其对所交付的财产缺乏明确的认识，因此实际上其并没有将该较贵重财物交付给甲的意思，因此不能认为其

---

① 参见郑泽善：《诈骗罪中的处分行为》，载《时代法学》2011 年第 4 期。

② 参见刘明祥：《论诈骗罪中的交付财产行为》，载《法学评论》2001 年第 2 期。转引自张志勇等编著：《诈骗罪专题整理》，中国人民公安大学出版社 2007 年版，第 197 页。

成立诈骗罪中的处分行为，而应当按照盗窃罪对甲进行处罚。由此可见，处分意思的有无是区分盗窃罪与诈骗罪的关键问题，如果认为无须具有处分意思就能成立处分行为，进而能够成立诈骗罪，将会使具体案件中对盗窃罪与诈骗罪的区分成为难题。回归到本案中，宋某将建筑设备交给孙某是对此行为及其后果具有明确的认识的，他明确知道该行为将会使财产的所有权发生转移。所以在本案中宋某具有处分权限、实施了处分行为并对此有明确的认识，这一点是可以肯定的。

②李某对宋某实施的行为能否成立普通诈骗罪。

根据前述分析，李某在主观上具有非法占有建筑设备的目的，客观上其实施了假冒工地负责人的身份对宋某进行欺骗的行为。宋某基于此种欺骗行为产生了错误的认识并因此交付了建筑设备，整个案件发展过程看似符合标准的诈骗罪的构成要件，但是如果稍加注意我们会发现一个问题——宋某并非财产的所有者，也就是在此案件中实际受害人与财产处分人为两个主体，实际受害人是建筑设备所有权人樊某，财产的处分人是受其委托看管建材的宋某。而这种被害人与被骗人不同一的情况是不能按照普通的诈骗罪进行认定的。这就涉及了三角诈骗问题，对此将在下文中详细论述。

（2）李某对宋某以及李某对樊某的行为是否应当按照诈骗罪、盗窃罪分别定罪量刑，数罪并罚

对于本案中涉及的另一个观点——对李某应当按照盗窃罪与诈骗罪实行数罪并罚，笔者并不赞同。持此种观点的学者认为，在本案中李某对宋某实施了诈骗行为，并且此种诈骗行为使宋某产生错误认识并交付财产，成立诈骗罪；针对樊某而言，李某以非法占有其财产为目的，在其不知情的情况下将财产骗走，实际上符合盗窃罪的构成要件，因此应当对李某按照盗窃罪与诈骗罪实行数罪并罚。

笔者认为，李某对宋某的行为确实构成诈骗罪，但是属于三角诈骗的范畴。李某虽然事实上侵犯了樊某的财产所有权，但是在整个案

件过程中李某仅实施了一个行为，触犯了两个罪名，所以应当按照想象竞合犯的处罚原则，择一重罪——诈骗罪进行处罚。

二、待论证的罪名——三角诈骗

笔者认为本案中李某的行为应当定性为三角诈骗。下文将从三角诈骗的概念、限定等方面对该案件进行具体分析。

1. 三角诈骗的概念

通过前文的论述我们知道诈骗罪是行为人实施欺诈行为，使对方陷入错误认识进而实施处分行为，行为人取得财产或者财产性利益的行为。因此，诈骗罪的成立一般会存在以下几个主体：诈骗行为者、被骗者、处分行为实施者以及实际受损的被害人。但是在一般情况下，上述后三个主体为同一人，这是一般我们研究的普通诈骗罪。但是在现实中也有被骗人与被害人不同一的情况，这种情况一般被称为三角诈骗。[①] 可见，三角诈骗是诈骗的一种特殊形式。

2. 三角诈骗的构成分析

在研究三角诈骗时，有一个很重要的问题需要考虑——关于被骗者所具有的处分财产的权能与地位问题。对此问题国内外学界争论较多，主要涉及以下几种观点：事实接近说、阵营说、授权说。其中事实接近说认为只要受骗者与财产在客观上具有接近关系，对财产具有介入的可能性就可以成为该财产的处分行为人，进而成立诈骗罪。如果按照此种学说分析，很多与被害人及其财产无实际关系的人也可能成为三角诈骗犯罪中的被骗人或者处分行为实施者，这将会严重扩大三角诈骗的认定范围，而且也违背犯罪构成要件中因果关系的要求。阵营说认为认定被骗人是否成为财产处分行为人的关键在于其属于诈骗行为人的阵营还是属于实际被害人的阵营。如果属于被害人的

---

① 参见郑泽善：《诈骗罪中的处分行为》，载《时代法学》2011 年第 4 期。

阵营则其行为属于处分行为,成立诈骗罪。① 关于此种学说,笔者认为太过抽象,在具体案件的判断中很难找到统一的标准为依据来判断被骗人属于哪个阵营,因此这种判断基准与诈骗罪的本质要素之间缺乏必然的联系。② 授权说认为受骗者如果是在被害人概括性授权的范围内处分财产,其行为便属于诈骗罪中的处分行为。一旦其行为超出了该概括性的授权范围,则不属于诈骗罪调整的范畴。对此种观点笔者比较赞同,只有在社会一般人看来被骗人与被害人之间具有某种形式的关系,而且依据此种关系人们可以相信被骗人有权代被害人对财产行使一定的处分权限时,才能认定为三角诈骗中的处分行为。

此种处分权限的类型和来源主要包括两个方面:一是法律上的权限和地位,包括代理关系、委托关系等具有法律明确规定的效力的地位;二是事实上的权限和地位,因为在具体实践中很多情况下行为人之间并没有明确地在法律上建立某种关系,但是依据一般社会伦理或者风俗成立的各种代为保管、代为处理的关系很常见,所以只要受骗人与被害人之间在事实上有令人信服的某种概括性授权的关系,就应当认为其行为属于三角诈骗中的处分行为。回归到本案中,判断被骗人宋某是否具有处分樊某财产的权限和地位,应当看其是否具有上述授权关系。在案情介绍中可以发现被骗人宋某是受樊某委托看管其建筑设备的人,所以在二者间实际上形成一种事实上的委托代理关系,其依照樊某的口头指示看管财产,并非基于买卖、租赁、借用等正式的合同关系获得对财产的实际占有权,因此按照一般社会观念推定宋某为樊某财产的辅助看管人,其对该财产在樊某的授权范围内具有刑法上的处分权限。所以笔者认为本案中李某的行为完全符合三角

① 参见[日]山口厚:《诈骗罪中的处分行为》,载《平野龙一先生古稀祝贺论文集》上卷,有斐阁1990年版,第440页。转引自郑泽善:《诈骗罪中的处分行为》,载《时代法学》2011年第4期。

② 参见张明楷:《诈骗罪与金融诈骗罪研究》,清华大学出版社2006年版,第134页。

诈骗的构成要件,其本身为适格的完全刑事责任能力人,以非法占有樊某建筑设备的意图和目的实施欺骗行为,谎称自己是工地负责人并利用孙某的不可罚的过失行为使宋某产生错误认识并由此交付财产,因此其行为构成三角诈骗。同样,从责任主义的角度考虑,李某一开始就是本着诈骗财产的目的,并采用欺骗的手段实施作案,所以也应当按照诈骗罪依法处罚。

3. 特殊问题

本案中个体户孙某的行为如何定性,其在本案中的地位也应该得到明确。

笔者认为,本案中孙某的行为是李某实施诈骗行为的工具和手段,孙某虽然在买卖合同伊始没有对李某的身份进行核实,其具有一定的过失,但是该过失并非刑法上的罪过过失,而是一种不可罚的行为。孙某本身作为财产收购方与李某具有买卖合同关系,虽然签订合同时的欺诈行为使得合同无效,但是孙某仍然是李某行为的受害人,尽管其不能对李某主张刑事责任,但是可以以民事手段向法院起诉要求李某承担相应的民事赔偿责任。

本案的结论

本案涉及的问题比较复杂,主要包括盗窃罪、诈骗罪两种重要的财产型犯罪在各自认定中涉及的问题以及相互之间的关系问题。在此,对本书中笔者支持的观点进行简要总结:关于盗窃罪,笔者认为其行为人主观上必须具有非法占有目的,客观行为表现上必须具有秘密性,这种秘密性是相对于行为人自己认识而言的秘密性,而非绝对客观的秘密性,比如行为人甲在某夜进入某大型商场进行盗窃行为,其自以为无人发现,但实际上其行为被监控室保安人员全程关注,仍然认定其行为具有秘密性。关于盗窃罪所侵犯的客体,笔者认为是刑法保护的公私财产的占有权,即将原来的所有权作扩大化的解释,以便更好地规制现实生活中出现的形形色色的行为类型。关于共犯问题,笔者在综合分析了共犯的本质理论、共犯的罪过形式的基础上赞同部分犯罪共同说的观点,认为在判断共犯关系是否存在时应当坚持“同质重合”的观念,而且共同混合罪过不能成立共犯。在讨论间接正犯问题时,笔者重点探讨了间接正犯的类型,进而对本案中李某利用孙某的不可罚的过失行为实施犯罪的行为是否构成犯罪进行了重点的讨论。在对诈骗罪进行论证时,笔者着重探讨了诈骗中的处分行为的内涵、处分意思概念及内容,并结合案例进行分析,最终得出案件中宋某具有处分财产的地位和权限,其将财产交付给孙某和李某的行为根据授权说属于诈骗罪中的处分行为,而且这种处分权限和地位的来源并非法律的明确规定而是依据一般社会观念进行的推断,通过综合分析得出了对李某的行为应当认定为三角诈骗的结论。